协同时代下财政税收与经济管理

邢艳华　尹红　主编

江西科学技术出版社
江西·南昌

图书在版编目（CIP）数据

协同时代下财政税收与经济管理 / 邢艳华，尹红主编. -- 南昌：江西科学技术出版社，2024.9. -- ISBN 978-7-5390-9168-6

Ⅰ．F810；F2

中国国家版本馆CIP数据核字第2024DQ6459号

协同时代下财政税收与经济管理

邢艳华　尹红　主编

XIETONG SHIDAI XIA CAIZHENG SHUISHOU YU JINGJI GUANLI

出版发行	江西科学技术出版社
社址	南昌市蓼洲街2号附1号
	邮编：330009　电话：（0791）86623491　86639342（传真）
印刷	济南文达印务有限公司
经销	全国新华书店
开本	710mm×1000mm　1/16
字数	300千字
印张	19.75
版次	2025年1月第1版
印次	2025年1月第1次印刷
书号	ISBN 978-7-5390-9168-6
定价	60.00元

国际互联网（Internet）地址：http://www.jxkjcbs.com　选题序号：ZK2024211　赣版权登字：-03-2024-212

责任编辑：钱伟捷　　　　　装帧设计：瑞天书刊

版权所有　侵权必究

（赣科版图书凡属印装错误，可向承印厂调换）

《协同时代下财政税收与经济管理》编委会

主　编：

　　邢艳华　沂南县财政局

　　尹　红　临沂市人民医院

副主编：

　　浦仕朝　曲靖职业技术学院

　　盛丽艳　滨州黄河河务局

　　宋国华　桓台县起凤镇中心卫生院

　　郭文涛　中山市中医院

PREFACE 前言

在当今这个复杂多变、快速发展的世界中，财政税收与经济管理无疑是国家和社会运行的重要基石。它们不仅直接关系到国家的财政收入、支出和公共服务的提供，还深刻影响着社会的经济发展、资源配置以及公平与效率的平衡。因此，深入研究和探讨财政税收与经济管理，对于我们理解和应对当今社会的各种挑战，推动经济社会的持续健康发展，具有非常重要的意义。

《协同时代下财政税收与经济管理》这本书，正是为了满足这一需求而编写的。本书旨在为读者提供一个全面、系统、深入的财政税收与经济管理知识体系，帮助读者更好地理解其内在逻辑和运行规律，掌握其基本理论和方法，以及应对现实挑战的策略和措施。

在撰写过程中，我们力求内容的系统性与完整性，以期为相关领域的学者、研究人员以及政策制定者提供有益的参考。当然，由于财政税收与经济管理的议题极为复杂，本书所涉及的内容未免管中窥豹，更多的深入研究与实践仍需我们共同努力。

CONTENTS 目录

实务基础篇

第一章 财政与税收基础 3
　第一节　财政概论 3
　第二节　税收原理 11

第二章 财政收入与财政支出 19
　第一节　财政收入 19
　第二节　财政支出 27

第三章 财政预算 33
　第一节　财政预算的理论 33
　第二节　财政预算的程序 39
　第三节　财政预算的制度 48

第四章 公共财政及其职能 58
　第一节　政府、市场与公共财政 58
　第二节　公共财政的基本职能 68

第五章 财政国债与国有资产 79
　第一节　国债的理论 79
　第二节　国债的负担与限度 83
　第三节　国债的发行与偿还 85
　第四节　国有资产 89

第六章　财政税收的发展与负担 98
第一节　税收、经济与民生 98
第二节　税收与公共服务 103
第三节　税收负担 105
第四节　税收负担的转嫁与归宿 109

第七章　财政平衡与政策 118
第一节　财政平衡 118
第二节　财政赤字 121
第三节　财政政策 125
第四节　财政与货币 139

第八章　财政与税收的管理体制 157
第一节　财政管理体制 157
第二节　税收管理体制 160
第三节　税收征收管理 164
第四节　税收税务代理 173

实践运作篇

第九章　医院经济管理 181
第一节　医院管理概述 181
第二节　医院经济管理概述 185

第十章　医院财务管理 190
第一节　医院预算管理 190
第二节　医院成本管理 202
第三节　医院价格管理 211
第四节　医院结算管理 214
第五节　医院内部控制 218

  第六节 医院财产物资管理 225

第十一章 医院经济分析 232
  第一节 医院经济分析概述 232
  第二节 医院经济分析方法 238
  第三节 医院经济分析四要素 248

第十二章 医院审计管理 253
  第一节 医院内部审计概述 253
  第二节 医院审计的程序 260
  第三节 医院内部审计的方法 263
  第四节 审计证据和审计工作底稿 266
  第五节 审计报告和审计档案 269
  第六节 医院内部审计与经济管理 273

第十三章 新形势下医疗机构的业财融合 280
  第一节 医疗机构业财融合的意义 280
  第二节 大型公立医院推进业财融合过程中的难题与挑战 282
  第三节 推进公立医院业财融合的路径 285

第十四章 医院经济管理人员职业素养 289
  第一节 经济管理人员的素质与能力 290
  第二节 经济管理人员培训 293

参考文献 **302**

实务基础篇

第一章　财政与税收基础

第一节　财政概论

一、财政的概念

在我国学术界，财政的定义多样，反映了学者们对财政概念的探索。现代财政作为国家行为，涉及分配范畴和社会再生产的组成部分。

基于财政的本质特征和社会主义市场经济，财政定义为：以国家为主体，通过政府收支集中资源，满足公共需要和行使政府职能的经济活动。

对于财政的含义我们可以从以下几方面加以理解。

（一）财政分配的主体

1.财政分配必须依托国家的公共权力

财政是非市场行为，涉及收入的再分配过程。国家作为社会公共事务管理机关，通过制定法律、维护秩序以及提供公共服务等举措，为社会提供必要的公共产品，进而享有从社会总产品中获取收入的权利。鉴于国家并不直接参与物质生产活动，因此其收入的获取主要依赖于再分配的方式。

公共事务承载着全体居民的共同利益，然而这些利益往往表现为抽象化的形态，如社会秩序等。因此，国家无法按照个人服务的原则进行收费，而是必须借助公共权力，通过税收和行政性收费等手段来获取收入。这一过程凸显了财政活动对国家作为依托的必要性。

2.国家的存在和发展必须依靠财政

财政作为国家政府得以正常运作的物质基石与核心支撑，具有不可或缺的重要性。因此，国家对于财政的稳健运行与高效管理，表现出强烈的依赖性与高度重视。

3.政府是国家行使其职能的公共权力机构

政府作为国家权力的执行者，在政治、经济和社会等方面发挥着关键作用。政治上，政府制定并执行政策、法规和规章制度，维护政治稳定，保障公民权利，推动政治改革。经济上，政府通过宏观经济政策、市场调控和产业发展推动经济稳定增长，创造公平、透明的市场环境。社会上，政府致力于改善民生，提高公共服务水平，关注弱势群体，促进社会公平和谐。同时，政府还承担维护国家安全和利益的责任，加强国际合作，提升国际地位。

（二）财政分配的对象

从财政分配的客体看，对象是社会产品的一部分。社会产品由补偿生产资料消耗、劳动者个人收入及剩余产品价值组成。

在财政实际运行中，财政收入包括剩余产品价值及劳动者个人收入。我国财政主要分配剩余产品价值，但劳动者个人收入对财政分配的影响日益增大。

（三）财政分配的目的

财政分配旨在满足社会公共需求，不同于一般经济分配满足单位和个人需求。财政除满足权力机关需求外，还需支持文教科学卫生和经济建设，以履行经济和社会职能。

国家在社会经济生活中的作用随经济发展而增强，是生产现代化、社会化的要求。不同社会形态下，国家职能和满足公共需求的性质、范围各异。

社会公共需要是区别于私人需求及微观主体需求而独立存在的一种需求形态。这种需求主要聚焦于为社会提供必要的安全保障、维护社会公共秩序、保障公民的基本权利以及创造有利于经济发展的社会环境等方面。社会公共需要具备一系列基本特性,这些特性充分展现了其在社会整体发展中的独特作用与核心价值。

1. 总体性

社会公共需要,是针对整个社会而言的,旨在确保一定政治经济生活的稳定运行,同时保障社会再生产的顺畅进行。为此,必须充分满足那些由社会集中、执行和组织的社会职能所产生的各项需求。

2. 共同性

为满足社会公共需求所供给的产品与服务,旨在为广大社会公众所共同享有,其效用具有显著的"不可分割性"。具体而言,这些产品和服务并非针对某一特定个体或集团而设,而是面向整个社会公众,为全社会所共同享用,而非局限于某一特定个体或集团的利益范畴。

3. 不对称性

在满足私人需求时,必须遵循等价交换的原则;然而,社会成员在享用为满足社会公共需要所提供的产品和服务时,则无需支付任何代价或仅需支付微量的费用。

综上所述,国家主体性是财政最本质的内涵和特征,财政的其他内涵和特征是由国家主体性派生的。因而,财政也可简称为以国家为主体的分配活动和分配关系。

二、财政的职能

(一)资源配置职能

资源配置问题是经济学研究的起点。社会可用于生产的资源有限,如土地、劳动力和资本,而人类需求无限且多样,因此需解决资源的最优配置问题。财政学要回答如何决策资源配置及政府如何促进社会最优资源配置,即如何利用权力配置好资源。

1.资源配置职能的含义

资源配置，简单来说，广义上是指社会总产品的配置，狭义上则是生产要素的配置。无论是哪种理解，资源配置都是通过有限的资源形成特定的资产、产业、技术和地区结构，以实现资源结构的优化。

2.资源配置职能的目标

所有国家视高效资源配置为首要经济问题，核心是效率，即资源使用方式和结构。经济学中常用"帕累托效率"解释资源配置效率，即资源配置达到最佳状态，无法再改善某人的境况而不损害他人。未达到此状态则资源配置非最佳且缺乏效率。然而，"帕累托效率"仅为理想状态，现实中难以实现。

市场经济体制下，市场在资源配置中起基础性作用，但在充分竞争条件下仍可能出现市场失灵，需政府介入和干预。财政配置职能旨在通过收支活动引导资源流向，弥补市场失灵，实现资源配置最优效率。主要研究指标选择、政府与市场的结合方式以及财政的特殊机制和手段。

各国政府常用失业率、经济增长率或"景气指数"表示资源配置效率，我国主要使用GDP增长率。GDP增长率虽存在缺陷，但能反映国家经济规模、结构、贫富状况和居民生活水平等，对发展中国家仍具参考价值。

3.财政资源配置职能的主要内容

（1）调节资源在产业部门之间的配置。调整产业结构主要有两种方法：一是调节投资结构；二是改变现有企业的生产方向。财政在这两方面都起到关键作用。首先，调整投资结构。这主要体现在预算支出中，加大能源、交通、基础产业和设施的投资，减少一般加工工业投资，同时利用财政税收和投资政策引导投资方向。其次，调整产业存量结构。过去主要依赖行政手段，现在则更多通过兼并和企业产权重组来实现，同时针对不同产业实施不同的税收政策。

（2）调节资源在不同地区之间的配置。我国经济发展不平衡，东部集中了先进工业、技术和信息资源，GDP的3/4来自东南沿海；西部生产力落后，但资源丰富、劳动力廉价。原因有历史和自然条件差异，市场机制导致资源单向流动。这不利于经济稳定发展，需通过财政支出、税收等手段调节资源配置。改革开放以来，我国推行"梯度推移"战略，优先发展东部，但倾斜式的财税政策也加大了东西部差距。

（3）调节全社会资源在政府和非政府部门之间的配置。社会资源在政府与非政府部门的分配依据是其在社会总需求中的占比。这一比例随经济发展和国家职能的变动而变化。政府部门应确保其支配与使用的资源与所承担的责任相匹配，过多或过少均非优化资源配置之道。

4.财政实现资源配置职能的机制和手段

（1）确定财政收支占国民收入的合理比例。在社会主义市场经济中，政府需明确公共需求范围，合理设定财政收支占GDP比重，以实现资源配置效率。过去，我国预算内财政收支占比偏低，难以有效保障重要投入，对社会资金流动引导不足，导致教育、公共卫生、环保、社保、科技、农业等领域投入不足，财政在支持经济建设和结构性调整方面表现疲软。这些都是财政资源配置职能弱化的体现。

（2）优化财政支出结构。优化财政支出结构，合理安排购买性、转移性、消费性和投资性支出的比例。贯彻国家产业政策，确保重点建设资金，压缩一般支出，提高资源配置效率。国家战略规划明确要求加强农业和科技投入，政府集中资金建设基础性项目，使用财政资金安排公益性项目，增加对西部开发和东北老工业基地的财政支持。

（3）通过合理安排政府投资的规模和结构确保国家的重点建设。政府投资规模指预算内投资在社会总投资中的比重，反映政府对总投资的调节力度。预算内投资结构和对重点建设的资金投入在产业结构调整中扮演关键角色，对发展中国家尤为重要。过去，我国预算内投资占比较低，导致公共设施和基础设施滞后，制约经济增长。实施积极财政政策后，情况明显改善。

（二）收入分配职能

1.财政收入分配职能的含义

收入分配职能是财政调节各主体利益关系，克服市场机制缺陷导致的分配不公，实现公平合理分配的目标。

市场机制下，由于财产占有和劳动能力差异，市场决定的收入分配常不公平，违反社会公平原则，引发贫困、财富浪费、社会冲突等问题。因此，政府需用财政手段调节收入分配不公。

2.财政收入分配职能的目标

收入分配目标在于实现公平分配，包括经济公平和社会公平。经济公平强调要素投入与收入对称，通过市场竞争等价交换实现，与效率相符。社会公平则关注市场分配偏差导致的收入差距，确保其在各阶层可承受范围内。财政学主要探讨社会公平，因经济公平已由市场解决。

3.财政收入分配职能的内容

（1）调节企业利润水平。企业税收应适度，既满足国家财力需求，又确保企业自我发展、积累与改造能力。企业利润水平应反映其经营管理水平和主观能力。

（2）调节居民收入水平。我国实行按劳、按资、按需分配相结合，个人收入应合理拉开差距，防止贫富悬殊。主要通过税收、转移支付和国家收入分配政策进行调节。

4.财政实现收入分配职能的机制和手段

（1）划清市场分配与财政分配的界限和范围。原则上，财政应避免干涉市场分配。举例来说，企业职工工资、利润、租金、财产和股息等应由市场决定，而财政的作用则在于通过再分配进行调节。至于医疗保险、社会福利和社会保障等领域，应改变当前企业承担过多社会责任的状况，由财政统一分配，推动社会化进程。

（2）规范工资制度。此处所指的工资制度是国家预算拨款范畴内的政府机关公务员的工资制度，以及视同政府机关的事业单位职工的工资制度。凡属工资范畴内的各项收入，均应纳入工资总额，取消各类显性或隐性的补贴，以增强工资制度的透明度；推动个人收入分配实现货币化与商品化；并适当提升工资水平，构建以工资收入为主体、工资外收入为补充的科学收入分配体系。

（3）加强税收调节。税收是调节收入分配的重要手段。通过间接税，可以调节商品的相对价格，影响经济主体的要素分配。企业所得税能调节公司利润水平，而个人所得税则调节个人劳动收入和非劳动收入，保持合理差距。资源税针对资源条件和地理差异带来的级差收入进行调节。此外，遗产税和赠与税用于调节个人财产分布。

（三）经济稳定职能

1.经济稳定职能的含义

经济稳定职能是指政府利用财政工具如税收、公债、转移性支出和投资等，调节社会需求总量和结构，使之与社会供给相匹配，确保经济稳定增长的职责。在市场经济中，由于市场机制的缺陷，常会出现需求与供给失衡、通胀、失业和经济危机等问题，甚至有时通胀与经济停滞并存。为此，政府需对市场进行干预，以稳定生产、就业和物价。经济稳定涵盖充分就业、物价稳定和国际收支平衡等多方面内容。

充分就业并非指所有人都有工作。经济结构调整会导致就业结构变化，总有一部分人暂时失业，经过培训后再就业。因此，充分就业是就业率达到社会经济可承受的最大比率。

物价稳定不是指物价完全不变或上涨率为零。在经济正常运行时，物价适度上涨是正常的，有利于经济增长。相反，物价长期低迷不利于经济正常运行。因此，物价稳定是指物价涨幅在不影响经济正常运行的范围内。

国际收支平衡是指一国在国际经济活动中保持进出口、劳务和无偿转移收支的基本平衡。这种平衡关系到国内经济的稳定，因为国际收支失衡也反映了国内经济的不均衡状态。

2.财政实现经济稳定职能的机制和手段

（1）通过财政预算政策进行调节。经济稳定的核心在于社会总供给与总需求的大致平衡。当供求平衡时，物价稳定，经济增长适度，充分就业和国际收支平衡也易实现。财政政策是维持此平衡的关键工具。需求过旺时，财政可紧缩政策，减少支出、增税或双管齐下；需求不足时，财政可适度放松，增加支出、减税或并用，调节总需求。财政收支不平衡在此过程中是允许的。这种根据经济形势灵活调整支出和税收的财政政策，被称为"相机抉择"。

（2）发挥财政"自动稳定器"的作用。在财政实践中，通过制度性安排可实现"自动"稳定作用，如累进税和失业救济金制度。这种机制在特定经济现象下自动调整收入和支出，但作用大小存疑，尤其在发展中国家可能欠缺。

在收入方面，主要实行累进所得税制。当经济过热时，税率提高，税收增长超过国民收入增长，抑制经济过热；反之，经济萧条时，税率降低，税收降低幅度超过国民收入降低，刺激经济复苏。但此作用以个人所得税占比大为前提，目前在我国作用较小，但仍有借鉴意义。

在财政支出方面，转移性支出（如社会保障、补贴等）与经济状况相配合。经济高涨时，失业减少，转移性支出下降，抑制经济；反之，经济萧条时，失业增加，转移性支出上升，刺激经济。

（3）加大公共设施的投资力度。通过多元化投资、政策补贴及税收调整，推动农业、能源、交通、邮电等公共基础建设的进步，以打破经济增长中的制约环节，同时支持第三产业的蓬勃发展，促进产业结构的升级换代，确保国民经济实现稳定与高速增长的最佳平衡。

（4）切实保证非生产性的社会的公共需要。诸如，确保社会经济发展的和平稳定，积极治理污染并保护生态环境，提高医疗卫生服务质量，推动文化教育的进步，优化社会福利与社会保障制度，实现增长与发展的和谐共进，避免陷入"增长而无发展"或"无发展的增长"的困境。

第二节 税收原理

一、税收概述

(一) 税收的基本概念

自古以来,税收一直是国家治理和社会稳定的关键因素,不仅是重大的经济问题,也是重要的政治问题。税收是国家依法对社会产品按照固定比例进行的强制性和无偿性的分配,是国家财政收入的主要来源。在现代社会,税收的作用更加广泛和深远,成为政府宏观调控经济的重要工具。通过税收政策,政府能够调节市场经济,影响社会资源的分配和使用,维护经济稳定和社会公平。税收的定义具有丰富的内涵,大致可归纳为5个方面。

1.税收是由政府征收的

根据现行法律法规,征税权仅限于政府层面行使,无论是中央政府还是地方政府,均享有此项权力。其他任何组织或机构均不具备征税权,这是法律所明确规定的。税收征收的主体必须是代表社会全体成员行使公共权力的政府,以确保税收征收的合法性和规范性。

2.政府征税凭借的是国家的政治权力

国家权力,可划分为财产权利与政治权力两大类别。而政府征税,正是基于其政治权力,并通过法律明文规定予以确立,从而得以依法强制地向社会成员征收税款。

3.政府征税的目的是满足整个社会公共产品的需要

国家在履行公共职能的过程中,势必会产生相应的公共支出。此类支出通常无法依赖公民个体或企业以自愿出资的形式承担,而是必须通过国家(政府)的强制征税手段,由各类经济组织、单位以及个人共同分担。

国家征税的主要目的在于满足政府日常经费开支的需求，回应社会公众对公共物品的需求，以及支持国家提供各类公共产品，这其中包括弥补市场失灵和促进社会公平分配等关键领域。同时，国家征税的规模和方式也受到所提供公共产品的数量和质量的严格制约。

税收不仅是国家财政的重要来源，更是各国政府实施宏观经济调控的关键政策工具。通过科学合理地制定税收政策，政府能够有效地调节经济运行，促进社会经济的稳定与健康发展。

4.按照法律规定的条件和标准征税

依据国家的政治权力，国家以税收的形式将劳动者创造的一部分社会产品集中掌握，这一过程严格遵循法律规定的条件和标准。国家通过精心制定税法及其相关实施细则，以此为依据，要求纳税人依法将其收入或财产的一部分以货币或实物形式转移给国家，此举具备强制性质。若缺乏税法的规范与指导，无论是法人还是自然人，都将陷入无所适从的境地，难以履行纳税义务。

5.税收属于分配范畴

国家征税，旨在将一部分社会产品从其他社会成员中强制性地、无偿地划归国家所有，并在全社会范围内实行统一分配与使用。此举必然导致社会各成员间对社会产品和国民收入分配比例的调整，从而使得部分社会成员所占有的比例得以增加，而另一部分社会成员所占有的比例则相应减少。

（二）现代税收的本质

1.税收的本质是一种分配关系

税收作为财政收入的重要工具，参与社会产品价值分配，形成政府与产品原拥有者的利益分配关系。国家财政收入保障职能行使，税收是主要形式。自1994年税制改革以来，税收收入占财政收入比重超90%。分配是连接生产与消费的必要环节，税收解决分配问题，体现分配关系。

2.税收是一种特殊的分配关系

税收分配关系的特殊性首先表现在其目的,即国家征税是为了满足社会公共需求,这不同于一般经济活动中的营利目的。其次,税收分配的依据是国家的政治权力,这种依据使得税收分配区别于其他依靠生产要素进行的分配形式。在社会财富的分配过程中,税收主要参与的是再分配阶段。通过征税,国家将一部分社会产品从纳税人手中转移到国家手中,从而在社会产品的分配中发挥调节作用。

国家与纳税人之间的这种分配关系,与社会再生产中的一般分配关系有显著不同。税收分配是由国家作为主体,通过行使政治权力进行的,而一般分配则是由各生产要素的所有者为主体,依据生产要素的贡献进行的分配。因此,税收分配在保障公共利益、调节收入分配、促进社会公平方面具有独特的重要作用,这种特殊性使得税收成为国家宏观经济调控的重要工具。

(三)税收的形式特征

1.强制性

税收强制性,即国家凭政治权力征收税款,强制再分配国民收入。它体现了国家政治权力在税收上的法律形式,是税收收入的前提。税收无偿性需要法律规范征纳双方权利和义务,纳税人必须依法纳税,否则受法律制裁。税务机关可采取多种方法强制征收,税务犯罪则追究刑事责任。税收强制性使其与其他财政收入形式区别开来,是其最本质的特征。与税收相比,政府发债、收费、接受捐款均不具有强制性。

2.无偿性

税收的无偿性指的是国家征税后不需要偿还给纳税人,且无需提供直接报酬。纳税人从政府支出中所获利益与支付的税款不完全成比例。这一特性是税收的核心,使其区别于国债等财政收入形式,成为国家筹集财政收入的主要手段,也是调节经济和矫正社会分配不公的重要工具。税收的无偿性仅针对纳税人,税款交纳后,国家与纳税人之间不存在直接的返还关系。这与国债、收费等财政收入形式及银行信用不同,后者均需偿还或付出代价。

3.固定性

税收固定性是指国家通过法律形式预先规定税制要素,并保持连续性和稳定性。即使税制要素会因经济和政策变化而调整,也必须通过法律形式事先规定,并保持相对稳定。税收固定性对国家和纳税人都至关重要,保证财政收入稳定可靠,防止滥用征税权力,保护纳税人合法权益,促进纳税人依法纳税和税收筹划。税收固定性与上缴利润和罚没收入不同,它通过法律形式固定国家、企业和个人的分配关系,维护财政收入稳定和纳税人权益。

税收的无偿性、强制性、固定性三者相互依存,缺一不可,共同构成税收的本质特征。

(四)税收的分类

1.按课税对象的性质分类

这是最基本的分类方法,我国税种按课税对象可分为五大类:流转税、所得税、行为税、资源税、财产税。

国外经济学将税收划分为三类:商品劳务税、所得税、财产税。流转税又称商品税,包括增值税、消费税和关税等。

所得税针对纳税人的总收益或纯收益,如企业所得税、个人所得税等。

财产税针对纳税人所有或占有的财产,包括土地增值税、遗产税、房产税等。

资源税针对自然资源及其级差收入,如资源税、土地使用税、耕地占用税等。

行为税旨在调节纳税人社会经济行为,如印花税、车船税等。

2.按计税依据分类

从量税是以征税对象的数量为课征标准,按税收计量标准分类可分为从价税和从量税。从量税计算税额简便,但税负不与物价变动相联系,因此常将同类物品区分为不同税目,对价格高的规定较高的固定税额,如资源税、车船税等。

从价税以征税对象的价格或金额为课征标准，税负与价格高低变化成正比。物价上涨时税额增加，保证税收稳定。累进税还受征税标准影响。国家通过税率结构设计实现量能纳税和公平税负，如增值税、关税等。目前大部分税种属于从价税，只有少数属于从量税。

从税率使用看，从价税多使用比例税率，从量税多使用定额税率。

3.按税收与价格的关系分类

税收按照与商品价格的关系，可以分为两大类：价内税和价外税。价内税是指税金已经包含在计税价格中的税收类型，例如我国的消费税。计税价格在这种情况下包括了成本、利润和税金三个要素。而价外税则是税金不包含在计税价格中的税收类型，例如增值税，这种情况下计税价格仅包括成本和利润两个要素。

在实际应用中，价内税和价外税的区别主要体现在价格的构成上。含税价格是法定价格，包括税金在内，而不含税价格则不包括税金。尽管在形式上有所不同，最终税金的负担者往往是消费者。这是因为无论是哪种税收形式，税金的实际负担取决于市场的供求关系。在供不应求的情况下，税金更容易转嫁给消费者；在供过于求的情况下，卖方可能需要承担更多税金。

4.按税种的隶属关系分类

税收根据管理权限和使用权限的不同，可以分为中央税、地方税和中央地方共享税三大类。中央税由中央政府负责管理和使用，主要用于中央政府的预算开支，典型的中央税包括关税、消费税、车辆购置税以及海关代征的消费税和增值税。地方税由地方政府管理和使用，旨在满足地方政府的财政需求，常见的地方税包括城镇土地使用税、耕地占用税、土地增值税、房产税、车船税、契税和印花税等。

中央地方共享税则是中央和地方政府共同分享税收收入的税种。增值税就是一个典型的例子，其中中央政府分享75%的收入，地方政府分享25%。企业所得税在中央和地方之间的分配也存在差异，部分由中央政府独享，其余部分中央分享60%,地方分享40%。证券交易印花税和城市维护建设税的收入也按照一定比例在中央和地方政府之间分配。

5.按税负能否转嫁分类

按税负能否转嫁,可划分为直接税与间接税。

直接税,指税负由纳税人直接承担且不转嫁他人的税种。它以纳税人的所得和财产为征税对象,税收法律与经济主体一致。纳税人即负税人,直接向税务机关缴税。所得税等直接税计算征收复杂,易引发税务纠纷。

间接税,是一种税负可转嫁给他人的税种,纳税人通常不是最终承担税负的人。它主要针对商品和劳务的流转额进行征税,纳税人往往将税款附加或融入商品或劳务的价格中,最终由消费者承担。

间接税的计算与征收不受生产、经营成本或盈利状况的影响,只要应税项目发生,税收即可实现。因此,间接税在保障财政收入方面具有显著作用。其计算和征收方式相对简便,通常采用比例税率,无需过多考虑纳税人的复杂情况。间接税的存在与商品经济的发展水平紧密相连。一般来说,所得税和财产税被视为直接税,而商品税则属于间接税的范畴。

二、我国社会主义市场经济中的税收原则体现

(一)财政原则

1.财政收入要足额、稳定

一方面,为完善税收体系,我国正积极推进新的直接税税种的征收工作。这些税种包括但不限于,在全社会范围内实施的社会保障税,针对遗产及赠与行为所征收的遗产税和赠与税,以及针对股票等有价证券交易行为所征收的证券交易税等。这些举措旨在优化税收结构,促进税收公平与可持续发展。

另一方面,我国也将进一步加强对现有直接税税种的征收管理力度。通过严格税收征管流程,减少税收流失,确保税收收入的稳定与增长。同时,

此举也将逐步提高直接税收入在全部税收收入中的比重，推动税收体系朝着更加科学化、规范化的方向发展。

2.财政收入要适度、合理

政府在征税过程中，必须综合考虑税制构建与税收政策实施两方面的工作，既要满足国家财政需求，又要考虑经济社会的承受能力。

（二）公平原则

在我国社会主义市场经济体制下，税收公平原则涵盖了税负公平与机会均等两个核心要素。税负公平原则强调纳税人的税收负担应当与其收入水平相协调，实现横向与纵向的税收公平。为实现这一目标，需实施普遍征收、量能负担的税收制度，同时确保税政统一、税权集中，以维护税收制度的公平性和有效性。

机会均等原则则是基于竞争原则而设立的，旨在通过税收杠杆优化竞争环境，激发企业活力，促进公平竞争。这有助于营造公正的市场秩序，推动社会经济的有序发展，实现资源的高效配置和经济的持续增长。

（三）效率原则

坚持效率原则就是必须高度重视提升税收的经济效率和行政效率。具体而言，一是致力于将税收对市场微观活动带来的效率损害降至最低；二是致力于实现税收征管费用和执行费用的最小化。

为了切实提升征税效率，需从以下几个方面着手：

首先，必须强化计算机网络建设，深入推进税收征管的现代化进程，这无疑是提升我国税收征管效率的根本举措。

其次，不断改进管理形式，确保征管要素得以优化配置并实现最佳结合，从而提高整体管理效能。

最后，进一步完善征管成本制度，精简机构、减少冗员，并严格控制开支，确保税收征管工作的高效运行。

（四）法治原则

法治原则的内容涵盖两个层面：一是税收程序规范原则，二是征收内容明确原则。前者强调税收程序（涵盖税收立法、执法及司法环节）的法定性，后者则突出征税内容的法定化。为确保依法治税目标的达成，需着重落实以下要点：首先，确保有法可依，这是法治原则的基石，是依法治税的前提保障。其次，务必从严征管，严格执行税收法律法规，确保税收征管工作的规范性和有效性。同时，要积极运用现代化手段，推动税务信息网络建设，提升税收征管效率和质量。最后，还需加强税收法制教育，增强全民税收法治意识，营造依法纳税、诚信纳税的良好氛围。

第二章 财政收入与财政支出

第一节 财政收入

一、财政收入的含义

提供公共产品以满足社会公共需求是财政活动的主要目标。为实现这一目标,政府需有效筹措财政资金。财政收入作为政府依循权力原则,借助国家财政机制,自企事业单位及居民个人收入中汇聚的货币与实物资产,承载着双重含义。一方面,它代表着国家集中管理和运用的公共性质货币资金;另一方面,它涉及组织收入、筹集资金的系列活动,是财政分配体系中的基础性环节。

政府获取财政收入主要依赖于其拥有的公共权力,这些权力包括政治管理权和公共资产权等,其中政治管理权占据核心地位。鉴于公共产品收益的普遍性特征,其无法采用经营性方式进行供给,因此必须通过政府征税的方式来弥补成本,确保公共产品的可持续提供。

二、财政收入分类

(一)按财政收入形式分类

按财政收入形式分,财政收入通常分为税收和其他收入两大类。税收是财政收入主体，基于国家政治管理权，为财政支出提供基本资金来源，也是政府经济管理和调控手段。其他收入为非税收入，形式各异，份额较小。进一步可划分为企业收入、债务收入等。我国财政统计分析常用此法。但企业收入在税制改革后已消失，债务收支单独核算。税收收入包括增值税、营业税等，其他收入包括排污费、教育费附加、规费等收入。规费是国家机关提供服务或管理的费用。

按照财政收入的形式，财政收入可进一步细分为经常性收入与非经常性收入（亦称为临时性收入）。其中，经常性收入的核心组成部分涵盖税收以及各类收费；而非经常性收入则主要包含债务收入以及其他收入等多元化渠道。此种分类方式，主要服务于对财政收入规模增长变化及其发展趋势的深入剖析，有助于更全面地理解和把握财政收入的动态演变规律。

（二）按财政收入来源分类

经济作为财政的基石和收入来源，对财政分配流程及财政收入本身具有决定性影响。无论国家以何种形式参与国民收入分配，财政收入过程始终与该国的经济制度及经济运行紧密相关。财政收入本质上是源于国民收入的分配与再分配，体现为一定量的货币收入。

在现实中，财政收入总体上源自国内生产总值，而国内生产总值则由全国范围内不同单位、部门、地区共同创造。因此，对财政收入进行分类时，可依据两个不同标准。其一，以财政收入来源中的所有制结构为分类依据，可将财政收入细分为国有经济收入、集体经济收入、股份制经济收入、中外合营经济收入、私营经济收入、外商投资及外商独资经济收入、个体经济收入等。其二，以财政收入来源中的部门结构为分类依据，可将财政收入划分为工业部门收入、农业部门收入、商业部门收入、建筑部门收入以及其他部门收入等，其中工业部门收入又可进一步细分为轻工业部门收入和重工业部门收入。

此外，财政收入亦可依据不同维度进行划分。一方面，可分为生产部门收入和流通部门收入；另一方面，可根据产业划分，将财政收入区分为第一产业部门收入、第二产业部门收入和第三产业部门收入等。

对财政收入按来源分类，有助于深入研究财政与经济之间的制衡关系，精准把握经济活动及其结构对财政收入规模及构成的决定性作用，明确财政收入政策对经济运行的影响，进而有利于选择适宜的财政收入规模与结构，并建立经济决定财政、财政反哺经济的和谐运行机制。

（三）按财政收入的管理方式分类

按照财政收入的管理方式进行分类，财政收入主要可以划分为预算内和预算外两大类。预算内财政收入是指那些纳入国家预算的财政收入，其管理需严格遵循预算立法程序的相关规定，涵盖了税收、专项收入以及其他收入等多项内容。

此外，人们还常提及"制度外收入"，指预算之外的乱收费、罚款和摊派。这部分收入无政府公布数字，政府正在加强清理整顿。

三、财政收入规模

（一）财政收入规模的含义与衡量指标

财政收入规模可衡量一国政府在特定财政年度内的财力总水平，并且可以通过静态和动态两种方式分析。静态分析侧重于年度财政收入总量，作为绝对数指标，用于制定财政计划、评估执行情况及进行历史比较。动态分析则关注财政收入占国内生产总值的比重，作为相对数指标，揭示政府在国民经济中的分配角色和集中程度。不同的分析口径（如中央政府或各级政府的财政收入）和分母（如 GDP 或国民收入）选择可以根据具体分析目的而定。

（二）财政收入规模的影响因素

1. 经济发展水平和生产技术水平对财政收入规模的影响

经济发展水平直接影响一个国家的财政收入规模，反映出社会产品的丰富程度和经济效益的高低。高经济发展水平通常伴随着丰富的社会产品和较高的国内生产总值（GDP），从而带来较大的财政收入总额和较高的财政收入占GDP的比重。尽管财政收入规模还会受到多种主客观因素的影响，但经济发展水平在其中起到了基础性的制约作用，类似于"源与流、根与叶"的关系，经济发达则财源充裕。全球各国的实际情况也验证了这一点，发达国家的财政收入规模普遍高于发展中国家，而在发展中国家中，中等收入国家的财政收入规模又高于低收入国家，无论是绝对数还是相对数，这体现了"经济决定财政"的基本原理，经济基础不牢固，财源也不会丰厚。

生产技术水平是财政收入规模的重要影响因素，内含于经济发展水平中。生产技术水平即技术进步，对财政收入规模的影响体现在：技术进步加速生产速度、提高生产质量，促进GDP和财政收入增长；同时降低物耗比例，提高经济效益和产品附加值，直接影响财政收入。

2. 分配政策和分配体制对财政收入规模的影响

财政收入规模不仅受制于经济发展水平，还受到政府分配政策和体制的显著影响。经济发展水平提供了财政收入的基础条件，是分配的客观前提，决定了财政收入的总体潜力。然而，在这一基础条件既定的情况下，政府可以通过不同的分配政策和体制对财政收入进行调节。因此，不同国家在相同经济发展水平下，或同一国家在不同时间段内，其财政收入规模可能会表现出显著差异。

GDP分配格局变化原因复杂，是国民经济运行中多因素综合作用的结果。首先，这是经济体制转轨的必然结果，分配体制需与经济体制相匹配。我国经济体制改革以分配体制改革为突破口，促进了经济快速增长。其次，GDP分配向个人倾斜，财政收入比重下降，与分配制度不健全和秩序混乱有关。

尽管我国分配制度明确，但在改革过程中贯彻不力。居民收入分制度内和制度外两部分，制度外收入隐蔽性大，其急剧增长导致居民收入差距扩大和分配不公。

由上可知，经济体制改革过程中调整分配政策和分配体制至关重要，但必须以缜密的整体设计为前提，并充分考虑国家财政的承受能力。提高经济效益是前提条件，在此基础上，通过整顿分配秩序和调整分配格局，适度提高财政收入占国民收入的比重，能够促进财政健康和经济持续发展。

3.价格对财政收入规模的影响

财政收入为特定货币收入，受价格体系影响，并按现价计算。价格变动导致 GDP 分配变化，进而影响财政收入增减。

价格变动对财政收入的影响首先表现在价格总水平的升降上。在市场经济中，价格总水平通常上升，适度上涨正常，大幅持续上涨则为通胀，下降则为通缩。财政收入随价格水平上升同比例增长时，表现为名义增长而实际无增长。实际经济生活中，价格分配对财政收入的影响各异。物价上升对财政收入的影响包括：财政收入增长率高于物价上涨率时，名义和实际财政收入均增长；物价上涨率高于财政收入增长率时，名义财政收入正增长，实际负增长；两者大体一致时，仅名义财政收入增长。

在实际经济生活中，价格分配对财政收入增减的影响主要由两个因素决定：物价总水平变动的原因和现行财政收入制度。

财政赤字通常是通货膨胀的重要原因。当为弥补赤字而投放过多货币时，财政通过赤字从 GDP 再分配中分得更大份额。财政收入增长常通过价格再分配体制实现，增量可分为 GDP 正常增量分配所得和价格再分配所得（即"通货膨胀税"）。

另一个影响因素是现行财政收入制度。累进所得税制度下，纳税人税率随名义收入增长提高，增加财政在价格再分配中的份额。比例税率为主的流转税制度下，税收增长率等同于物价上涨率，财政收入仅名义增长。定额税率制度下，税收增长低于物价上涨率，财政收入即使名义增长，实际也会下降。

另外，价格变动原因多样，对财政收入规模影响各异。在特定财政收入制度下，高税商品价格涨幅大于低税商品时，财政收入增长加快，规模扩大；反之则财政收入规模缩小。市场经济下，市场价格随供求关系波动，影响财政收入增减。价格作为影响财政收入的关键因素，在价格体制改革和宏观调控中需考虑财政承受能力。同时，财政状况也会影响价格体制改革。

四、财政收入结构

对财政收入结构进行深入剖析，应当依据多元化的研究视角和实践分析需求，从多个维度展开详尽探讨。目前，各国专家学者主要围绕财政收入的分项目构成、所有制构成以及部门构成等核心层面，进行全面而系统的分析。通过此类研究，旨在更加全面、深入地揭示财政收入结构的内在特征与演变趋势，为财政政策的制定与实施提供科学、准确的决策依据。

（一）财政收入分项目构成

分析财政收入的分项目构成，实则是对财政收入的结构及其变化趋势进行深入研究，以揭示财政收入形式背后的深层次规律。

在过往的计划经济体制之下，财政收入的构成主要依赖于国有企业上缴的利润与税收两种形式。鉴于当时实行的是统收统支的财政管理体制，上缴利润与税收的区分并未显现出实质性的意义。不仅如此，为了简化税制、优化财政管理，还曾一度存在"以利代税"的倾向，即将利润视为税收的一种替代形式，用以充实国家财政收入。

（二）财政收入所有制构成

财政收入所有制构成是指不同经济成分财政收入所占比重。这种结构分析揭示了国民经济所有制构成对财政收入的影响及其变化，为增加财政收入提供依据。研究财政收入所有制结构有助于国家制定财政政策，正确处理财政关系。

财政收入按照经济成分的不同，主要可划分为两大类别：一是源于国有经济成分的收入，二是源于非国有经济成分的收入。进一步细化财政收入来源，可具体划分为全民所有制经济的收入、集体所有制经济的收入、私营经济的收入、个体经济的收入、外资企业的收入、中外合资经营企业的收入以及股份制企业的收入。在我国经济体系中，公有制占据主导地位，国有经济更是发挥着支配性作用。同时，我们亦积极倡导并支持城乡个体经济、私营经济、中外合资经营企业和外商独资企业的发展，以此推动经济的多元化和全面发展。

（三）财政收入部门结构

进行财政收入部门结构的深入分析，旨在详尽阐述并揭示不同部门在财政收入中的具体贡献及其所占比重。在部门划分上，我们既遵循传统意义上的分类方式，涵盖了工业、农业、建筑业、交通运输业以及服务业等多个领域；同时也参考现代产业分类标准，即第一产业、第二产业和第三产业进行划分。尽管分类依据存在差异，但无论是从传统角度还是现代视角出发，对财政收入部门结构进行分析，均有助于我们深入理解各部门对财政收入的贡献程度，从而为政策制定和经济发展提供有力支撑。

由于产业结构不断调整变化，财政收入部门结构分析可通过各部门收入在总财政收入中的比重反映其在国民经济中的地位。比重高的部门地位重要，反之则较弱。若这种结构与产业在国民经济中的实际地位一致，且与政府产业政策相符，则可维持现有分配关系；若不一致，则反映财政政策偏向性，需调整分配政策以实现收入分配中性。

鉴于各国产业结构始终处于动态调整与变化之中，因此，在行业间平均利润率作用下，对财政收入的部门结构进行深入分析显得尤为重要。此类分析可通过剖析不同部门所贡献的收入在整体财政收入中的占比，从而折射出不同产业部门在国民经济中的相对地位。通常而言，财政收入占比较高的部门在国民经济体系中扮演着更为核心的角色,反之则地位相对较弱。

若此结构状态能够真实反映各产业在国民经济结构中的实际地位,且与政府既定的产业政策导向保持高度契合,则当前的政府与各部门间的分配关系得以维持稳定。然而,一旦这种结构与各产业在国民经济中的实际地位存在显著偏差,则表明现行的财政分配政策存在某种程度的偏向性。鉴于此,为实现收入分配的中性原则,有必要对现行的财政分配政策进行必要的调整与优化。

第二节 财政支出

一、财政支出的分类

（一）按支出的具体用途分类

根据支出的具体用途进行分类，历来是我国财政支出分类的一种传统且重要的方式。这种分类方法能够更为具体、详尽地揭示财政资金的流向和用途，从而确保财政资金的使用更加透明、规范。依据此种分类方法所形成的项目，在我国财政统计表中通常被冠以"财政主要支出项目"的称谓。

我国财政支出按具体用途分类，包括挖潜改造资金、基本建设支出、流动资金、科技三项经费、地质勘探费、工交商业部门事业费、支援农村生产支出、各项农业事业费、文教科学卫生事业费、抚恤和社会救济费、国防费、行政管理费、价格补贴支出等。

依据马克思所提出的社会再生产理论，社会总产品在历经初次分配与再分配后，从静态价值构成的视角审视，可细分为补偿性支出、消费性支出及积累性支出三大类别；而从动态再生产的角度审视，则可划分为投资性支出与消费性支出两大类别。在任一经济社会中，财政活动均是对社会总产品进行分配的重要环节，财政支出的形成与社会总产品的分配紧密相关。因此，对于财政支出按具体用途进行分类的项目，我们亦可以从静态价值构成与动态社会再生产的视角进行深入的剖析与研究。

从静态的价值构成视角审视，挖潜改造资金被归类为补偿性支出；在诸如基本建设支出、流动资金、科技三项费用、地质勘探费、工交商业部门事业费、支援农村生产支出、各项农业事业费以及价格补贴支出等项目中，那些用于增加固定资产的部分，则被界定为积累性支出；而文教科学卫生事业费、抚恤和社会救济费、国防费以及行政管理费则均属于消费性支出。

从动态的社会再生产视角出发，挖潜改造资金、基本建设支出、流动资金、科技三项费用、地质勘探费、工交商业部门事业费、支援农村生产支出、各项农业事业费以及价格补贴支出中用于增加固定资产的部分，共同构成了投资性支出；与此同时，文教科学卫生事业费、抚恤和社会救济费、国防费以及行政管理费则依旧被归类为消费性支出。

（二）按政府职能分类

根据政府职能的不同属性，财政支出得以分类，亦称按费用类别分类。政府肩负着双重主要职能，即经济管理职能和社会管理职能。财政支出作为政府集中调配社会资源、实现职能目标的关键环节，其结构自然与政府的职能紧密契合。因此，财政支出便划分为经济管理支出和社会管理支出两大板块，与政府的两大职能一一对应。

经济管理支出主要侧重于经济建设费用，包括基础设施投入、国有企业技术升级资金、科技专项支出、简易建筑成本、地质勘探经费、增加国企流动资金、支持农村生产发展、工交商业部门事业费、城市维护支出以及国家物资储备等。而在社会管理支出方面，主要包括国防开支、行政管理费用以及社会文化教育事业经费。国防开支涵盖军事装备采购、军人待遇保障、军事科研项目、对外军事援助、民兵建设经费以及兵役制相关的公安、边防、武装警察部队和消防部门的各项费用。行政管理费用则涉及国家行政机关、事业单位、公安部门、国家安全机关、司法检察机关以及外交机构（含驻外机构）的经费、业务费用以及干部培训费用等。社会文化教育事业经费主要用于文化、教育、科学、卫生、出版、通信、广播、文物保护、体育事业以及计划生育等领域的投入。因此，按照政府职能的不同，财政支出可划分为经济建设费、国防费、行政管理费、社会文化教育事业费和其他支出五大类别。

（三）按财政支出的经济性质分类

财政支出的分类以经济性质划分为购买性支出和转移性支出。购买性支出是指政府在市场上购买商品和服务所发生的支出，如购买日常政务所需的物品和进行国家投资的支出，符合等价交换原则，体现了政府的市场性再分配活动。而转移性支出则是政府资金无偿的、单方面的转移，包括补助、捐赠和债务利息等支出，不涉及商品和服务的交换，体现了政府的非市场性再分配活动。

（四）政府支出分类改革

在国际上，分类方法主要有两类：理论分类和统计分类。理论分类用于理论和经验分析，统计分类用于编制国家预算。

按职能分类，财政支出包括一般公共服务、国防、教育、保健、社会保障和福利、住房和社区设施、其他社区和社会服务、经济服务及其他支出。按经济分类，财政支出包括经常性支出、资本性支出和净贷款。

新的政府收支分类包括收入、支出功能和经济分类。核心是支出分类改革，从经费性质转为功能分类。支出功能分类主要依据政府职能，包括一般政府服务、社会服务、经济服务和其他支出，如利息和转移支付。

二、财政支出结构

（一）财政支出结构变化受政府职能的影响

财政支出结构受政府职能影响，侧重经济管理职能则偏重资源动员和经济事务支出；侧重社会管理职能则偏重行政管理、法律秩序、防卫等支出。

我国经济建设费比重下降趋势明显，预算内基本建设支出比重下降，显示政府经济管理职能弱化。社会管理支出中，教育、科学等领域投入增加，行政管理费和其他支出上升，显示政府社会管理职能加强。在社会管理支出增长中,社会文教费增长合理,但行政管理费增长不合理,与政府机构臃肿、人员膨胀等问题有关。

(二)财政支出结构变化受经济发展阶段的影响

在经济发展的早期,政府投资占比较大,主要用于社会基础设施建设。到了中期,私人部门资本积累增强,政府投资比重下降,主要补充私人投资。在成熟期,人们追求更高生活质量,政府增加对教育、保健与福利的支出。从我国实际情况看,随着经济发展,政府在这些方面的支出比例逐渐增加,体现了财政支出结构的优化过程。

三、财政支出原则

(一)公平与效率兼顾原则

兼顾公平与效率是评价社会经济活动的原则。财政支出也需遵循此原则,但政府可根据形势侧重某一方面。财政支出效率与资源配置相关,要实现社会净效益最大化,需合理控制和分配支出,并具备科学方法和制度保障。财政支出公平与收入分配相关,财政需通过再分配活动缩小收入差距。在追求经济效率的同时,社会公平同样重要。社会经济的稳定与发展是资源有效配置和收入合理分配的综合结果,体现公平与效率的兼顾。

(二)量入为出与量出为入相结合原则

量入为出是政府根据财政收入总量安排财政支出,力求财政收支平衡。这反映了一国经济水平对财政支出的制约。量出为入是根据基本财政支出需求确定收入规模,强调公共支出的必要性。从相互关系看,量入为出是保持财政稳定、防止收支不平衡的最终选择,具有实践意义。量出为入则是随着社会发展,为保障必要公共支出而形成,但并非允许随意扩大支出。在现代社会，结合两者原则，既能避免财政风险，又有利于政府公共职能实现。

四、财政支出效益分析

（一）财政支出效益的含义

效益，指人们在实践活动中"所费"与"所得"的对比。所费是劳动消耗和占用，所得是实践活动的有用成果。提高经济效益即"少花钱、多办事、办好事"。财政支出效益研究的是如何使财政支出规模和结构最优化，以最快地推动经济和社会发展。财政支出应适度、结构合理，以提高效益。

财政支出效益主要从两个角度考察：一是总量效益，即确定适度的财政支出规模以促进经济发展，需分析财政支出占 GDP 的比重；二是结构效益，即财政支出项目间的组合效益。

财政支出效益与微观经济主体支出效益有着显著的差异。这种差异主要表现在计算范围、择优标准和效益表现形式三个方面。政府财政支出需考虑长期、间接和无形成本与收益，而微观经济主体仅关注直接的、有形的成本与收益。政府财政支出的择优标准更加注重整体社会效益，不回避可能的局部亏损，而微观经济主体追求的是利润最大化。此外，政府财政支出效益的表现形式更为多样化，除了货币价值外，还包括政治、社会、文化等方面的效益。因此，政府在提高财政支出效益时面临着更为复杂的问题和挑战。

（二）财政支出效益的评价方法

1．"成本—效益"分析法

所谓"成本—效益"分析法，即针对政府设定的项目目标，制定若干可行的建设方案，并对各方案的预期成本和效益进行详尽列举。随后，将各项成本与效益转化为货币单位，通过科学比较分析，从而判定项目或方案的实施可行性。对于采用"成本—效益"分析法评估的财政支出项目，诸如生产性投资等，其成本易于量化评估，效益表现为经济性和有形性，便于以货币形式进行精确计算。

2.最低费用选择法

最低费用选择法，是一种侧重于成本计算的决策方法，其核心在于仅考虑备选项目的有形成本，并以成本最低作为选择的主要标准。这一方法主要适用于行政管理、国防等领域的支出决策，这些领域的成本相对易于计算，但效益往往难以精确衡量，且所涉及的商品或服务并不直接参与市场交换。

在运用最低费用选择法时，技术层面上确定最优方案并不构成主要挑战，然而，确定备选方案的过程却可能较为复杂和困难。这是因为需要确保所有备选方案均能实现同一目标，并在此基础上选择成本最低的方案。在实际操作中，这一要求可能导致备选方案的筛选和比较过程变得相当繁琐和具有挑战性。

3.公共定价法

公共定价是指政府相关管理部门在遵循既定程序和规则的基础上，对公共产品的价格及收费标准进行科学合理的设定。采用公共定价法的财政支出项目，其成本相对易于量化评估，然而其效益的精确计算则存在一定难度。尽管如此，通过此类财政支出所提供的商品或服务，可部分或全部纳入市场交易范畴，以满足社会多元化需求。

从定价政策层面分析，公共定价主要涵盖两个方面：一是纯公共定价，即政府直接对自然垄断行业（如能源、通信、交通等公用事业以及煤、石油、原子能、钢铁等基本品行业）的价格进行明确设定；二是管制定价或价格管制，即政府针对竞争性管制行业（如金融、农业、教育和医药等行业）实施价格规范和管理。

政府通过实施公共定价法，旨在提高整个社会的资源配置效率，确保公共产品和服务得到有效利用，从而充分发挥财政支出的积极作用，实现社会效益最大化。

第三章 财政预算

第一节 财政预算的理论

一、财政预算的概念

在社会经济活动中,编制和执行预算是常见的管理资源方法。

财政预算是具有法律效力的基本财政收支计划,规定了政府财政收支指标及其平衡状况,反映了政府财政资金的规模、来源和用途,是政府调节经济的重要手段。

(一)财政预算是政府的年度财政收支计划

财政预算作为政府财政管理的核心工具,其主要目的在于全面、准确地展现年度财政收支的规模和结构,进而清晰、明确地反映一定时期内政府财政收支的具体来源与流向,以确保财政资金的合理使用和有效监管。

(二)财政预算是政府具有法律效力的文件

财政预算的级次划分、收支内容及管理职权等各项要素,均严格遵循《中华人民共和国预算法》(以下简称预算法)的明文规定。在预算法的全面规范下,预算的编制、执行及决算等各个环节均得以有序展开。预算草案需经过立法机关的严格审批,方可公布并实施,确保财政活动的合规性与科学性。

（三）财政预算是政府调节经济的重要手段

在社会主义市场经济体制的运行框架内，一旦市场自主调节机制难以维持均衡发展的稳定态势，政府作为重要的调控主体，有权且应当依据市场的实时运行状况，采取适度的宏观调控措施。此举旨在确保社会经济的稳步增长，并推动其实现持续、健康的发展态势。

二、财政预算的特点

（一）综合性

财政预算是一个国家经济与社会发展的重要晴雨表。它不仅通过收入和支出反映出国民经济各部门的效益和积累水平，还揭示了社会事业的发展规模和速度。更重要的是，财政预算能够显示各级政府的资金集中程度，反映其财力和财权的状况。

（二）法律性

财政预算作为国家经济管理的重要工具，必须在获得权力机关的批准后方能实施，赋予其法律效力。全国财政预算需要全国人民代表大会的批准，而地方各级的财政预算则需通过同级人民代表大会的审议和批准。各级政府在执行过程中，必须严格遵守既定预算，任何预算的追加或削减都需得到相应人民代表大会的批准。

（三）计划性

财政预算本质上是一项系统性的规划工作。在其实施过程中，各级政府需按照既定计划有序组织财政收入，并科学安排财政支出，以确保国民经济实现协调、稳定的发展态势。

三、财政预算的功能

（一）控制政府规模

政府的构成以人为主体，公共权力的扩展不可避免地带来机构膨胀和财政支出的增加。为了有效控制政府支出的增长，财政预算成为关键手段。首先，政府需要详尽记录并计划所有活动及相关经费，其次，这些预算需经过立法机构的严格审议和批准后方能生效。这种制度安排将政府的财务行为置于公众监督之下，增加透明度，提升效率，使公众对于小规模、低成本政府的期望有望实现。

（二）促进宏观经济的平衡

财政预算是政府调控宏观经济的重要工具，通过对收支计划的制定和执行，政府能够有效影响市场供求的总量和结构，确保总供给和总需求的平衡。这种平衡是维持宏观经济稳定运行的关键。财政预算不仅在短期内提供经济稳定的基础，也在长期中促进经济健康发展。通过科学合理的预算安排，政府可以应对经济波动，实现可持续增长，保障国家经济体系的有序运转。

（三）有利于立法机关和社会成员对政府收支的监督

财政收入的来源是社会成员的缴纳，财政支出的目的则是满足公共需求，而财政赤字所带来的成本和收益最终都由社会成员承担。因此，财政收支与每个社会成员的利益密切相关。社会成员不仅享有关注并监督政府财政活动的权利，更肩负着相应的义务。因此，财政预算作为立法机关和公众对政府收支实施监督的重要工具，具有举足轻重的地位。

（四）有利于提高社会福利水平

政府利用财政预算来集中资金和安排支出，目标是提升社会福利。根据福利经济学的基本原理，市场失灵导致资源配置效率低下和社会福利无法最大化。在这种情况下，财政预算作为弥补市场失灵的重要工具，通过合理的收支组织和安排，能够提高资源配置效率，促进社会分配公平，最终实现社会福利的最大化。

四、财政预算的本质

关于财政预算的本质，学术界存在多元化的见解，其中费用论与报酬论为两大主要流派。这两种不同的观点导致了在预算管理方面，对于政府所扮演的角色及其影响，各方持有不同的看法。相应地，这也使得预算政策的制定与实施呈现出差异化的特点。

（一）费用论

费用论，亦称成本论，其核心在于将财政预算视作实现公共服务所必需的成本或投入，即我们通常所称的公共服务费用。财政，作为政府资金供给的专门机构，常被誉为"总账房"，其主要职责在于为各类行政事业单位提供所需的资金支持。

根据费用论的核心观点，财政之所以向行政事业单位提供资金支持，其根本目的在于确保政府的持续运作与存在。换言之，财政预算被视为维持政府存在所必需的费用支出。至于政府各部门具体执行的工作内容，则不属于财政考虑的直接范畴。

鉴于财政预算的核心目的在于维系政府的正常运作，因此，在预算分配过程中，首要考量应为人员经费的合理安排。此举旨在确保各行政事业单位得以稳定存续，进而为政府的各项职能提供坚实支撑。随后，方可关注其他事务的办理，此即所谓"先保障人员需求，再推进业务开展"。故而，保障行政事业单位的人员经费乃是财政工作的基本职责所在。至于建设经费的分配，则须依据财政实力的实际情况进行审慎安排。

鉴于财政保障作用贯穿各部门的业务活动之中,财政部门应当深度参与并管理各项业务活动的进程,实现全面的过程管理。费用论则着重强调财政的投入与保障功能,因此亦被称为"投入预算"。

为确保政府机构的正常运转与高效管理,财政预算的编制应当严格遵循管理要素进行,涵盖工资补助、公务费用、购置费用等各项支出。在财政资金面临挑战时,应优先保障工资、公务费用等关键性支出,以确保政府机构的稳定运作与各项公共事务的顺利推进。

(二)报酬论

报酬论,亦称购买论,其核心观点建立于社会公共部门与私人部门间商品与劳务交换关系的基础之上。此理论明确指出,税收实质上是政府的价格体现,而财政预算则可视作购买各项具体公共产品时所确定的价格。据此,报酬论深入剖析了公共部门与私人部门间经济交易的内在逻辑与机制。

报酬论指出,社会两大核心领域——公共部门与私人部门之间的关系,其本质属性在于经济层面的互动与联系。税收,从表面形式观察,似乎表现为私人部门向公共部门的无偿资金转移。然而,从更深层次的经济逻辑来看,税收实际上是私人部门为获取政府部门所提供的劳务而支付的代价,亦可理解为一种价格机制。

若私人部门所承担的税收负担较轻,则意味着其以相对较低的成本购得公共产品与服务,这通常被称为"廉价政府"。与之相对,若税收水平偏高,反映出私人部门为获取同等公共产品与服务所需支付的成本较高,此种情况则通常被描述为"高价政府"。这一理论框架有助于我们更加理性、深入地理解税收在社会经济运行中的角色与意义。

鉴于财政拨款本质上属于购买行为,因此必然涉及价格问题。此价格应当由市场供求关系所决定,这意味着公共产品同样存在供给与需求的考量。因此,可以采用供求曲线的方式,来明确公共产品的成本及需求状况。若政府所提供的公共产品价格设定过高,将直接导致需求的减少。

因此，在制定财政预算时，必须全面考虑以下三个核心问题：其一，确定需要购买的公共产品种类；其二，明确政府购买这些公共产品所愿意支付的价格；其三，评估社会从消费这些公共产品中能够获取的实际利益，即政府支出的实际效果及其大小。这样方能确保财政拨款的有效利用，实现公共资源的优化配置。

第二节 财政预算的程序

一、财政预算的编制

（一）预算编制前的准备工作

为了准确编制预算，需进行以下准备工作：预计和分析本年度预算执行情况；拟定下年度预算收支控制指标；颁发编制预算草案指示及规定；修订预算科目及表格。

每年编制预算前，需根据预算管理制度和收支内容变化，修订财政预算收支科目和表格。

财政预算收支科目反映收支构成和部门用途，是编制预算、缴拨款、会计核算、财务分析及统计的工具。预算表格是预算指标体系的表现形式，能清晰展示预算的全部内容，分为三种。

一是收支表，即基本预算表格，展示收支规模、收入来源及支出去向，分为汇总表和明细表。

二是基本数字表，反映预算单位的各项指标，用于编制预算支出，制定和修改定额、开支标准，并检查支出与业务计划的一致性。

三是收支明细核算表，详细说明某些收支科目的核算过程和依据，使预算收支更明确。

（二）财政预算的编制程序

我国财政预算的编制过程严谨且结构化，结合了"自上而下"和"自下而上"两种程序。每年国务院首先下达编制预算草案的通知，指导全国各级政府和部门进行预算编制。各级政府根据国务院的时间安排，将本级预算草案逐级汇总上报，最终形成全国总预算。部门单位预算从基层单位开始编制，根据具体工作任务、发展规划和年度计划进行测算。编制后的预算逐级上报和审核，最后由一级部门汇总并上报财政部门审核。

二、财政预算的审查和批准

（一）国外对财政预算的审查和批准

各国立法机关负责批准国家预算，并有权对预算草案进行修改或否决。根据立法机关的法定权力，预算修改方式可分为三种：无约束型、受约束型和平衡权力型。无约束型模式下，立法机关可以自由调整预算收入和支出，而无需行政部门的批准。受约束型模式则对立法机关的预算修改权力施加一定限制，例如英国和法国的议会无法提议增加财政支出，而德国则允许修改预算但需获得行政部门同意。平衡权力模式要求在保持预算平衡的前提下进行调整，使立法机关的预算管理重点集中在资源配置上。

（二）我国对财政预算的审查和批准

根据我国现行体制，财政预算的审查工作主要由各级人民代表大会负责执行。其中，中央预算的审查与批准工作由全国人民代表大会承担；地方预算的审查与批准工作则由相应级别的人民代表大会负责。具体而言，这一审查过程通常涵盖以下多个关键环节。

1.财政部对财政预算草案的审核

中央政府的财政预算草案由财政部编制，全国财政预算草案由财政部汇编。财政部需审核各部门和地方上报的预算，确保符合党的方针政策，发现问题及时修改或协商解决。最终，财政部将编制好的全国预算草案和说明书上报国务院核准，提交全国人民代表大会批准。

2.各级人民代表大会对财政预算草案的审核和批准

各级人民代表大会对财政预算草案的审查与批准分为初审和批准两个阶段。初审阶段由全国人民代表大会财经委员会或地方人民代表大会常务委员会有关的专门委员会对预算草案的主要内容进行初步审查。批准阶段，国务院向全国人民代表大会报告预算草案，全国人民代表大会财经委员会报告审查结果，大会审议并批准预算。如需修改预算，国务院将相应调整。地方预算草案由本级人民代表大会审查批准。各级预算经批准后，财政部门办理批复手续，地方各级政府需将预算报上级政府备案，并报本级人民代表大会常务委员会备案。国务院汇总各省预算后报全国人民代表大会常务委员会备案。

三、财政预算的执行

（一）财政预算执行的特点

1.预算执行是一项经常性工作

纵观整个预算管理流程，预算和决算的编制工作具有时间上的相对集中性特点。相对而言，预算收支的执行工作则贯穿财政年度的始终，是一项日常化、持续性的重要任务，需要每日稳步推进，确保财政活动的规范有序。

2.预算执行是预算各项收支任务的中心环节

政府所设定的目标，是基于当前国家的政治大局与国民经济及社会发展的整体规划精心制定的。然而，目标的设定并非等同于其必然实现。要实现既定目标，必须依赖全国各地、各部门、各单位齐心协力，开展大量且细致的贯彻落实工作，方能达成预期成效。因此，预算的严格执行，无疑是确保预算各项收支任务圆满完成的核心环节。

（二）财政预算执行的依据

在财政预算执行过程中，最为关键且直接的依据即为经过法定程序正式批准的预算方案。此预算一经立法机关批准，即具备法律层面的约束力，这意味着预算执行部门必须严格遵循已批准的预算内容，以维护预算的严肃性与权威性。各部门在执行预算时，必须确保预算执行数与预算授权数保持高度一致，并确保资金仅用于预算所明确规定的项目之中。对于任何违反预算执行规定的行为，必须依法依规予以严厉惩处，以确保财政预算的有效执行和公共资源的合理分配。

（三）财政预算执行的基本任务

1.良好的预算支出控制

对预算支出实施有效控制，其核心目的在于确保政府支出预算的执行过程严格遵循财经纪律。为此，我们有必要构建一套完善的预算及拨款会计体系、人事管理体系，从而为预算支出的规范执行提供坚实的技术支撑与制度保障。

2.良好的预算收入控制

在预算收入的控制工作中，应着重关注以下两个方面。首先，要不断完善和优化税费征收管理制度与征收管理程序，包括税收征管法、政府定价制度及定价程序等，确保税收征收的规范化和法治化。其次，强化预算收入过程的监督机制，确保收入预算的严格执行。在收入预算的实施过程中，应严格按照相关法律法规和规章制度，实施预算收入的过程控制，坚决杜绝任何不正当的税收行为，及时发现并纠正预算收入执行过程中的偏差，确保预算收入的准确性和合规性。

3.加强预算管理执行的监督

在预算执行的每一个环节，务必严格遵守国家法律法规和相关制度要求，对预算资金的筹集、分配和使用过程进行精细化的管理与控制。一旦发现预算执行过程中存在偏差，应立即采取措施纠正，确保预算执行的准确性和高效性。同时，要加强对各预算执行单位财经纪律的监督检查力度，确保预算得到严格、规范的执行，从而保障预算目标的顺利实现。

（四）预算执行机构与职权

1.领导机关及其职权

政府作为财政预算执行的组织与领导核心机构，肩负着重要的职责与使命。依据《中华人民共和国预算法》明文规定，各级预算均由相应层级的人民政府负责统筹组织执行。

国务院预算执行职权：编制中央预算、决算草案；向全国人大报告预算草案；汇总并报备地方预算；组织执行中央与地方预算；决定中央预算预备费动用；编制预算调整方案；监督预算执行；撤销不当决定；报告执行情况。

县级以上地方政府预算执行职权：编制本级预算、决算草案；向本级人大报告预算草案；汇总并报备下级预算；组织执行本级预算；决定本级预算预备费动用；编制预算调整方案；监督预算执行；撤销不当决定；报告执行情况。

乡、民族乡、镇政府预算执行职权：编制本级预算、决算草案；向本级人大报告预算草案；组织执行本级预算；决定本级预算预备费动用；编制预算调整方案；报告执行情况。

2.管理机构及其职权

财政部门在预算管理中扮演关键角色，分别在中央和地方层面行使重要职权。国务院财政部门负责具体编制和组织执行中央预算及决算草案，提出中央预算预备费动用和调整方案，并定期向国务院报告中央和地方预算执行情况。地方各级政府财政部门则负责编制和执行本级预算及决算草案，提出本级预算预备费动用和调整方案，并定期向本级政府及上一级政府财政部门报告预算执行情况。

（五）财政预算调整

1.财政预算调整的含义

普遍而言，财政预算调整是指在预算执行环节中，因出现重大变动情形而有必要对原有预算部署作出相应调整的一种行政举措。

2.财政预算调整的要求

经全国人民代表大会审议通过的中央预算,以及经地方各级人民代表大会审查批准的地方预算,在执行过程中如遇以下情形之一,须进行预算调整:一是当预算总支出需进行增减调整时;二是当需从预算稳定调节基金中调入资金时;三是当需缩减预算安排的重点支出数额时;四是当需增加举借债务额度时。

3.财政预算调整的审批

预算调整方案在各级政府中都需要经过严格的审查和批准程序。中央预算调整方案需全国人民代表大会审查和批准;县级以上地方预算调整方案则需本级人民代表大会批准,乡、民族乡、镇级的预算调整也需本级人民代表大会审查通过。各级政府必须严格执行经批准的预算调整方案,不得擅自调整预算。任何违反规定的预算调整决定将被本级人民代表大会、其常务委员会或上级政府责令修改或撤销。

四、财政决算

(一)财政决算的概念

财政决算,是指各级政府各部门及各预算单位依循法定程序精心编制,并经严格审查与批准之预算收支年度执行成果的全面汇总。

决算深刻揭示了预算收支的终极成效,更作为国家经济活动在财政维度上的集中展现。在决算收入层面,它清晰展现了财政资金的来源渠道与构成结构;而在决算支出层面,则充分展现了国家各项经济建设及社会发展事业的规模大小与推进速度。

（二）编制决算的意义

1.决算是国家、地方国民经济和社会发展情况在财政上的集中表现

充分展现政府在过去一年里所开展的工作范围与方向，以及我国在全面建成小康社会方面所取得的显著成果与稳步推进的历程。通过及时公布国家财政决算和地方财政决算，不仅让广大人民群众能够全面了解国家和本地区各项财政经济活动的具体情况，而且能够深刻认识到各项建设事业所取得的辉煌成就。这将进一步激发广大人民群众投身社会主义建设的积极性和创造性，为推动我国经济社会持续健康发展注入强大动力。

2.决算是研究制定或者修订国家和地方财政经济政策的基础资料

经由决算的精心编制与深入分析，得以从预算资金的分配与使用层面，全面总结党和国家方针政策贯彻执行的情况，并深入洞察其中存在的问题。

3.编制决算是做好下年预算管理工作的基础

决算作为财政预算执行成果的汇总展示，通过严谨的编制过程，能够全面展现年度预算及各项预算管理制度的贯彻实施成效。对这些成果进行深入分析和研究，有助于揭示预算管理活动的内在规律，为未来的预算编制提供更加科学、合理的依据。

4.决算资料是财政统计资料的重要来源

经由决算编制工作，能够系统性地梳理出预算执行过程中所形成的最终实际数据，这些数据不仅构成了财政统计资料的核心组成部分，而且成为财政科学研究不可或缺的重要参照依据。

（三）编制财政决算的准备工作

1.制定发布决算编审办法

每年第四季度，财政部须在全面回顾和梳理上年决算编审工作成果的前提下，根据当年预算执行情况的客观分析，精准制定并发布决算编审办法，以推动财政管理水平的提升和财政工作的稳健发展。

2. 制定发布决算表格

每年第四季度，财政部在发布决算编审办法之际，亦会同步制定并发布各类决算所需的统一制式表格。这些决算表格根据预算财务系统的不同分类进行细致划分，具体包含财政总决算表格、事业行政单位决算表格、企业财务决算表格以及基本建设财务决算表格，以确保决算工作的严谨与规范。

3. 制定发布中央财政与地方财政的年终结算办法

关于中央财政与地方财政的年终结算工作，其核心目的在于精确界定当年涉及的各项结算事宜及相应的结算方式。自实施分税制财政管理体制以来，中央与地方之间的年终结算内容涵盖税收返还结算、体制上解结算、体制补助结算、定额结算以及其他结算等多个方面。

4. 组织年终清理核实

切实推进年终清理工作，是保障决算数据精准无误、内容充实详尽、编报流程高效顺畅的重要基石，更是完善决算编制流程的关键一环。各级财政机构、行政机构、企事业单位及基建单位，务必在年终之际，对预算收支情况、会计科目设置、财产物资管理等进行全面系统的核对、结算与清查。通过严谨细致的年终清理工作，确保各级财政总决算、基建财务决算、国库年报、税收年报等决算报表的数据相互吻合。

（四）决算的编制

1. 决算的编制要求

在预算年度结束后，各级政府、部门和预算单位必须按时编制决算草案，确保数据准确、内容完整、报送及时。财政部在每年第四季度会部署决算草案的编制原则、要求、方法和报送期限，并提供相应的报表格式。县级以上的财政部门则需依据财政部的要求，安排本级政府各部门和下级财政的决算编制工作，制定相应的报表格式和报送日期。各部门需要审核并汇总所属单位的决算草案，确保在规定时间内提交给本级政府的财政部门审核。

2.决算的编制程序

财政决算的编制过程从基层单位开始,按自下而上的顺序进行编制、审核和汇总。在年度结束后,基层单位按财政部门的规定编制决算,逐级汇总上报至主管部门,主管部门再报送同级财政部门。各级财政部门审核汇总单位决算,并与本级财政决算一起汇编成总决算。

(五)决算的审查和批准

国务院财政部门编制中央决算草案,经国务院审定后提请全国人大常务委员会审查批准;县级以上地方各级政府财政部门编制本级决算草案,经本级政府审定后提请本级人大常务委员会审查批准;乡镇级政府编制本级决算草案,提请本级人大审查批准。决算时办理上下级财政间需清算事项。

各级财政决算经批准后,财政部门应在20日内向本级各部门批复决算;各部门应在15日内向所属各单位批复决算;地方各级政府将批准及备案的决算汇总后,报本级人民代表大会常务委员会备案。

第三节　财政预算的制度

一、国家预算

（一）国家预算的内涵

国家预算是国家财政的收支规划方案，它以收支平衡表的形式得以体现，是一份具备法律效力的正式文件，同时也是国家财政实现计划管理的重要手段与工具。国家预算的核心作用在于反映政府的财政收支状况，为政府决策提供有力的数据支撑。

要全面而准确地把握国家预算的深刻内涵，必须明确以下方面的内容：从形式层面审视，国家预算是根据既定标准，将财政收入与支出系统有序地归入特定的计划账目表，从而便于公众清晰掌握政府的财政运行状况；从实际经济内涵角度分析，国家预算的编制反映了政府对财政收支的精心规划与部署，预算的执行则涉及财政资金的筹措与运用流程，而国家决算则是对国家预算执行成果的全面总结。鉴于国家预算须经国家权力机关审批后方能生效，因此，它亦是国家的重要立法文件，充分体现了国家权力机构及全体公民对政府行为的约束与监督作用。

（二）国家预算的原则

国家预算的原则是指国家确定预算形式和编制预算的指导思想和准则。这些原则是随着国家预算制度的产生和发展而变化的。不同历史时期和不同国家的预算原则也各不相同。目前，多数国家普遍接受的原则主要包括以下内容。

一是公开性原则。鉴于国家预算直接体现了政府的活动范围、方向及政策导向，且紧密关联全体人民的切身利益，故国家预算及其执行情况必须采取适当的方式向公众进行披露，并接受人民的监督与审视。

二是可靠性原则。对于每一收支项目的数字指标，必须运用科学严谨的方法，依据充分、确凿可靠的资料，并结合规律性的总结，进行精确计算以得出准确结果。在此过程中，严禁进行任何形式的假定、估算，更不得随意编造数据，以确保数据的真实性和可信度。

三是完整性原则。在编制国家预算时，必须确保所有财政收支均得到全面、真实地反映，不得存在任何形式的虚假记账或预算外另行列支的情况。对于国家允许的预算外收支，亦需在预算中予以明确体现，以确保预算的完整性和准确性。

四是统一性原则。尽管我国各级政府均拥有各自独立的预算，但各级预算均为国家预算不可或缺的一环。换言之，地方预算与中央预算相辅相成，共同构建了完整的国家预算体系。为确保国家预算的统一性与完整性，需设定统一的预算科目，确保每个科目均遵循统一的计算口径与程序，并严格按照规定进行填列。

五是年度性原则。政府按法定预算年度编制国家预算，全面反映全年财政收支活动，禁止将非本年度财政收支内容列入预算。预算编制与实施需遵循预算年度规定，确保规范有效。

六是法律原则。国家所编制的预算，一经国家最高权力机关批准通过，即具备法律效力，必须得到严格执行和贯彻落实。

（三）国家预算的分类

1.按编制形式分类

按编制形式分类，国家预算分为单式预算和复式预算。

（1）单式预算。单式预算是将国家所有财政收入和支出汇编在一个预算内，形成收支项目对照表，不区分收支性质的预算形式。它简单清晰，体现政府财政收支规模和基本结构，便于控制和监督政府活动，并明确显示预算平衡情况。传统型政府收支规模小，结构简单，国家不干预经济运行，单式预算满足政府预算管理需求，便于立法机构审议和公众监督。因此，早期各国政府预算主要实行单式预算。但单式预算不能反映预算收支性质，如资本性支出与消耗性支出区别，也不能反映支出效率，不便于比较。随着政府财政收支规模扩大和收支结构复杂化，单式预算已不适应现代国家财政要求。

（2）复式预算。复式预算是将预算年度内的财政收支编入两个或以上的收支对照表，确保特定收入来源对应特定预算支出。通常分为经常性预算和资本预算。经常性预算反映日常收支，税收为主，支出用于国防、外交等。资本预算反映政府投资活动，支出形成资本，提供公共物品和服务。复式预算能揭示财政收支分类状况，体现不同收支性质与特点。政府通过编制多个预算分别管理，提高预算编制质量，加强资金监督与管理，满足社会公共需求。复式预算在反映政府预算整体性、统一性方面不如单式预算，划分收支有一定困难，且难以完全反映预算赤字的真正原因。

2.按编制方法分类

按编制方法分类，国家预算分为基数预算和零基预算。

（1）基数预算。又称为增量预算。基数预算是预算年度的财政收支计划指标确定方法，基于上年财政收支执行数调整得出。它采用基数加增长的预算编制方式，简单但不够客观反映各部门和单位需求。经费分配取决于原基数，导致资金分配格局固化，不利于经济和社会事业布局调整。

（2）零基预算。零基预算，作为一种预算形式，旨在为新的预算年度确立财政收支计划指标。此预算形式彻底摒弃了以往年度收支执行情况的影响，回归"零"的起点，紧密结合当前经济发展态势及财力状况，对各项收支的必要性及其所需金额进行重新评估。尽管零基预算在优化支出结构、提升预算效率以及控制预算规模方面显现出优越性，但实施过程却对编制单位提出了较高要求。编制单位需具备科学的预测和评估方法，遵循统一的标准，同时需应对由此带来的较大工作量。

3.按预算项目能否直接反映其经济效果分类

按预算项目能否直接反映其经济效果，国家预算分为投入预算和绩效预算。

（1）投入预算。投入预算仅能反映资金在项目中的用途与具体支出数额，而对资金运用的经济成效则不予考量。因此，投入预算主要用于监管各项费用的使用方向与规模，而无法进行深入的经济分析与选择，以评估各项支出的经济效益。

（2）绩效预算。绩效预算依据成本效益原则决定支出项目的必要性与金额。它关注预算资源的"产出"与"成果"，"产出"描述公共职能实现的公共服务供给量，"成果"评估政府部门工作对社会产生的实际效益。从投入导向转向产出和成果导向的预算模式是预算管理理念和实践的革命，标志着预算管理从财务合规性转向经济效益和政策目标实现。

4.按预算分级管理的要求分类

按预算分级管理的要求，国家预算分为中央预算和地方预算。

（1）中央预算。中央预算即中央政府年度财政收支计划，涵盖中央本级预算及对地方的税收返还和转移支付预算。收入包括中央本级收入和地方上级收入，支出涵盖中央本级支出、税收返还和转移支付。

（2）地方预算。地方预算是地方政府年度财政收支计划的统称，由各省、自治区、直辖市总预算组成。地方各级总预算由本级政府预算和下一级总预算组成，无下一级则为本级预算。预算收入包括本级收入、上级税收返还和转移支付、下级上解收入。预算支出则涵盖本级支出、对上级上解支出、对下级税收返还和转移支付。地方预算在预算管理体系中占据基础性地位，确保地方政府职能实施。

5.按预算作用的时间长短

按预算作用的时间长短，国家预算可分为年度预算和中长期预算。

（1）年度预算。年度预算是指预算有效期为一年的财政收支预算。

（2）中长期预算。中长期预算又称中长期财政规划，根据计划期限的不同，可分为中期计划与长期计划。其中，中期计划一般涵盖一至十年的时间范围，而长期计划则涉及超过十年的规划期限。

6.按预算收支的平行状况

按预算收支的平行状况，国家预算可分为平衡预算和差额预算。

（1）平衡预算。平衡预算是预算收入等于预算支出的预算形式。

（2）差额预算。差额预算的核心特点在于收支差额显著，并且这种显著的差额被作为国家预算编制政策的重要组成部分得以实施。根据收支对比的具体情况，差额预算可分为盈余预算和赤字预算两种类型。

二、部门预算

（一）部门预算的含义

部门预算是指政府各个部门依据其职能和工作计划，编制的年度财务收支计划。它涵盖了部门在一个财政年度内的所有收入和支出项目，是政府预算的重要组成部分。部门预算的编制、审批和执行过程，直接关系到政府各部门的运作效率和财政资源的合理配置。

我国部门预算改革中，"部门"指与财政直接发生经费领拨关系的一级预算会计单位。具体涵盖以下几类：开支行政管理费的部门，如人大、政协、政府机关等；公检法司部门，以及依照公务员管理的事业单位，如气象局、地震局等。

（二）部门预算的改革内容

1.部门预算编制的范围

部门预算体现了全面覆盖收入与支出的原则，确保所有资金流动都被记录和管理。其涵盖了预算内外的所有资金来源和使用情况，包括财政拨款、事业收入以及各种基金收入。在支出方面，预算详细列出了基本建设、行政费用和社会保障等方面的开支，力求做到详尽和透明。

2.部门预算编制的程序

部门预算实施汇总预算制度,该制度由基层预算单位负责编制,并通过逐级审核汇总而成。在编制过程中,基层单位需紧密结合本单位的工作任务、部门发展规划以及年度工作计划,进行科学精准的预算测算与编制。预算编制完成后,需按照既定程序逐级上报并接受审核,最终按照单位或部门分类进行汇总形成完整的部门预算。具体而言,预算编制遵循"两上两下"的规范程序,确保预算的严谨性、科学性和有效性。

"一上"是部门提出预算建议数,由基层预算单位编制,一级预算单位审核汇总后上报财政部门。

"一下"是财政部门下达预算控制数,对各部门上报的预算建议数进行审核,报经省政府批准后下达给各部门。

"二上"是各部门根据预算控制限额细化预算编制,形成预算草案后报送审核,由财政部门汇总编制成预算草案和部门预算,提交人民代表大会审议。

"二下"是财政部门在预算草案批准后一个月内统一批复预算,各部门在15日内批复所属单位预算并负责执行。

(三)部门预算的功能

1.强化财政预算的归一性

部门预算统管各级政府收支,涵盖财政预算内外、政府一般预算与基金预算、部门本级及下级预算单位汇总、行政单位与事业单位预算。这全面反映了主管部门及其所属单位的各类收支活动,统一集中政府财力。同时,财政预算权限统一,理顺部门间财务关系,将二级单位预算纳入主管部门管理,改变财力分散状况。

2.体现预算的集中性

编制部门预算,旨在让各个部门根据自身情况编制具体的财力规划,打破过去各部门预算不完整的现象。在此基础上,各政府部门得以依靠自身的财务机构,独立面对财政部门及其他具有预算分配职能的部门。此举不仅明晰了各部门自身的财力状况，有助于各部门更高效地推进自身业务工作，同时也有利于政府全面掌握各部门的财力投入情况，确保对重点领域的优先投入，并进一步提升整体行政效率。

3.有利于预算的公开

在编制部门预算的过程中，全面纳入政府的各项财力，实施预算细化工作，从而构建了一套统一的部门预算体系。此举显著改变了以往预算中存在的模糊与隐晦现象，有效提升了预算的透明度，为我国预算公开性的形成奠定了坚实的基础。

4.体现预算的法治性

部门预算的编制工作，严格遵循相关法律法规的规定，是政府部门依法履行职责、维护法治秩序的重要体现。此举旨在以法律手段规范政府活动，确保政府行为符合社会公众的期望与要求，为法治社会的构建提供坚实的制度支撑。同时，这也为反腐倡廉工作提供了有力的制度保障，有助于推动依法治国方略的深入实施，促进社会和谐稳定与发展进步。

（四）部门预算的编制方法

在编制收入预算时，坚持以收入预算法为核心，通过深入开展全面调查和数据分析，建立起一套动态数据库和综合指标库，以此确保财政收入预测的科学性与精准度。在此过程中，应综合考虑各种影响因素，调整和确定出标准的收入预算。在支出预算编制方面，以零基预算法为主要方法，将预算划分为基本支出和项目支出两大类别。其中，基本支出预算严格按照人员编制和福利标准进行管理，确保人员经费的合理分配；日常公用支出则根据各部门职责和工作量不同，科学划分不同档次。至于项目支出预算，则依据中长期计划和财力状况，优先安排那些急需实施的项目，确保资金的有效利用。

三、政府采购制度

（一）政府采购制度的含义

政府采购是指各级政府及其所属部门、机构和组织，使用财政资金或者以财政资金为主购买货物、工程和服务的行为。政府采购涉及的内容广泛，包括但不限于办公设备、建筑工程、信息技术服务、医疗设备等。其主要目的在于满足政府部门的运作需求，支持公共服务的提供，提升行政效率，同时也促进经济发展。

政府采购制度是指规范政府采购行为的一整套法律法规、政策和操作程序。这套制度旨在确保政府采购活动的公开、公平、公正和透明，提高财政资金的使用效益，防止腐败和浪费。政府采购制度涵盖了采购计划的制定、采购方式的选择、采购公告的发布、供应商的资格审查、评标和定标的程序、合同的签订和履行，以及采购活动的监督管理等各个环节。

（二）我国政府采购制度的基本内容

1.政府采购当事人

政府采购当事人是指在政府采购活动中直接参与并承担相关权利和义务的各类主体，主要包括采购人、供应商、采购代理机构、评审专家和政府采购监管部门。采购人是各级国家机关、事业单位、社会团体等使用财政资金进行采购的组织，负责提出采购需求、制定计划、组织实施采购活动、签订和管理采购合同，并接受监督。供应商是提供货物、工程或服务的法人、其他组织或自然人，负责按照采购文件要求参与投标并履行合同义务。采购代理机构是具备相应资质、受采购人委托代理采购业务的中介组织，负责市场调研、编制和发布采购文件、组织采购活动等事务。评审专家是对投标文件进行评审并提出意见的专业人员，协助确定中标候选人。政府采购监管部门则负责制定和实施采购政策法规，监督检查采购活动的合法性和规范性，处理投诉和查处违法行为。

2.政府采购的方式

（1）公开招标。公开招标是采购人通过发布招标公告，邀请不特定的供应商投标的采购方式。

（2）邀请招标。邀请招标是采购人通过邀请特定供应商投标的采购方式。

（3）竞争性谈判。竞争性谈判是采购人邀请多家供应商就采购事项进行谈判，最终确定供应商的采购方式。

（4）单一来源采购。单一来源采购是采购人从唯一供应商处采购的方式。

（5）询价采购。询价采购是采购人向多家供应商发出询价通知，要求其报价，并从中选择价格最低或性价比最优的供应商的采购方式。

3.政府采购的程序

（1）采购项目确立批准阶段。政府采购资金的管理需严格遵循预算管理原则，确保每一笔资金的合理使用。政府采购项目的确立，是紧密结合部门预算的编审程序进行的，在编制下一财政年度部门预算时，负有编制职责的部门应当全面考虑政府采购需求，详细列出该财政年度的政府采购项目及资金预算，并报送本级财政部门进行汇总。

部门预算的审批工作需严格按照预算管理权限和程序进行。在部门预算编审期间，各部门应严格按照规定将属于政府采购范畴的项目，包括专项支出项目和基本支出项目，在相关科目中详细列明。财政部将对各部门预算进行汇总审核，形成预算草案后上报国务院批准，并提交全国人民代表大会审议。

（2）采购合同形成阶段。首先，确定采购模式。采购人应分类已批准的采购项目，并确定相应的采购模式。政府集中采购项目需委托集中采购机构实施，并签订委托代理协议明确权利义务。

其次，确定采购方式。若采购资金总额达到招标标准，应采用公开招标采购方式，并在指定媒体发布招标公告。如需采用其他方式，需获得政府采购监督管理部门的批准。

再次，确定中标、成交供应商。采购人或集中采购机构依据评标或成交标准确定中标或成交供应商，并发送通知书，公告结果。

最后，订立采购合同。采购人或集中采购机构应在中标或成交通知书发出之日起30天内签订合同，并在7个工作日内将合同副本报备相关部门。

四、国库集中收付制度

长期以来，我国国库管理采用多重账户分散收付制度，而市场经济国家普遍采用国库集中收付制度。

国库集中收付制度是对财政资金实行集中收缴和支付的制度，其核心是通过单一账户对现金进行集中管理。该制度具有以下三个基本特征：一是财政统一开设国库单一账户，各单位不再设银行账户；二是所有财政收入直接缴入国库，财政支出由财政集中支付给供应者；三是建立专门的国库现金管理和支付执行机构。

第四章 公共财政及其职能

第一节 政府、市场与公共财政

一、公共需求、公共财政与政府职能

（一）公共需求与公共财政

无论是出于个人需求还是社会公共需求，人们均面临经济选择问题，即如何依据"效用最大化"或"成本最小化"原则，不断优化有限资源的配置。然而，满足这两类需求的方式存在显著差异：私人产品的生产与消费通常通过市场过程实现，由厂商和消费者自主进行交易活动；而公共产品的生产与消费则必须经历公共选择过程，并由政府组织负责安排供给活动。这也是区分"私人需求"（"私人产品"）与"公共需求"（"公共产品"）的一般标准。在物理形态上，私人产品多表现为可分割的产品或劳务，适用于个人消费以满足私人需求；而公共产品则多为不可分割的产品或劳务，通常仅适用于集体消费，以满足公共需求。

政府的产生和存在旨在满足经济社会中多样化的公共需求，为实现这一目标，政府需从事经济收支活动以提供公共产品与劳务，这些活动统称为财政或公共财政。

因此，公共财政可定义为：政府为满足国民公共需求，在提供公共产品与劳务过程中进行的经济性收入、支出活动。这一定义涵盖了协调政府与市

场关系、提供公共产品、控制财政收支及制定财政政策等基本内容。此外，该定义还揭示了财政的双重属性：一方面，财政是一种经济现象，遵循一般性经济原则；另一方面，财政作为政府专有的经济活动，具有其独特的性质和功能。

（二）现代政府的基本职能

第一，捍卫国家社会的安全稳定，确保其免受他国独立社会的暴力与侵犯，是政府肩负的重大使命。随着社会文明的持续提升，履行此项职责所需的投入亦将日益增加。这便是政府对外职能的核心体现，即守护本国社会免遭其他独立社会的威胁。为实现此目标，政府必须组建并维护一支具备足够力量的军队，并投入相应的国防经费，以确保国家长治久安。

第二，维持社会经济秩序职能。即保护人民不受欺侮或压迫，设立严正的司法行政机构。这是政府的对内职能，保护成员生命及财产免遭侵害。

第三，提供必要基础设施职能。即建立并维持公共机关和工程，这类事业由政府承担，有助于社会商业发展。公共工程如道路、桥梁、运河、港湾等对社会商业发展至关重要。亚当·斯密认为政府还需承担公共教育、公共卫生等义务。

二、市场、政府与财政

（一）市场经济的含义

市场经济是以社会化大生产为基石的发达商品经济形态，它作为一种社会经济形式与资源配置方式，展现了高度的社会化和市场化特征。在此经济形态中，市场占据主导地位，市场机制发挥着基础性的调节作用。市场经济代表了商品经济发展的高级阶段和高级形式，是发达的商品经济的典范。

1.市场经济是一种社会经济形式

社会经济形式指的是不同社会经济主体间建立经济联系的多种方式与手段。

在现今的社会结构中,生产力的发展水平与状态,往往使得社会产品的总量与多样性未能完全满足广大人民群众的多样化需求。因此,劳动依然作为人们获取生活所需的重要手段。这一现实状况,决定了各经济利益主体在建立与维系经济联系时,必须依赖商品与货币作为媒介,采取等价交换的方式,从而确保各自正当且合法的经济利益能够得以公平地实现。

市场经济作为一种重要的社会经济形式,其运作过程必须严格遵循市场经济的各种固有规律,以确保社会经济联系的顺畅与高效。任何背离客观市场经济规律的行为,都将对社会经济的健康发展造成不利影响。

2.市场经济是一种资源配置方式

资源配置方式是指为实现经济行为的最佳状态而对资源进行分配的各种手段和方法。市场经济作为一种资源配置方式,以市场机制为核心,通过追求利益最大化、竞争驱动和价格传递信息的方式,引导各个市场主体自主决定生产和消费行为,实现资源在经济领域的优化配置。

(二)市场经济的优势

人类社会的经济实践已充分验证,市场经济作为资源配置的方式和手段,至今仍然展现出显著的高效率特性,这一结论并不因社会性质的差异而发生转移。若社会上每个市场均能满足以下假定条件:

首先,市场上存在着大量的买者和卖者。这表明,无论是单个卖者所供应的产品数量,还是单个买者计划购买的产品数量,在市场总量中所占据的份额都相对较小,因此它们对市场价格的形成不具有显著的影响力。

其次,人力资源、物质资源和财务资源等各类资源均能畅通无阻地通过市场在不同企业、行业和地区之间自由流动,即个人和企业能无阻碍地进入另一行业,不受任何法律、社会或资金方面的限制。

第三，生产者与消费者对相关市场信息的掌握是全面且详尽的，他们不仅具备对今日信息的深入了解，更能预见并把握未来可能发生的各种情况。

第四，生产者所提供的同种产品具有同质性，即同一产品之间不存在任何显著差异。因此，对于消费者而言，他们不会因为个人的消费习惯或偏好而对不同品牌、包装、服务等的同种产品产生不同的兴趣，从而避免某一厂家的产品因特别受到消费者的青睐而占据较大的市场份额，进而防止了某种程度的垄断现象的出现。

在符合前述四个基本条件的完全竞争市场中，众多秉持自身利益的理性生产者与消费者通过彼此间的互动，能够实现社会资源的优化配置至最佳状态。在这一过程中，价格机制、供求机制、竞争机制以及个人间的利益互动机制等核心要素共同发挥作用，形成了市场这只"看不见的手"。通过这只手的引导，社会经济系统得以高效运转，社会资源得以流向经济效益更高的部门，从而最大程度上提升社会经济效益。

（三）市场经济的缺陷

市场经济并非万能，其在诸多方面均存在固有的缺陷。在某些特定领域或场合下，市场机制本身往往难以充分发挥作用，从而导致资源无法得到有效配置；而在其他一些领域或场合中，即便市场机制能够发挥一定的作用，也往往难以达到整个社会所期望的正确资源配置结果。

（四）市场经济中的政府

1.政府职能

职能，即职责与功能的集合，泛指各类主体在社会中所扮演的角色及所发挥的作用。政府职能，又称行政职能，是指政府基于特定历史时期内的国家与社会发展需求所履行的各项职责与功能。政府职能包括基本职能与具体职能两大类别。其中，政府的基本职能主要体现在阶级统治与社会管理两大方面，而具体职能则是这些基本职能在具体实践中的细化与体现。政府职能作为一种社会历史产物，随着时代变迁与社会发展而不断演进与丰富。

2. 政府干预经济的局限性

当市场机制无法解决问题时，人们常寄希望于政府，期望其发挥公共财政功能。这种思路隐含了政府无所不知、无所不能且全心全意为人民服务的假设。然而，这并非事实。

首先，政府绝非无所不能的。政府在信息收集方面遭遇诸多挑战，诸多事务尚待深入了解。即便成功收集到信息，政府在信息处理环节同样面临重重困难。即便经过精心收集与处理，政府所制定的决策亦非绝对无误。制定正确决策对政府而言并非易事，而即便决策正确，其在贯彻落实过程中亦可能遭遇各种问题，进而引发政策执行走样或变形。

其次，抽象的政府是由具体的人组成的。在探讨政府行为时，实则是在讨论政府官员的作为。作为社会个体，政府官员同样具有自身的利益诉求。

最后，技术上的局限性。脱离市场，政府难以全面把握消费者的偏好与各类产品的生产潜能。在此情况下，政府所做出的规划安排可能偏离消费者的期望与需求，进而造成资源配置效率的降低。

3. 市场经济与政府干预的权衡

市场理想状态下才能实现效率，但现实中市场常存在失灵，无法达成最佳目标。公共产品、外部效应、垄断等都体现市场失灵。市场失灵不一定需要政府干预，关键在于干预代价是否低于市场失灵损失。若代价小能弥补大损失，则政府干预必要；反之则不必要。

政府干预经济时，由于信息不完全、组织管理、技术限制及政府失灵的存在，必须承认其局限性。政府活动主要应集中在提供公共产品、外部效应产品及自然垄断产品上，因市场失灵损失大且范围有限，政府活动替代市场不易引发大的政府失灵。

三、公共财政的基本特征

（一）弥补市场失灵的财政

1. 外部效应

外部效应，又称外溢性，是指某经济主体的经济活动对其他经济主体的福利产生的影响，且这种影响未在市场交易中体现。外部效应分为正效应和负效应。其大小强弱各异，影响大小决定了外部效应的程度。绝对无外部效应的情况不存在。若某经济主体活动对其他经济主体产生积极影响，则称为外部正效应或外部经济；反之，若产生负面影响，则称为外部负效应或外部不经济。

例如，某县市出资整治河流，修建水库防洪灌溉，其承担了全部成本但收益分散和外溢。这条河流经的所有县市均从中获得了显著利益，然而，这些县市并未为此承担任何形式的成本，这便是一种典型的正向外部性效应。另举一例，工厂利用锅炉为生产活动提供所需动力，然而，锅炉燃烧过程中产生的空气污染却对周边数十公里范围内的居民和其他厂商造成了严重影响，致使他们呼吸质量恶劣的空气，进而损害居民的健康，并造成利益损失。然而，这种利益损失并未得到应有的补偿，这无疑是一种负向的外部效应。

2. 公共产品

公共产品是指每个人消费时不会影响他人也消费的产品。与私人产品不同，公共产品具有非排他性和非竞争性。私人产品因竞争性和排他性可确定所有权和经济利益，可分割给每位消费者。而公共产品因非排他性，一个人消费不影响他人，效用和经济利益不可分割，消费者只能被动接受。即使技术上可分割，经济上分割代价高昂，也不可行。公共产品还具有非竞争性，新增消费者不影响原有消费者的消费水平，无需竞争即可获得消费权利。

公共产品的非竞争性与非排他性导致市场定价困难。市场经济排斥不付费的消费者，但公共产品可免费享用，因此市场缺乏提供公共产品的动力。

市场排斥公共产品享用者的效率低下且代价高，因为新增消费者不增加边际成本。这客观上为政府介入市场提供了基础。市场更适合提供私人产品，而政府应主要负责提供公共产品。外部效应与公共产品有一定联系，但公共产品是政府主动提供的，而外部效应是非主动的。

总之，公共产品的特性使其不适合市场定价，需要政府主动介入提供。外部效应与公共产品虽相关，但存在区别。

3.垄断

垄断，即对市场竞争的排斥或限制，是市场失灵的重要表现之一。市场经济以竞争为鲜明特征，在完全竞争的市场环境中，买卖双方参与者众多，各自无法掌控市场及价格走势。价格的最终形成，依赖于竞争机制下的市场供求关系，买卖双方均为价格的接受者而非决定者。此外，在边际成本递增的影响下，产品定价遵循边际成本定价规则，从而确保了市场的高效运作。因此，必须坚决反对和打击垄断行为，以维护市场公平竞争和消费者利益。

垄断破坏市场竞争，包括自然垄断和政府垄断。自然垄断源于某些企业的高劳动生产率导致产品平均成本随产量增加而递减。这使企业集中生产更高效，但排斥小企业形成垄断。自然垄断下，厂商少或仅有一家，成为价格制定者。企业为最大化利润，控制产量提高价格，导致市场效率下降和社会福利损失。这种局面在社会资本有机构成较高的领域更易出现。

从政府垄断来看，铁路、航空、城市供水供电、邮政、通信等部门由政府直接控制，其价格由政府制定，无市场定价机制。这些部门资本有机构成高，增加产品和服务提供不需过多追加成本。产品和服务地域性强，难以在全社会流动，市场定价机制难以发挥作用。无论价格高低，都难以体现市场效率。

4.信息不充分

信息不充分包括信息不完全和不对称两方面。信息不完全指交易双方不能掌握全部交易信息。信息不对称指双方掌握信息不同，包括信息量和获取渠道的不同。当一方掌握的信息量远大于另一方时，市场将非完全公开与公正。这时，市场主体无法了解市场和其他主体状况。厂商无法准确了解市场需求，消费者也难以评估商品，难以决定价格与数量。信息不对称下，信息优势方可能利用信息损害另一方利益，导致"逆向选择"和"败德行为"，降低市场资源配置效率。

5.社会分配不公

市场经济注重资源配置效率，通过市场机制特别是竞争机制实现。但市场机制不过多考虑收入分配公平性。竞争实现高效率基于生产要素均等分布和供给，但现实中生产要素分布不均等。因此，完全市场竞争虽提供过程公平，但难保结果公平。若初始要素禀赋均等，则可能实现结果公平。但现实中劳动者财富和劳动技能有差异，导致起点不公平，市场竞争难以保证结果公平。因此，市场经济高效配置资源时，收入分配可能不公平。

在市场经济中，若出现社会收入分配不公且超越了社会公认的公平准则的情况，则可能引发一系列深刻的社会问题。这些问题包括但不限于贫困现象的加剧、财富的流失与无谓消耗，乃至在极端情况下可能引发社会冲突，进而威胁社会稳定。

社会分配不公所引发的市场失灵现象，凸显了政府介入市场经济活动、调节社会收入分配、推行社会保障制度的必要性。政府需发挥其宏观调控职能，确保社会公平正义的实现，促进经济的健康稳定发展。

此外，失业、通货膨胀、通货紧缩以及优效品供给不足等问题，同样是市场失灵的具体体现。

市场失灵的现象，深刻揭示了政府干预的必要性，而市场失灵的具体范围，则直接决定了政府干预的适度程度。换言之，政府在参与市场经济活动时，必须设定明确的界限。只有在市场出现失灵的情况下，政府的干预才是必要的。否则，过度的政府干预反而可能导致政府失灵的现象。这是因为，市场配置资源的低效率，并不能直接证明政府配置资源就能达到高效率。进一步讲，市场竞争的效率，实际上决定了政府参与市场经济活动的规模和范围。市场失灵的存在，导致了通过市场配置社会资源的效率受到损失。因此，政府在介入市场经济活动时，必须严格控制其规模和范围，避免过度干预。市场在其自身规律的作用下，依然可以在资源配置中展现出高效的一面。

（二）提供公共产品和服务的财政

人们在社会中生存，需接触众多经济现象与活动。这些可归为两大领域。首先，人们需要物质产品与服务支持生存与发展，如粮食、衣物等，这些通过市场经济领域提供。市场经济领域受价值规律、供求关系等经济规律影响，高效配置社会资源，以满足人们需求。但市场经济领域并非万能，还需政府经济领域支持。政府领域提供国防、行政、司法等公共产品与服务，也是不可或缺的经济活动领域。

在现实经济生活中，纯粹的公共产品较少，多数政府提供的产品为混合产品。混合产品可分为两类：一是非竞争性但排他性的产品，如公共设施、医疗、教育等，可通过收费实现排他性；二是竞争性但不排他性的产品，如公共草场、海域等，需解决"搭便车"问题。例如，公共草场如无法排他，过度放牧会导致草场破坏，最终无人受益。

混合产品兼具私人产品和公共产品的双重属性，这决定了其既可以由政府主导供给，也可以由市场主导供给。关于混合产品究竟应由市场还是政府负责供应的问题，需结合实际情况进行深入剖析和审慎判断。

对于混合产品如城市基础设施、医疗、教育等，需考虑政府与市场提供的净收益。政府提供时，资金来自税收，公众免费使用；市场提供时，资金为私人投资，公众需付费。两种方式都能提供产品，因此需分析成本费用与收益，确定净收益。净收益高者应为提供者。比较时还需考虑外部效应。市场提供时，常仅考虑私人成本与收益，忽略外部效应。若市场产品具有正外部效应，可能供应不足；若具有负外部效应，可能供应过多。政府应通过收费或补贴矫正。

应当指出，混合产品具有私人与公共产品的双重特征，但表现存在差异。有些混合产品更偏向私人产品特征，有些则更偏向公共产品特征；外部效应也有强弱之分。决定提供混合产品时需有针对性地考虑。例如，教育作为混合产品，义务教育公共性更强，外部效应大；非义务教育如高等教育和职业教育则更偏向私人产品，教育成本与教育收益联系更直接，外部效应较小。

政府与市场都为社会提供物质产品与服务，这些服务会消耗社会资源，因此资源需在这两个领域合理分配。两领域利用不同规则满足社会不同需求。为此，需分析两领域资源利用的特点和规律，明确哪些产品和服务应由市场或政府提供。市场与政府的关系及其各自的提供规律与特点，是财政学的研究基础。财政学主要关注政府经济活动的规律及其与市场经济的关系。

近几年来，国家财政强调"公共财政"特征。财政本身具有公共性，公共财政是与市场经济体制相适应的财政运行模式。市场经济下的财政主要满足社会公共需要，纠正市场失灵。构建公共财政需理顺政府与市场关系，解决越位与缺位问题，建立符合要求的财政支出体系。以公共财政职责为基础，公平优先，兼顾效率，满足社会公共需要。

在发展公共财政的同时，国家强调"民生财政"的运用与转变，以保障人民权益、改善生活。民生财政，即为人民提供必需的公共产品和服务的财政。在财政支出中，民生支出占主导地位，如教育、医疗、社保、环保、公共安全等。随着社会发展，民生问题重点也在变化。改革开放初期，主要解决温饱；现在则涵盖收入分配、社保、就业、教育、医疗、住房等更高要求，体现在财政补助社保建设、调节收入分配、保障基础教育等方面。

第二节　公共财政的基本职能

一、私人产品、公共产品与政府资源再配置

（一）私人产品与自由市场经济

私人产品是与个人日常生活直接相关的产品，具有"竞争性消费"和"排他性消费"两大特征。竞争性消费意味着消费者需支付既定价格或按市场价格购买，无法或不愿支付者则被排斥在外。排他性消费则是指获得消费权的个人拥有唯一处置权，其他人无法消费。这些特征源于私人产品经济利益的可分割性和所有权的确定性，使得生产者能分割产品出售，并定价回收成本和取得利润。私人产品所有权的确定性则保证人们需通过市场交易获得产品，成为市场经济中价格机制发挥资源配置作用的基础。私人产品的交易遵循"谁受益谁支付"原则，通常无需政府干预，可通过自由市场经济过程实现资源合理配置。

关于自由市场经济如何有效提供私人产品并满足私人消费需求，以及推动社会福利的普遍增长，普通经济学原理已经给予了充分的解答。

第一，在自由市场经济的运作框架下，个体自然而然地追求个人利益最大化，即在既定的约束条件下，个体的决策过程会自然而然地遵循"成本最小化、收益最大化"的准则。在追求个人利益的过程中，个体往往受到一只无形之手的引导，在不经意间达成并非其初衷的社会目标。这并不意味着因为并非本意就对社会造成负面影响。相反，个体对自我利益的追求，往往能在客观上更有效地推动社会整体利益的提升。

第二，自由市场经济的稳定运行，必须以私有财产所有权的明确和产权的明晰化为基础。这种明确的产权制度，保障了个人对其财产享有专有的占

有权、使用权和处置权。在实行私人财产占有制度且国家依法保障私人财产不受侵犯的市场经济环境中,财产所有者不仅能够高效地管理和经营个人财产,还能够在个人权益受到他人行为或活动威胁时,及时采取应对措施,从而有效保护社会财富(即个体财产总和)的完整性和增值潜力。

第三,市场经济基于自由竞争原则,竞争激励个人为未知他人的需求贡献。市场通过竞争检验个人行为,及时纠正不当行为。在市场经济中,个人预测不同使用资源和能力的相对收益,并努力使其与给他人带来的效用一致。有序化竞争通过降低生产成本和提高资源使用效率,以及适应消费者偏好变化,推动社会经济福利改善。

第四,市场对个人行为的双重检验决定了个人成就既取决于个人选择也受他人选择影响。因此,个人报酬不取决于目的好坏,而仅取决于结果对他人的价值。这种"按贡献计酬"的原则激励个人的劳动积极性与创新精神,推动社会生产力发展。产权明晰化为有效竞争创造基础条件,竞争则成为个人利益最大化的手段。在市场经济下,物质分配原则必须按贡献分配,这样才能充分体现产权明晰化,使经济竞争具有实际意义。

第五,由于自由市场经济制度促进互利交易,政府无需过度监督和管理。因此,市场经济下,政府主要制定"游戏规则",即通过法规界定公民责任范围。政府的权力在于使国民了解并接受市场活动规则,决定个人可为或不可为、希望他人可为或不为的事项。逻辑上,市场经济下,私人产品消费者与供给者可达到均衡状态,实现社会资源最优配置。

(二)公共产品、市场失灵与政府提供

在现实经济生活中,人们需要私人产品满足基本需求,同时也需要公共产品满足集体安全、社会公正和经济秩序等要求。对公共产品的需求随社会经济发展而变化。公共产品主要涉及以下四类:

①基本公共产品,如国防、公安等公共行政管理;
②保障社会生活、调节经济供求的公共产品,如基础设施和基础产业;

③改善人口素质、提高人力资本和增加社会福利的公共产品，如教育、卫生和社会保障；

④适合政府垄断经营和管理的经济部门，如电力、通信等，以及涉及公共福利改善的事业。

公共产品产生的利益具有社会成员共享性，只能集体消费、集体受益。公共产品在消费上呈现与私人产品不同的两种特征：非竞争性消费和非排他性消费。非竞争性消费指公共产品消费利益与个人是否出钱无关。非排他性消费指任何社会成员消费公共产品不妨碍其他成员同时消费。公共产品消费产生外在利益，如港口灯塔或城市街道照明，对使用者利用程度与其支付与否和支付多少无关，且不影响他人效用。

公共产品在消费时对所有人产生外在利益，私人消费者不会主动购买这种利益无法内在化的产品。生产者也不会生产，因为无法回收成本和获得利润。消费过程中发生外在利益的产品，通常是所有权不确定的，如公共产品。在所有权不确定的情况下，对公共产品的消费容易引发"搭便车"行为。公共经济领域的"外部性"和"搭便车"行为是市场失灵的重要表现，导致公共消费产品供给不足，影响经济活动的正常进行，最终扰乱社会经济秩序。

鉴于经济社会正常运行需私人产品与公共产品形成合理比例，而市场经济无法满足此条件，因此需借助公共部门——政府及其行政管理部门，利用公共财政提供公共产品以满足社会成员需求。这一过程通常包括财政收入和财政支出。政府通过税收将经济资源从私人转移到政府，形成财政收入；再通过财政支出将这些资源转化为公共产品并提供给社会成员。公共财政在此过程中实际上履行了资源再配置职能。

这里要强调的是，公共财政提供公共产品，并不意味着政府必须亲自参与生产。实际上，政府多通过预算手段，从私人或私人厂商处采购产品或服务，以满足社会公共需求。例如，政府可以雇佣专业人才，作为政府官员或公务人员，负责提供公共安全、司法、外交等公共服务。同时，政府也可以委托私人或团体承担特定公共劳务，如教育、医疗等。此外，政府还会向私人厂商发出订单，要求生产符合标准的公共产品，如交通工具、通信设备等，供公众使用。政府还可通过合同形式，让私人或厂商负责公共工程或设施的建设。

需要注意的是，在某些情况下，政府可能需要通过经营国有企业来满足公共需求，如能源、供水、银行、保险等。这些活动通常出于经济合理性或解决社会问题的考虑。例如，供电、供水等行业具有成本递减性质，私人经营可能导致消费者利益受损和社会资源非优化配置。政府经营可以避免这些问题，但并非所有政府经营的产品都是公共产品。

在社会主义国家，政府代表国民占有大部分生产资料参与物质生产，但大部分产品为私人产品。政府向经济社会提供私人产品不能视为典型财政活动，这容易扭曲市场机制，且多数情况下不能实现资源优化配置。因此，严格意义上的公共财政活动应在不扭曲市场机制的前提下履行资源再配置职能。

二、公共财政的收入再分配职能

（一）市场经济条件下的收入决定与收入分配

在市场经济的大环境下，生产资料所有权的配置和个体在为社会提供产品与劳务过程中所获得的报酬，共同塑造了个人所拥有的生产性资源（包含实物资源与人力资源）的规模及特质。而这些资源的规模与特质，直接作用于经济社会中个人的收入分配格局。然而，通过更深入地剖析和探讨，不难发现，在机会平等的条件下，个人生产性资源的动态演变往往受到多个核心要素的制约与影响。其中，偶然性、个体选择以及社会选择，这三者均发挥着不可或缺的作用。

1.偶然性

在偶然性方面，主要包括个体的遗传背景；个体从先辈那里承接的资源状况；个体所处的文化环境。除此之外，还有一些偶然性的突发事件，如投机成功带来的意外财富，或股价暴跌导致的经济困境，这些因素也会对个体的经济状况产生显著影响。

2.个体选择

在个人选择层面，学习态度是否勤奋对于个体未来在就业市场中的竞争力与选择空间的宽广程度具有直接影响；工作态度是否努力则直接决定了个人薪资水平的差异以及收入增长的稳健性；而生活态度是否简朴则对个人及其家庭收入的支配情况与效果产生深远影响，具体表现为消费的合理性以及潜在积累的财富规模。

3.社会选择

在社会选择层面上，市场需求状况，即社会其他成员的偏好，对个人和家庭收入的性质和数量具有深远影响。具体而言，个人所提供的产品和劳务能否有效满足他人的需求，以及满足的程度如何，都是决定收入状况的关键因素。

上述因素导致市场经济中人们就业机会和择业能力的差异，进而造成劳动收入和财产收入分配的不平等。特别是那些没有积累、遗产的穷人、失业者、老年人和残疾人，在没有社会帮助的情况下，难以维持基本生活和尊严。如果社会收入分配差异长期未得到改善，将引发严重的经济和社会问题。为防止社会矛盾激化和稳定经济，政府需通过财政活动调整收入分配，减轻不公程度。

（二）关于社会收入不平等程度的测定

洛伦茨曲线（Lorenz Curve）和基尼系数（Gini Coefficient）是评估社会收入不平等和政府再分配政策效果的核心方法。这些工具通过科学和系统的分析，帮助我们更准确地了解收入分配现状，提供政策制定所需的关键数据和理论依据。

洛伦茨曲线是马克斯·奥托·洛伦茨于1905年提出的，用于分析收入、财富分配状况的统计方法。它通过比较收入单位的累积比例和这些单位获得收入的累积比例，反映社会收入分配、财富分配的平等化程度。绘制洛伦茨曲线时，将家庭按收入高低分为5组，并在坐标图上标示各组家庭收入占全国总收入的百分比。若每组家庭收入均占20%，则曲线与45°线重叠，表示收入分配绝对平等。若曲线偏离45°线，则可根据偏离程度判断收入分配的不平等程度。曲线偏离越远，不平等程度越高；反之，则平等程度越高。

意大利经济学家科拉多·基尼于20世纪初提出"基尼系数"，用于衡量不同国家或同一国家不同阶段的社会收入、财富分配平等（不平等）程度，以及政府社会收入再分配政策的效果。

计算"基尼系数"的简单方法是：计算洛伦茨曲线与45°线围成的面积A，以及洛伦茨曲线与两条直角边围成的面积B。"基尼系数"为A/(A+B)。若洛伦茨曲线与45°线重合，基尼系数为0，表示社会收入分配绝对平等；若与直角边重合，基尼系数为1，表示绝对不平等，即最高收入家庭占全部国民收入。

基尼系数在0到1之间变化，反映了社会收入分配的平等程度。值越接近0，表示收入分配越均衡；值越接近1，表示分配越不均。国际上以0.36作为合理分配的临界点，超过此值则意味着不平等加剧，需政府干预。

因此，绘制洛伦茨曲线和计算基尼系数，不仅能帮助政府制定有效的收入分配政策，还能评估现有政策的效果，确保社会收入分配趋于合理。

（三）社会福利函数与政府收入再分配政策

不同社会的收入分配状态对社会成员的经济福利和社会福利总量产生影响。政府通过经济政策调整社会收入分配状态，可改善国民福利分配格局和提高总体水平。社会状态与社会福利间存在函数关系，即社会福利函数（Social Welfare Function，SWF）。社会福利函数是抽象的，可理解为各消费者个人效用函数的函数。政府在制定公共政策时，往往依据特定的社会福利函数。至少有两种社会福利函数影响了政府在收入分配问题上的政策选择。

由于功利主义的社会福利函数是加式福利函数，对收入平等化无严格要求，古典功利主义下，即使部分成员收入下降，社会总福利仍可提升。因此，政府可能认为提高国民收入是国家根本利益，较高社会无差异曲线所代表的社会状态更优。若此观念成为政府经济政策取向，收入分配平等化问题可能会被忽视。

与功利主义的加式社会福利函数不同，贝努利—纳什社会福利函数采用联乘法，即乘式社会福利函数。

加式社会福利函数与乘式社会福利函数的差异在于后者强调了平等性。在加式函数中，收入分配差异不影响社会福利总量；而在乘式函数中，收入分配越平等，社会福利总量越大。当达到绝对平等时，社会福利总量最大。

在加式福利函数中，个人效用即使为负或零，社会福利总和仍为正值。但乘式福利函数则不允许个人效用为负或零，因为这会使社会福利总和变为负或零。

乘式福利函数强调"收入分配越平等，社会福利越大"。若政府以此为依据制定政策，将优先关注收入分配平等化，而非仅关注收入增长。

评估社会收入分配优劣时，讨论的核心是效率与公平的平衡。实践表明，若能在收入增长与分配间找到平衡或及时调整，大部分社会经济问题可迎刃而解。收入分配政策的目标选择无固定标准，应根据该国的收入状况及国民福利关系来定，受到多种因素影响，如国情、经济发展水平和传统。政府在设定评估标准时，需要确立基本原则，如效率、平等和基本权利分配原则，并通过有效的公共参与过程来反映社会偏好，确保政策符合现代公共财政理论的要求。

（四）公共财政履行收入再分配职能的主要方式方法

目前，多数国家采用累进制所得税与政府转移支付结合，将高收入者的部分收入转移给低收入者，以改变收入分配格局。此举有效抵消了市场经济带来的收入分配不均问题，成为政府调节收入分配的基本方法。

政府还可通过给予特定纳税人优惠或对不同企业实行差异税收政策，间接影响收入分配。此外，政府财政支出也具有调节作用。例如，政府支持农产品价格，减轻农业生产者的收入波动影响。

政府扩大财政支出和采购，能扩大某些企业的生产和收入规模，增加工人劳动收入。增加公共福利开支，特别是教育、医疗等，推行社会保障政策，可改善低收入者生活，提高就业选择和收入创造能力，维持社会经济稳定。

所有这些财政税收措施通过纳税负担或产品价格的改变影响收入分配，矫正了社会收入在个人间的分配不公，并支持了某些经济活动和部门。

尽管政府主持的国民收入再分配有积极作用，但经济学家认为这也带来了效率损失。他们认为，个人收入与财产分配差异是市场经济机制的结果，反映了个人劳动效率。人为改变收入分配会促使低效或无效成员依赖救济，挫伤高效成员的工作热情，导致经济效率下降。这种效率下降带来的福利损失是追求收入平等的高昂代价。因此，他们认为平等与效率不能兼得。

不过，上述观点存在片面性。政府推行的社会收入调节政策，如转移支付、税收优惠等，能改善中、低收入者的生活，提高就业选择和劳动素质，推动社会整体经济效率提升。只要这些政策对低收入者的经济效率改善大于高收入者的损失，经济社会就能同时实现收入平等与经济效率提升。然而，政府在履行收入分配职能时，需权衡公平与效率。最理想的是，政府实现社会收入公平分配的手段不损害经济效率。

三、公共财政的经济稳定职能

（一）商业周期与政府干预

在市场经济的运行框架内，各类经济活动及其决策往往由社会成员自行进行，因此，确保宏观经济总量水平实现均衡是一项极具挑战性的任务。经济社会中的总需求与总供给之间往往难以完全吻合，这种供需不平衡状况容易导致商业循环的频繁发生，从而破坏了经济系统的稳定运行和持续增长。

尽管市场经济本身具备一定的自我矫正机制，但矫正过程往往耗时较长，甚至可能出现矫枉过正的情况，进而引发一系列社会关系紧张和经济连锁反应。长期存在的就业不足问题，不仅会导致经济整体陷入衰退状态，还会减少国民收入水平和有效需求，对厂商的生产活动和利润增长产生负面影响。这进一步抑制了社会投资热情和创新精神的激发，使得市场心理逐渐变得不健康，信任心逐渐下降。

经济衰退、收入减少、利润下滑、投资萎缩等现象相互交织，再加上长期难以恢复的经济信心，使得打破经济衰退的恶性循环变得异常困难。另一方面，当总需求过旺时，往往容易引发通货膨胀。虽然轻微的通货膨胀可能在某种程度上对经济产生一定的积极作用，但严重的通货膨胀则会引发恶性循环，对经济社会的稳定和发展构成严重威胁。

在确保经济实现长期内"高就业、低通胀"的目标过程中，关键在于有效降低商业周期波动的频率与幅度。从理论层面分析，通过引入逆商业周期变动的外部力量，可有效促进这些宏观经济目标的达成。作为执行这一外部力量的主体，现代公共财政应当积极承担起市场干预的职责，发挥调节经济周期、稳定市场的功能，进而确保经济的持续健康繁荣。

（二）政府调节宏观经济运行的基本原理与主要手段

现代公共财政通过政府积极的财政活动实现经济稳定职能。根据凯恩斯的宏观经济理论，经济社会的总需求变动是宏观经济不稳定的主要原因。政府根据市场发展趋势，适时逆向调节包括财政支出在内的总需求，有助于使经济从失衡转为均衡，实现稳定运行。

政府根据经济形势的变化，审慎调整开支和税收政策，旨在引导经济运行方向，有效缓解商业周期波动，以实现低通胀和充分就业的目标。在经济衰退期间，政府采取积极措施，通过增加公共采购、提高转移支付水平或降低税率等方式，有效刺激总需求，遏制经济衰退的势头；而在经济过热时，政府则适时减少公共采购、降低转移支付或提高税率，以控制总需求，防范通货膨胀的风险。

为进一步强化调节效果，现代政府已逐渐摒弃了传统的"财政预算收支平衡"原则，转而采纳了更具灵活性的"财政预算周期平衡"原则。然而，在实际操作中，政府财政赤字往往呈现出周期性上升的趋势，导致多国财政赤字长期保持在较高水平。鉴于此，在履行经济稳定职能的过程中，公共财政必须高度重视财政赤字管理，采取有效措施将其控制在合理且可持续的范围内，以确保财政健康与经济的稳定发展。

（三）经济稳定过程中的目标协调问题

在开放市场经济下，公共财政的经济稳定职能需实现四个宏观经济目标：物价稳定、充分就业、经济增长与国际收支平衡。然而，这些目标间存在交替换位关系，政府财政活动难以同时取得满意效果。

理论上，经济社会可实现无通胀的充分就业，但菲利普斯曲线揭示失业率下降会导致物价上涨，即通胀。通胀预期影响下，长期菲利普斯曲线更稳定且陡峭，可能变为垂直线，即"自然失业"状态。此时，扩张性财政政策无法改变就业率，通胀率将持续上升。因此，经济学家建议：降低失业率需承受物价上涨，维持低失业率有助于物价稳定；短期通胀政策可促进就业，但长期无效且可能引发滞胀；政府应控制人口增长和保持经济增长，以长期提高就业率。

虽然劳动就业增加可以促进经济增长，但经济增长对劳动就业的影响并非必然。增加劳动就业可带动总需求扩大，提高生产能力，这是非严格意义上的经济增长；而严格意义上的经济增长是促进资本投资，提高生产能力，有助于实现无通货膨胀的充分就业。但不同增长方式对就业影响不同，投资于劳动密集型产业更有效。政府需同时关注总需求和总供给问题，严格意义上的经济增长才能确保宏观经济稳定。

在开放经济条件下，对外贸易与国际收支平衡对宏观经济稳定有重要影响。固定汇率下，本国通胀高于外国会导致出口困难，增加就业压力。浮动汇率下，本币贬值虽可抵消通胀对出口的影响，但可能引发贸易战和外汇投机，同样使出口困难。国际收支平衡问题也影响国内经济增长，如低利率刺激投资可能因资本外流而抵消，高利率虽有助于加强国际收支，但会抑制国内投资。这显示开放市场经济给公共财政带来挑战，宏观经济稳定需实现内外部均衡。

根据以上分析，可以清晰地认识到，物价稳定、充分就业、经济增长以及国际收支平衡，作为宏观经济稳定的各个核心目标，彼此之间存在着一种既相互制约又相互促进的紧密联系。然而，鉴于市场经济机制在某些特定情境下无法自行实现自然协调，政府有必要进行积极的市场干预，以确保这些宏观经济目标得以有效实现。

第五章 财政国债与国有资产

第一节 国债的理论

一、国债的含义

国债作为整个社会债务体系的关键构成部分,特指中央政府在国内外通过发行债券或向外国政府及银行筹措资金所形成的国家财政负债。

首先,国家债务是筹集建设资金的非经常性财政收入,增加政府可支配资金。国债发行需遵循信用原则,到期需还本付息,具有偿还性,是预期的财政支出。其次,国债是特殊债务范畴,与私债不同。私债基于私人信用,风险较大。国债基于国家信用,以国家主权和资源为担保,安全性最高。

国债具有自愿性、有偿性、灵活性的特征,其中,国债的自愿性取决于有偿性,自愿性和有偿性要求发行上的灵活性。

二、国债的种类

(一)依据国家举债形式

按照国家的举债形式,国债可划分为国家借款和发行债券两大类别。

（二）依据筹措与发行地域

根据筹措和发行的地域差异，国债进一步细分为内债和外债两种形式。

（三）依据债券流动性

基于债券的流动性特点，国债可区分为可转让国债和不可转让国债。一般而言，自由转让是国债的核心属性，多数国家的债券可在金融市场上自由流通交易，但亦存在部分国家债券不允许公开出售。

（四）依据券面形式

根据券面的具体形式，国债又可分为无记名国债、凭证式国债和记账式国债等类型。

无记名国债是实物国债，票面上不记载债权人信息，以实物券面形式记录债权。它面向社会公开销售，投资者可通过银行、财政部门和国债经营机构购买，也可通过证券账户在证券交易所购买。无记名国债从发行日起计息，不记名、不挂失，可上市流通。发行期结束后，投资者可直接到国债经营机构或通过证券账户在交易所进行买卖。

凭证式国债是面向城乡居民和各类投资者发行的储蓄国债，以"中华人民共和国凭证式国债收款凭证"记录债权。票面形式类似银行定期存单，利率较高，有纸质和电子记账凭证两种形式。

记账式国债是以记账形式记录债权的国债，通过证券交易所交易系统发行和交易，可记名挂失。投资者需在证券交易所设立账户买卖。因发行交易均为无纸化流程，效率高、成本低且安全。

（五）按照偿还期限分

按照偿还期限可分为短期国债、中期国债、长期国债和永久国债。

短期国债是政府为满足临时性资金需要发行的短期债券，多为半年以内。

因其风险低，信誉高、流动性强，而备受工商企业、金融机构和个人的青睐。中期国债指偿还期限在 1~10 年间的国债，期限较长，可稳定使用债务资金。主要用于弥补赤字和投资，非临时周转。

长期国债是指偿还期限在 10 年或 10 年以上的国债，可以使政府在更长时期内支配财力，但持有者的收益将受到币值和物价的影响。长期国债一般被用作政府投资的资金来源，在资本市场上具有重要地位。

永久国债又称无期国债，即政府可以不归还本金，只需按期支付利息。这类国债的债权人只是有权按期索取利息，但无权要求清偿，因这类国债通常为上市债券，所以，债权人也有随时售卖以取回资金的便利。

三、国债的结构

国债的结构是指一个国家各种性质债务的搭配状况及其相互之间的数量比例关系。主要包括期限结构和持有者结构等。

（一）国债持有者结构

国债持有者结构，是指在某一特定时间段内，当国债规模保持恒定的情况下，国债的持有者构成及其持有份额在国债总额中的占比关系。国债的持有者通常涵盖中央银行、商业银行、非银行金融机构、政府机关与团体、各类企业、事业单位以及广大居民个人等多元化主体。

（二）国债的期限结构

国债期限，是指国债自发行之日起至偿还完毕所经历的时间跨度。一个国家的国债体系通常由多种不同期限的国债共同构成。合理布局国债期限结构，能够确保国债到期日分布均匀，形成有序的到期序列，进而有效缓解偿债高峰期的还本付息压力，实现财政稳定与可持续发展。

四、国债的功能

（一）弥补财政赤字

通过发行国债弥补财政赤字是国债产生的主要原因，也是现代国家的普遍做法。这种方式实质上是社会资金使用权的单方面转移。政府也可通过增税或向银行透支来弥补赤字，但增税可能影响经济发展和财源，且不易被纳税人接受；向银行透支可能导致通货膨胀。相比之下，发行国债一般不会影响经济发展，副作用较小。国债发行只是社会资金使用权的暂时转移，不会导致通货膨胀；且国债认购遵循自愿原则，资金来源于社会闲置部分，对经济发展无不良影响。

（二）筹集建设资金

弥补财政赤字与筹集建设资金是国债的两大功能，前者从财政收支平衡角度说明，后者从财政支出使用角度阐述。国债是政府除正常收入外，用于经济建设的重要筹资手段。在市场经济下，政府通过公共投资弥补民间投资不足，促进经济发展。税收等正常收入无法满足资金需求，因此需发行国债筹集建设资金。尽管国债有偿还期限，而公共投资项目周期长，但政府可通过借新还旧方式长期占用国债资金，用于长期性财政投资项目。

（三）调节经济

国债是 GDP 再分配工具，体现社会资源的重新配置，是财政调节经济的重要手段。发行国债可调整民间与政府资源规模，优化资源配置。国债资金用于公共投资可扩大投资规模，用于公共消费可扩大消费规模。同时，国债能够调节社会总供需关系，是扩张性财政政策工具。此外，短期国债可作为央行公开市场操作工具，调节货币流通量。

第二节 国债的负担与限度

一、国债的负担

虽然国债负担在理论上存在争议,但经济实践已证实其确实存在,且衡量国债负担是财政理论与实践的关键内容。国债负担可从以下四方面分析。

（一）国债认购者的负担

国债是认购者暂时让渡收入使用权的工具。在国债偿还前,认购者失去资金使用权,对经济行为有影响。因此,发行国债需考虑认购者的实际负担能力。

（二）政府即债务人的负担

政府举债需按期偿还本息,虽国债能给政府带来经济利益,但偿还构成政府支出责任,形成国债负担。因此,政府举债应评估自身偿还能力,合理控制债务规模。

（三）纳税人负担

纳税人所承担的责任是明确的,无论国债资金被投向何方,抑或其效益如何,最终偿还国债的资金来源始终依赖于税收。

国债认购者、政府及纳税人负担是分析国债社会负担的要点。国债负担在某些情况下会发生代际转移,尤其是长期、低效的国债。若以新债还旧债并扩大债务规模,则可能形成后代人偿还前人债务的情况。若国债为后人创造财富或奠定财富基础,则此转移正常;若只留净债务且国债收入已用尽,则此转移不正常,影响后代生产生活。

二、国债限度及衡量指标

国债限度是国债规模的最高或适度额度。衡量国债规模主要有三重指标：历年累积债务总规模（国债余额）、当年发行国债总额、当年到期需偿还国债总额。国债发行存在最佳规模问题，因为规模过大会给财政和社会经济带来负面影响，可能引发危机。

（一）国债规模受认购人负担能力的制约

国债来源主要是 GDP，即认购人整体的国债来源。国债限度常用国债发行额或余额占 GDP 的比重表示，即国债负担率。通常认为，负担率低于 60% 时，国民经济能承受，国债发行较顺利。从个别应债主体看，国债负担率可表示为当年国债发行额占其收入水平的比重。例如，居民的国债负担率可用国债发行额占其储蓄来表示。

（二）国债规模受政府偿债能力的制约

如果不考虑政府偿债能力而过量发行国债，可能导致债务危机和经济危机。衡量政府偿债能力的指标包括偿债率和国债依存度。偿债率是国债还本付息额占财政收入的比重，不超过 10% 为正常。国债依存度是国债发行额占财政支出的比重，国际警戒线为 15%～20%。这些指标直接和间接反映政府的偿债能力。

（三）国债的使用效益是影响国债规模的决定因素

国债规模是否适度需综合考虑国债的最终使用效益。若国债的使用方向结构得到合理安排，有效推动经济发展，将自然提升经济对国债的承受能力以及政府的债务偿还能力。反之，若国债的使用效益低下，甚至出现大量资源浪费现象，则国债规模理应尽可能减小。

第三节　国债的发行与偿还

一、国债的发行

（一）国债发行的定义

国债发行，是指国家通过正规渠道将国债债券出售，并由认购人进行认购的过程。此过程构成了国债运行的起始点和基础环节。在我国，财政部作为国债的发行主体，其发行对象涵盖广泛，包括居民个人、个体工商户、企业、事业单位、机关、社会团体以及其他组织。

（二）国债的发行价格

国债的发行价格是指政府债券的出售价格。其可分为平价发行、折价发行和溢价发行三种情况。

1. 平价发行

即政府债券按票面值出售，认购者按票面值支付，政府按票面值取得收入，到期按票面值还本。此发行方式需满足两个条件：一是国债利率与市场利率相近，避免发行困难或财政损失；二是政府信用良好，以保障国债发行任务的完成。

2. 折价发行

即政府债券低于票面值出售。认购者按低价支付，政府取得折价收入，到期按票面值还本。其主要目的是调动投资者积极性。

3. 溢价发行

即政府债券以高于票面值的价格出售。认购者支付高于票面值的价格，政府则按此价格取得收入，到期时按票面值还本。此方式仅在国债利率高于市场利率时可行。尽管投资者在价格上有所损失,但高利率带来的收益足以弥补,甚至综合收益率仍最高。

(三) 国债的发行方式

1. 固定收益出售

固定收益出售是按预定条件发行国债的方式。特点是认购期短、条件固定、发行机构不限,适用于可转让的中长期债券。在利率稳定时,此方式有利。政府可预测市场容量,确定收益条件和发行量,灵活选择推销时间。但利率易变时,政府难以把握市场行情确定收益条件和发行量,可能与市场需求不符,难以完成预定发行任务。

2. 公募拍卖

公募拍卖方式,即竞价投标方式,是金融市场上公开招标发行国债的方式。发行条件通过投标决定,由财政部门或中央银行组织拍卖。主要适用于中短期政府债券,特别是国库券。拍卖方法多样,如价格拍卖、收益拍卖等,常附加限制性条件,如规定最低和最高标价,不符合的投标不被接受。

3. 连续经销

连续经销方式,也称出卖发行法,是发行机构在金融市场中设专门柜台经销的灵活方式。其特点包括经销期限和发行条件不定,价格由财政部或代销机构根据市场情况确定,可随时调整,主要通过金融机构、中央银行和证券经纪人经销。此方式主要适用于不可转让债券,特别是面向居民家庭的储蓄债券,优点在于可灵活确定发行条件和时间,确保国债发行任务完成。

4. 直接推销

直接推销,即承受发行法,是财政部门与认购者一对一谈判出售国债的方式。特点为发行机构仅限于政府财政部门,无中介或代理机构;认购者主要为机构投资者,如商业银行、保险公司等。发行条件通过直接谈判确定,适用于特殊类型政府债券。如比利时和瑞士的特殊可转让债券,及某些国家对特定金融机构发行的专用债券。优点在于充分挖掘社会资金。

5.综合方式

这是一种集多种国债发行方式的优点于一体的综合性发行方式。英国便是采用这种综合性发行方式的典型代表。在英国，国债发行常采取先拍卖后连续经销的方式，以确保发行的效率与稳定。

二、国债的偿还

国债的偿还包括还本方式、付息方式和还本付息的资金来源三个问题。

（一）还本方式

1.分期逐步偿还法

分期逐步偿还法是指对债券设定多个还本期，每期偿还固定比例，直至到期时本金全清。这种方式鼓励持有人推迟还本，分散财政压力，但会增加偿还工作量、复杂度和债务管理费。

2.抽签轮次偿还法

抽签轮次偿还法是指国债偿还期内，定期按债券号码抽签对号偿还一定比例的债券，直至全部债券偿清。其利弊与分期逐步偿还法相似。

3.到期一次偿还法

到期一次偿还法是指在债券到期日一次性偿清本金。优点在于国债还本管理简便，无需频繁筹措资金；缺点是集中偿还本金可能导致政府支出骤增，给国库带来压力。

4.市场购销偿还法

市场购销偿还法是指通过定期或不定期从证券市场上赎回一定比例债券，最终使债券大部分或全部由政府持有的方法。这种方式让投资者有中途兑现的机会，并有助于维持债券价格稳定。但政府需进行大量繁杂工作，对人员素质要求高，因此不宜全面推行。

5.以新替旧偿还法

以新替旧偿还法是指用新债券兑换到期旧债券,实现国债偿还。优点在于延后到期的政府债务,但频繁使用会损害政府信誉。

（二）付息方式

1.按期分次支付法

按期分次支付法是指将债券利息在债券期限内分几次支付,通常附有息票,债券持有者可按期间期兑付。该方式适用于期限较长或不准兑现的债券。定期支付利息能激发持券人认购积极性,并避免政府债息费用的集中支付,使负担均匀分散。

2.到期一次支付法

到期一次支付法是指将债券利息与本金合并,到期时一并支付。此法适用于短期或随时可兑现的债券。短期内,债息分次支付不必要,到期时一并支付,简化国债付息工作,对债券持有者也是可以接受的。

（三）还本付息的资金来源

一是设立偿债基金。政府预算设置专项基金偿还国债,每年从财政收入中拨专款,由特定机关管理,专门用于偿还国债。国债未还清前,每年预算拨款不得减少,以期逐年减少债务,称为"偿债基金"。

二是通过预算列支。将国债偿还数额列入财政支出预算,由正常财政收入保障偿还。此法看似稳妥,但实践中存在问题。若政府财政能每年拨专款偿还国债,则可能无需发行或过多发行国债。

三是举借新债。理论上,国债可视为储蓄的延长形式。个体储蓄有存有取,但总体上只存不取。国债类似,单项债务有偿还期,但总体上可采用借新还旧方式无限延续。因此,发新债还旧债成为政府偿还国债的基本手段。

四是预算盈余。预算盈余是用以往财政资金的盈余来偿还国债。

第四节 国有资产

一、国有资产概述

（一）国有资产的概念

国有资产是国家发展的重要物质基础，存在于各种社会形态中。不同国家和时期，国有资产的范围、数量、形式和运用方式有所差异。随着经济发展与社会进步，国有资产在现代经济生活中作用日益凸显。

1.资产

一般而言，资产是特定主体掌控的能产生经济利益的资源。资产有广义和狭义之分，狭义资产强调能以货币计量的经济利益；广义资产注重资产的实用价值和效用。在广义资产中，包括难以精确量化的因素，如环境、秩序和安全等，也被视为重要的资产组成部分。

2.国有资产

与资产概念划分相对应，国有资产的概念也有广义和狭义之分。广义的国有资产指国家所有的财产，包括政府投资、拨款、赠予、行使权力所得及法律认定的财产或权利。主要分经营性资产、非经营性资产和资源性资产等。

国有资产狭义上指国家在企业中的资本及权益，又称经营性国有资产。它主要存在于产品生产、流通、经营服务等领域，以盈利为目的，产权归国家所有。经营性国有资产也可称为企业国有资产，但需注意，这并不等同于企业总资产。企业总资产包括投资人和债权人的资金，而企业国有资产主要指国有资本，即企业资产负债表中的国家所有者权益部分。在国有独资企业中，国有资产即所有者权益（净资产）；在股份制企业中，国有资产为国家资本。本节所述国有资产仅限于狭义范畴。

（二）国有资产的分类

国有资产分类是指依据既定标准，对国有资产进行科学、系统的划分。基于不同的划分标准，可将国有资产划分为多个不同类别。

1.按用途分类

按用途分类，国有资产包括企业国有资产、行政事业单位国有资产和资源性国有资产三类。企业国有资产是国家投入用于生产经营的资产，具有运动性、增值性和经营方式多样性，也被称为经营性国有资产。行政事业单位国有资产是行政事业单位所占有使用的、确认为国家所有的经济资源，包括划拨、收入、馈赠和法律确认的资产，特点为非生产性、公益性、非直接补偿和扩充、无偿使用。资源性国有资产是自然界中存在的、所有权属于国家的自然资源，如矿藏、土地等，具有经济性、垄断性、资产性和有价性。

2.按资产性质分类

按资产性质分类，国有资产分为经营性国有资产和非经营性国有资产。经营性国有资产是直接投入生产经营过程的国有资产，旨在保值增值，创造新价值和剩余价值。它涵盖企业使用的国有资产及行政事业单位转作经营的资产，主要指投入企业的资产。非经营性国有资产则不直接投入生产经营，由行政事业单位占有使用，主要用于支持国家行政和社会管理职能。非经营性国有资产具有非增值性特点。

3.按存在形态分类

依据其存在形态的不同，国有资产可以划分为有形资产与无形资产两大类。其中，有形资产指的是那些具有明确的价值形态以及实物形态的资产，包括但不限于房屋、桥梁、铁路、机器设备等固定资产，以及各类自然资源等。而无形资产，则是指那些虽不具备实物形态，但具备显著经济价值的资产，诸如发明权、商标权、专利权、著作权以及商誉等。

（三）国有资产的运营方式

国有资产的运营，主要聚焦于经营性国有资产的有效管理与利用。鉴于经营性国有资产具备流动性和增值性的固有属性，国有资产的运营对于实现其保值增值的目标具有至关重要的作用。随着管理理念的转变，经营性国有资产的管理已由传统的实物管理模式逐步向现代的价值管理模式转型，国有资产的运营亦迈入一个全新的发展阶段。国有资产的运营方式主要包括以下类型。

1. 整体出售方式

对一般竞争领域中的许多国有中小企业，因无显著外部性，可依托市场运营机制，由民间经济主体投资运营。国有经济在此领域无竞争优势，且因体制因素效益低于民营企业。因此，应在资产评估基础上，合理定价，通过整体出售使这些企业退出该领域，使民间资产更有效发挥作用。

2. 股份制改造方式

对一些国有资产应退出一般竞争领域的国有大型企业,需按国有资产控股和参股需求进行股份制改造，将独资结构转变为控股或参股结构。通过改造，可引入民间资产实现投资主体多元化，同时引入新经营机制和管理人才，改善治理结构，激发企业活力，提高经济效益。

3. 企业并购方式

企业并购涵盖兼并、联合、收购等多种具体方式。其核心在于产权的转让或交易行为，其结果则体现为企业所有权的转移以及由此决定的企业控制支配权的变更。这一过程旨在优化资源配置，提升企业整体竞争力，从而实现更大的经济效益。

4. 托管方式

托管就是在被托管企业保持产权不变的基础上，具备相对优势地位的托管企业获取对被托管企业资源的实际控制权。其益处在于优势企业主要输出的是管理、技术、营销渠道、品牌等企业的"软件"资源，而无需投入资金等"硬件"方面的成本，从而有效降低了优势企业的扩展成本。对于被托管企业而言，此举有助于减少抵触情绪和因产权剧烈变动所带来的摩擦。

5.股权与债权互换

国有资产的存在形式包括股权与债权两种，且这两种形式可相互转换。在股份制改造过程中，若民间资本参与度不足，国有企业可采取将国有股权转换为债权的策略。此举旨在允许民间经济主体取得对企业的实际控制权，实现部分国有股权向国有债权的转变。在此过程中，国家将仅保留债权人的权益，以确保国有资产的合理运作与增值。

6.国有股权转让

国有股权转让是指国家出于降低或放弃对国有控股或持股公司中国有股份比例的考量，以既定价格将其持有的部分或全部国有股份有偿转让予其他主体的行为。此类转让活动既可通过场外协商达成，亦可通过股票市场进行公开交易。

（四）国有资产的收入形式

1.国有资产的经营性收入形式

我国经营性国有资产收入形式主要包括利润、租金、股息和红利。

（1）利润。适用于国有独资企业和承包经营的国有企业。

（2）租金。适用于租赁经营的国有企业，是出租方将资产出租给承租人所得的收益，需进行价值补偿。

（3）股息和红利。是股份制经营的国有资产中，国家作为股东凭借股权参与收益分配取得的收入。

2.国有产权转让收入形式

国有产权转让收入，是指通过依法对国有资产所有权及使用权进行转让所获取的收益。国有产权转让收入主要包括以下两类。

（1）国有资产所有权转让收入，是指国家通过转让、拍卖、兼并等方式对国有资产所有权进行处置所形成的收入。

（2）国有资产使用权转让收入，是指国家通过合法途径转让国有资产使用权所获得的收入。主要包括国有土地使用权出让收益、矿藏资源开采权转让收益、山林、土地、河流开发权使用收益、森林采伐权使用收益以及其他国有资产使用权转让收益等。

（五）国有资产的收益分配

国有资产收益是生产经营增值与投资回报。国家以社会管理者和生产资料所有者双重身份参与国企收益分配，前者体现税收分配，后者体现利润分配。国企利润分配需遵循一般顺序，并受国家政策影响。

1.国有企业利润分配顺序

在我国，所有类型的企业，包括国有企业，在完成销售收入与营业收入后，需依法向国家缴纳税金。税后利润需按一定顺序分配。首先，用于抵补损失、支付滞纳金及罚款；其次，弥补往年经营亏损；然后，提取10%的盈余公积金，达注册资本50%时停提；接着，按规定提取公益金；最后，按投资者资产所有权分配税后利润。

2.国有资产收益分配的主要内容

国有资产收益分配包括企业上缴国家收益和企业留存收益两部分。上缴国家收益是国家从税后利润中应得的收益。企业留存收益是税后利润中留存在企业的部分，归国家所有，但由企业使用。企业应上缴国家的国有资产收益包括：国有企业上缴利润、国有股份的股息和红利、非国有企业占用和租赁国有资产形成的收益、国有资产所有权转让收入和使用权转让收入。

二、国有资产管理

（一）国有资产管理的含义

国有资产管理是国家对国有资产经营性活动的组织、协调、监督和控制，涵盖投资、经营、收益分配和资产处置等全过程管理。

（二）国有资产管理的主要内容

1.国有资产产权界定

产权涉及所有权、占有权、使用权、支配权、处置权等。国有资产产权界定是由国家授权部门依法划分国有资产各类产权归属，明确产权主体的职责与权限。这包括界定国家所有的资产，以及界定与国有资产所有权相关的各类经营、使用、管辖主体行使的产权界限和范围。

2.国有资产产权登记

国有资产产权登记是国有资产管理部门对占有和使用国有资产的主体进行登记管理的一项制度，旨在加强国有资产管理，完善基础管理制度。所有使用国有资产的部门、单位和个人都必须依法办理登记。不同类别的国有资产因性质和权属关系不同，登记内容有差异。

3.国有资产占有和使用的管理

国有资产管理委员会管理各类国有资产时，需贯彻区别对待原则。

对于经营性国有资产，管理目标是保值和增值，应采取价值管理方式。

对于非经营性国有资产，管理目标是减少消耗、防止损失和浪费、提高使用效率，应以实物管理为主，结合价值管理。

对于资源性国有资产，管理目标是提高开发和利用价值，同时注重生态环境改善和可持续利用，应综合采用价值管理与实物管理方式。

4.国有资产收益及处置的管理

无论是经营性国有资产的经营性收益，还是因国有资产存量处置即产权变更所产生的收益，都必须严格遵循所有者权益原则，进行公平合理的分配。

（三）国有资产管理的特点

1.管理目标的二元性

管理目标的二元性体现在两个层面：一是保护国家作为出资人的所有者

权益,实现国有资产的保值增值,进而增加国家的财政收入,以减轻民众的税收负担,这是国有资产管理的直接目标,体现了对国有资产基本权益的维护。二是通过有效的投资活动,推动资源的合理配置,优化产业结构,稳定并促进社会经济增长,同时增加就业机会,以实现国民经济的健康、稳定发展。这是国有资产管理的间接目标,凸显了其在国家经济发展中的战略地位。两个目标相互关联、互为补充。

2.产权管理的基础性

国家对国有资产的管理是以所有者身份进行的管理,而非社会管理者身份。虽然国家可以以社会管理者身份管理所有企业,但这并非国有资产管理。实际经营中,需有代表国家的所有权人、经营权人,实现所有权与经营权分离,各自依法行使权利。所有者监督经营者,主要通过经济杠杆调节控制;经营者自主经营、自负盈亏,对所有者负责。这样,国有资产才可能保值、增值。因此,在国有资产管理中,界定产权、明晰产权及明确权责是基础性工作。

3.管理范围的全面性

国有资产管理是对管理对象、管理过程及产权的全方位管理,展现了全面性的管理范围。管理对象的全面性,是指国有资产管理对象包括但不限于国有企业占有使用的经营性国有资产、非企业单位按企业化管理要求经营使用的国有资产,以及其他非国有企业占有使用的国有资产。管理过程的全面性是指经营性国有资产的管理应贯穿生产经营各环节,包括资产投入、存量经营、价值补偿、收益分配和增量再投入等。产权管理的全面性,包括所有权、占有权、使用权、收益权和处分权等财产权的管理。

4.管理方式的多层次性

国有资产的国家属性决定其所有权行使需通过多层次组织机构进行管理。管理层次包括国家立法机关、政府执法机关和企业管理层。国家立法机关代表全社会行使管理职能并授权政府;政府执法机关代表全社会行使具体管理职能;企业管理层即政府授权的国有资产管理机构及其委派到企业董会的国有资产所有权代表,代表国家股东参与企业管理。

5.管理的民主性

国家作为代表全民意志和利益的唯一主体,在经营性国有资产的管理过程中,承担着表达全民意愿和实现全民整体利益的重要职责。全社会劳动者则广泛参与,通过在各层次和各企业事业组织中的直接监督,有效体现国有资产管理的民主性特质。

综上所述,国有资产管理的核心宗旨在于维护和提升国家利益。特别是在以公有制为基石,构建具有中国特色社会主义市场经济体制的大背景下,我们更应致力于优化国有资产管理,充分发挥国有资产的潜在价值,推动国家财富的持续积累,降低人民群众的税收负担,进而真正彰显社会主义公有制的独特优势。

三、国有资产管理体制

(一)国有资产管理体制的概念

国有资产管理体制是国家针对国有资产管理机构设置、管理权限划分和管理方式等核心要素所作出的系统性规划。国有资产管理体制不仅是国民经济管理体制不可或缺的部分,更是国民经济管理中产权关系的具体展现,同时也是社会主义公有制的具体实践形式。

(二)国有资产管理体制的基本框架

自新中国成立至今,我国的国有资产管理体制历经持续调整与完善,目前已形成"国家统一所有、政府分级管理、授权经营、分工监督"的基本框架,为国有资产的合理配置与高效运营提供了有力保障。

第一,国家统一所有,即国务院代表国家统一行使对国有资产的所有权。作为国有资产管理的最高决策者,国务院肩负着国有资产管理的立法权、资产划拨权、收益调度权以及监督权等重要职责，确保国有资产得到有效管理和保护。

第二，政府分级管理是指在国务院的统一指挥下，地方政府国有资产监督管理机构对国有资产实施地方分级管理制度，确保其依法对管辖区内所属企业的国有资产行使出资人权利。

第三，授权经营是指代表国家行使国有资产所有权的相关国有资产监督管理机构，依法将国有资产经营权赋予具备经营性质的经济组织，使其承担国有资产的运营管理工作。这些经营性经济组织在资产所有者和资产使用者之间发挥着桥梁与纽带作用，负责资产的有效营运。

当前，我国应在授权经营的基础上，积极推进自主经营机制的完善。国有资产的被授权者，即具体的国有资产使用者，应享有充分的自主决策权和自主经营权。同时，在政策允许的范围内，这些被授权者应能够自主承担风险，并享有相应的收益。通过这一方式，我国将能够实现政企分开、产权明晰的目标，进而激发企业内在动力，确保国有资产的保值增值，推动我国经济持续健康发展。

第四，分工监督，是指国务院国有资产监督管理委员会以及省、市（地）两级政府国有资产监督管理委员会，按照既定职责划分，对特定区域或所辖企业所持有的国有资产实施严格的经营管理监督。在此过程中，国务院国有资产监督管理委员会作为国家出资人的代表，依法承担起对中央企业国有资产的监督职责，致力于指导并推动国有企业的改革与重组进程。根据工作需要，国务院国有资产监督管理委员会可向所管辖的中央国有企业派遣监事会成员，负责深入监督企业的各项经营活动，确保国有资产的安全与增值。同时，国务院国有资产监督管理委员会还负责对中央企业负责人的任免、考核及奖惩等进行决策与管理。地方两级政府国有资产监督管理委员会则依据各自法定权限，在其管辖范围内履行相应的监督职责，确保地方国有企业的健康发展。

第六章　财政税收的发展与负担

第一节　税收、经济与民生

一、税收与经济

经济是税收的基石，税收的生成与分配均受到经济状况的直接制约。同时，税收作为一种财政工具，对经济产生着显著的反作用，并在现代市场经济条件下扮演着至关重要的调节杠杆角色，对经济发展具有深远的影响。

（一）经济决定税收

经济是税收的基础，其发展广度与深度决定税收分配的范围和程度，影响新税种的产生、发展和更替。商品生产和贸易的繁荣使商品课税成为可能，跨国经济的发展促使税收分配范围延伸至国际，催生国际税收。同时，经济发展水平也制约税种的构成和税制模式的选择。

第一，税收规模深受经济规模的影响。在税收政策与征管水平保持稳定的前提下，经济规模愈大，税收规模亦随之扩大；反之，经济规模缩减，税收规模亦相应减小。

第二，经济结构是税源结构形成的关键因素。具体而言，产业结构、所有制结构以及地区经济结构均对税源结构产生深远影响。

第三，税收征管活动与经济状况紧密相连。首先，经济发展水平决定了税收征管的广度。随着跨国、跨地区经营的大型企业集团不断涌现，税源的复杂性、隐蔽性和流动性日益增强，国际税收征管的重要性愈发凸显。其次，经济多元化要求税收征管方式与方法具备多样性。例如，对于规模较大的建账企业，采用查账征收方式；而对于不建账的小企业和个体工商户，则实施核定征收。最后，经济发展阶段决定了税收征管模式的选择。改革开放以来，我国经济建设为中心，逐步建立起适应不同经济发展阶段的税收征管模式，如"征收、管理、检查三分离"模式以及现行以纳税申报和优化服务为基础、计算机网络为依托、集中征收、重点稽查、强化管理的征管模式。

（二）税收影响经济

在税收分配的范围和层次持续扩大与深化的过程中，税收职能逐步得到拓展，税收对经济的影响力和作用亦在日益增强，税收对经济的宏观调控效能正不断凸显。

1.调节生产结构

生产结构涉及地域、产品及产业等多个层面。在地域结构方面，若税收政策统一，生产力会倾向条件较好的地区，导致发展不均衡。若根据地区差异制定税收政策，给予条件较差地区税收优惠，可推动其经济发展，优化生产力地域结构。在产品结构或产业结构方面，税收对盈利水平有重要影响：增加税收减少利润，限制发展；减少税收增加利润，鼓励发展。此外，税收还可调节工商业利润水平，对工商业结构有重要调节作用。

2.调整消费结构

消费结构不仅受购买者个人消费偏好的影响，同时亦受到商品比价关系以及消费者购买力水平的制约。通过针对消费品的差异化课税，可以有效调整各消费品之间的比价关系，进而引导消费者的购买选择。此外，对消费品实施课税还可以在一定程度上改变消费者的购买力分布，间接影响特定消费品的销售情况。

3.调节分配结构

在调节分配结构方面,税收主要是通过调控积累基金和消费基金的比例来实现的。具体而言,对投资固定资产征税有助于控制积累基金的规模;对企业实施较高的企业所得税税率则能有效减少企业的税后利润,进而降低企业用于投资的资金额度,从而缩减企业的积累基金;同时,对个人所得征税亦能合理控制消费基金的规模。

税收的调节作用存在其局限性,其效用受到多方面因素的制约。从外部因素来看,市场发育程度、通货膨胀状况、经济一体化进程以及政治环境等都会对税收的调节作用产生影响。同时,内部因素如税负转嫁现象、税收征管能力、税收成本高低、税收法律意识以及纳税意识等同样对税收的调节作用构成制约。这些因素可能导致政府制定的税收政策和税收制度在实际操作中难以实现预期的调节目标,或者使其调节效果受到削弱。因此,在制定税收政策时,必须充分考虑这些内外部因素的制约作用,以确保税收调节作用的有效发挥。

二、税收与社会民生

民生有广义和狭义之分。广义的民生涵盖经济、社会、政治、文化等领域。狭义的民生则聚焦于民众的基本生存、生活状态、发展机会、能力及权益保护。就业是民生基石,收入分配是民生之源,社会民生核心在于充分就业与物价稳定。税收对民生的影响主要体现在就业和物价上。

(一)税收对就业水平的影响

现实的国民收入水平往往未能达到其潜在水平,这反映出生产要素并未得到充分利用,进而导致了失业现象的出现。从总供给与总需求之间的平衡关系来看,有效需求不足是导致失业的主要原因。在实际经济运行中,有效需求不足往往受到边际消费倾向递减、资本边际效率递减等多重因素的影响。

税收收入的变动对有效需求具有直接的牵引作用，并进而对就业水平产生间接影响。当现实的国民收入水平低于其潜在水平时，适当降低税率，减少税收收入在国民收入中的比重，有助于增加国民手中的货币持有量，从而有效扩大有效需求，促进支出的增加，进而推动就业水平的提升。反之，如果提高税率，增加税收负担，将导致有效需求的减少，进一步压缩产出规模，从而对就业造成负面影响。

（二）税收对物价水平的影响

物价水平由总需求和总供给决定。供需平衡时，确定均衡的国民收入和价格水平。税收通过影响总需求来影响物价。总需求大于总供给时，提高税率抑制需求，防止价格上涨；总需求不足时，降低税率扩大需求，推动价格上涨。原材料价格和工资成本上升时，提高销售税率和所得税率可能加剧价格上涨；降低税率则有助于抑制成本上升，稳定价格水平。

（三）自动稳定与相机抉择的税收政策

在市场机制作用下，充分就业与物价稳定不会自动实现。政府需制定经济政策调节总供给与总需求平衡，避免经济波动和滞胀现象。当储蓄大于投资时，政府可减少税收、增加支出来弥补缺口；反之，应增加税收、减少支出来调节。税收政策在调节总供求平衡中起关键作用，包括自动稳定和相机抉择两种策略。

1.自动稳定的税收政策

自动稳定的税收政策具有对经济波动的适应性。经济停滞时，税收减少以提振总需求；通胀时，税收增加以抑制总需求。税收与国民收入正相关，弹性越大则稳定作用越强。直接税（如累进税率）的自动稳定效果优于间接税。所得税被视为"经济的内在稳定器"。然而，自动稳定的税收政策虽能及时反映经济形势变化，但只能减轻而非消除经济波动，因此需与其他经济政策配合使用。

2.相机抉择的税收政策

相机抉择的税收政策指政府根据经济形势,运用税收政策调整经济,消除不稳定因素。包括增减税收或调整政府支出规模。

总需求不足时,应减税或扩大政府支出刺激需求。总需求过旺时,应增税或缩小政府支出抑制过热。

税收政策在调节需求时,不同政策对有效供给和税种效应有差异,需具体问题具体分析。其效果受多种因素制约,如税收政策时滞、公众配合度和其他经济政策配合等。

第二节 税收与公共服务

社会公共服务是满足公民在生存、生活与发展等方面的社会性直接需求，涵盖了诸如公办教育、公办医疗以及公办社会福利等重要领域。这些服务不仅关乎民众福祉，也是国家履行其社会职能、促进社会和谐稳定发展的重要举措。

一、财政是提供政府公共服务的财力保障

财政是国家（或政府）的经济部门，负责筹集和供给经费和资金，实现国家职能。在经济学上，财政是政府集中国民收入用于满足公共需要的收支活动，旨在优化资源配置、公平分配及经济稳定和发展。

财政包括收入和支出两部分。财政支出按职能可分为经济建设费、社会文教费、行政管理费和其他支出。财政支出的范围大致与政府提供的公共服务相对应。国家需统筹安排财政收入，以满足政府提供公共服务等职能的财力需求。

二、税收是财政收入的主要来源

国家财政收入是通过特定形式和渠道筹集的资金，包括发行货币、公债和税收等收入。政府的财政收入主要由利润、债务、税收和其他收入构成。其中，税收是财政收入的主要和普遍形式，占主导地位，也是最为稳定的部分。税收作为国家组织财政收入的基本形式，是国家发展的基本物质保障。

三、税收是纳税人用来购买政府公共产品和公共服务的款项

在我国,税收制度旨在取之于民、用之于民,国家、集体和个人利益本质一致。公民既是权利享有者,也是义务承担者。税收的本质是纳税人支付政府公共产品和服务的费用。纳税人作为买方,应有权选择供货方并决定服务种类、数量、质量及价款支付方式。政府作为卖方,应受监督制约,确保服务物有所值,避免损害纳税人利益。

总体而言,税收与财政紧密相连,税收作为财政收入的核心方式之一,发挥着举足轻重的作用。国家财政通过科学合理地调整国民收入再分配,旨在有效缩小公民之间的收入差距,进一步促进社会公平正义的实现,切实保障并提高人民的生活品质。此举不仅有助于维护社会稳定,更是推动社会主义和谐社会建设的重要举措。

第三节 税收负担

一、税收负担的理论

(一)税收负担的概念

税收负担,简称"税负",是纳税人因纳税义务而承担的经济负担,是国家税收政策的核心。

从绝对额看,税负指纳税人应支付的税款;从相对额看,是税收负担率,即应纳税额与计税依据价值的比率。这个比率常用于比较不同纳税人或课税对象的税收负担水平,是国家调整税收政策的重要依据。

制定税收政策时,需考虑税负水平。税负过低影响国家财政收入,过高则打击纳税人积极性,妨碍生产力提高。因此,确定税负水平需综合考虑政府财政需求和纳税人实际负担能力。

(二)税收负担的分类

1.绝对税负与相对税负

以税收负担水平的衡量方式为依据,税负可分为绝对税负和相对税负。

绝对税负是用绝对额表示的税负程度,对个体纳税人而言,是指一定时期内缴纳的税款总额,通常表示为"负担额"。对全社会而言,是指一定时期内的税收收入总额。

相对税负则是用相对额(百分比)表示的税负水平,通常用"负担率"表示,即纳税人在一定时期内依率计征的税额与其实际收益的比较。对于全体国民的相对税负,则通过比较一国在一定时期内的税收收入总额与同期国内生产总值来衡量,即"税收收入/国内生产总值"。

2.名义税负与实际税负

以纳税人实际承受的税收负担为依据,税负可分为名义税负和实际税负。

名义税负,即纳税人在某时期内应缴税额与收入之比。

实际税负,则是纳税人在某时期内实缴税额与实际收益之比。

3.直接税负和间接税负

以税收负担是否能够转嫁为依据,税负可划分为直接税负和间接税负。

直接税负,即纳税人直接向国家缴纳的税款,此类税款无法转嫁于他人,而是由纳税人自身承担。

间接税负,即纳税人通过各种方式将税款部分或全部转嫁给他人承担。

4.平均税负和边际税负

从总量和增量的关系角度,税负可划分平均税负和边际税负。平均税负反映每单位税基承担的税收,可通过税款与课税对象或纳税人收入的比值来衡量。边际税负反映新增税基引发的税收变动,可通过税收总额增量与收入增量的比较来评估。

5.宏观税负和微观税负

根据考察税收负担的范围不同,税负划分为宏观税负和微观税负。

(1)宏观税收负担

宏观税负是指一个国家的税负总水平,通常用税收总量占 GDP 或国民收入的比例表示。生产力发展水平、政府职能范围和非税收入规模等是决定宏观税负水平的关键因素。宏观税负是税收政策的核心,合理的宏观税负水平对政府履行职能和发挥税收经济杠杆作用至关重要。

(2)微观税收负担

微观税收负担是某纳税人在特定时期或经济事件中,所缴税收占同期或该事件经济收入的比例。纳税主体通常具有共同特点或彼此关系紧密的纳税人。研究微观税收负担旨在实现税收负担的公平合理,维护市场机制,促进市场经济体制的完善和发展。

微观税负是从纳税人角度考察微观经济主体的税收负担水平。合理确定微观税负比例有助于调动纳税人积极性，保持合理利润。

微观税收负担反映纳税人实纳税额占其可支配产品的比重，揭示单个纳税人税收负担及其相互关系，展示税收负担的结构分布和各种纳税人的负担状况。

二、税收负担的确定

（一）我国确定税收负担的原则

1.取之有度

虽然国家对财政资金的需求永无止境，然而国民经济的当前发展水平对税收的承受能力构成了制约。鉴于国家税收最终由广大纳税人共同承担，在既定的经济发展水平下，经济体系的税收负担能力存在明确的界限。一旦税收负担超出经济所能承受的范围，将对国民经济的健康发展构成威胁。因此，在确定税负总体水平时，必须充分权衡国家财政需求与国民经济的承受能力，以维护国民经济的稳健发展。同时，在确定税收负担水平时，亦需平衡国家需求与国民经济承受能力之间的关系，旨在推动宏观经济与微观经济的和谐共进，进而培育更为丰饶的税源，促进税收收入的稳定增长。

2.量能负担

在确定社会总体税负水平时，必须依据国民经济的实际负担能力进行科学合理的评估。同时，对纳税人的个别税负，亦需根据不同部门、不同行业纳税人的具体负担情况进行精确计算和合理设定。

（二）影响税收负担确定的因素

在税收政策的制定及总体税收负担的确定过程中，国家必须全面且审慎地权衡税收负担的需求与可行性，以确保其合理性与科学性。具体而言，国家应深入分析国家的总体经济发展水平，充分考虑不同经济调控目标的需求，进而制定出符合实际、切实可行的税收负担政策。

一般来说，影响税收负担水平的因素主要有以下几点。

1.社会经济发展水平

一个国家的总体社会经济水平可以通过GDP和人均GDP反映。GDP越大，负担能力越高，特别是人均GDP，最能体现国民的税收负担能力。人均国民收入高的国家，税负承受力也强。世界银行资料也显示，人均GDP高的国家税收负担率也较高，反之则低。

我国人均GDP较低，属于发展中国家。税收积累的资金和税收负担的确定，需考虑社会经济体系和纳税人承受能力。税收负担需适应经济发展和纳税人承受能力，才能既取得财政收入又刺激经济增长，提高未来税负承受力。超出经济发展水平的税收负担会阻碍社会经济发展。

2.国家的宏观经济政策

国家为发展经济，需综合运用经济、法律及行政手段强化宏观调控体系。政府应根据经济情况调整税收负担政策。经济过热时，应提高社会总体税负，减少收入存量，抑制需求膨胀，以适应社会供给。同时，根据经济变化，实施倾斜政策和区别对待，优化经济结构和资源配置。

3.税收征收管理能力

鉴于税收为国家所无偿征收，因此税收征纳矛盾显著。一个国家的税收征收管理能力，往往会对税收负担的确定产生深远影响。在税收征收管理能力较为出色的国家，政府得以更加灵活地根据社会经济发展的实际需求，调整税收负担政策，而无需过多担忧税收征收的可行性问题。然而，在一些税收征管能力相对薄弱的国家，受限于税种选择的有限性，税收收入难以得到有效保障，因此在提升税收负担方面也面临着较大的挑战与困难。

税收政策的核心在于税收负担。负担状况主要由税制规定的计税要素决定，如纳税人身份及应缴税额。实施税收政策主要包括：确定纳税人、设定税率、确定计税依据、减免税规定以及调整特定纳税人或课税对象的税负。

第四节 税收负担的转嫁与归宿

一、相关概念

(一) 税负转嫁

税负转嫁，即税收负担的转移过程。在税收征收过程中，纳税人所缴纳的税款并非完全由纳税人自行承担。纳税人在履行纳税义务后，可以通过调整经济活动的方式，将部分或全部税款转嫁至其他个体或实体上，使其最终承担税款责任。这些最终承担税款责任的个体或实体，被称为负税人。

当纳税人与负税人身份不一致时，即表明税收负担发生了转嫁现象。因此，税收转嫁可以被理解为纳税人通过不同途径和方式，将已缴纳的税款转移至他人负担的过程。在这一过程中，税负处于不断运动的状态，最终将由纳税人或其他相关个体或实体来承担。

税负运动形成不同形态，反映税负转嫁的程度。税收转嫁可一次完成（一次转嫁）或多次完成（多次或辗转转嫁）。税负转嫁分三种形态：完全转嫁，即纳税人将税款全转嫁他人；部分转嫁，即转嫁部分税款，余下自担；完全不转嫁，即税款全由纳税人自担。

纳税人具有独立的经济利益是税负转嫁存在的主观条件，自由价格机制的存在是税负转嫁的客观条件。

(二) 税收归宿

税收归宿是税负运动的终点，与税收转嫁紧密相关。税收转嫁可能发生也可能不发生。不发生转嫁时，税负由纳税人承担，为直接归宿；发生转嫁时，税负转移至他人，为间接归宿。政府征税是税负起点，纳税人转嫁税负是过程，税负最终承担为归宿。税收转嫁研究税负转移，归宿研究税负结果，共同构成税收负担的分解、转移、归属过程。研究此过程旨在确定税负归属点及其对经济的影响，核心在于税收转嫁。

依据纳税人与负税人之间的关联，税负归宿可划分为两种类型。其一为法定归属，它指的是税收立法机构在税收法律规范中所确立的税负归属点。通常而言，纳税人履行纳税义务被视为税负的法定归宿，这是从税收法律制度的视角出发，对税负归属进行的界定。其二为经济归宿，它则是指税收负担在经济活动中不断转嫁后所最终确定的税负归属点。一般而言，负税人实际承担的税负被视为税负的经济归宿，这是从税收经济运行的角度对税负归属进行的分析与界定。

二、税负转嫁的主要形式

税收负担转嫁依据纳税人转移税收负担的方向，可划分为向前转嫁、向后转嫁、消转以及税收资本化四种形式。

（一）向前转嫁

向前转嫁（前转或顺转）是纳税人在征税时，通过提高商品价格将税款转嫁给购买者或消费者。此过程顺着商品从生产到零售再到消费的流转顺序，可能一次或多次转嫁。例如，对香烟征税时，厂家、批发商和零售商都可能将税款转嫁给消费者。每个环节的税收转嫁可能是全部或部分。前转是税收负担转嫁的主要方式。

（二）向后转嫁

向后转嫁是税收转嫁的一种形式，其方向与经济运动相反。当纳税人无法将税款向前转时，会通过压低购进价格将税款转移给供应商。例如，在零售环节征税时，若提价转嫁税负给消费者，可能导致需求降低和销量下降，因此税负前转有困难。此时，零售商可能通过谈判压低进货价格，将税负后转给批发商或厂商。税负后转实现的前提是商品需求弹性大且供给弹性小，即使已实现税负前转，仍可能发生后转现象。

（三）消转

消转，即税收转化，是纳税人通过降低课税成本来在新增利润中抵补税负的转嫁方式。纳税人通过加强经营管理、改进技术、提高效率、节约原材料、降低成本等措施，在不提高售价的情况下，在增加的利润中求得所缴税款的补偿。虽然消转不是典型的税收转嫁形式，但它通过降低成本增加利润来抵消税负，因此被称为消转。

消转有合法消转和非法消转两种形式。前者指采用改进技术、节约原材料等方法，从而降低成本求得补偿；后者指采用降低工资、增加工时、增大劳动强度等方法，从而降低成本求得补偿。

（四）税收资本化

在特定的商品交易范畴内，如涉及土地、房屋、证券等资产交易时，买方在协商成交价格时，会要求卖方预先从总价格中一次性扣除未来年度所需缴纳的税款，从而达到降低实际支付成本的目的。这种税收转嫁的方式，即买方将未来年度应缴纳的税款责任转移至卖方，并在商品交易的总价格中相应扣除的做法，被业界称为税收资本化，亦称"资本还原"。

税收资本化作为税收后转的一种特殊形态，其核心理念在于买主通过降低购入价格的方式，将本应支付的税款转嫁给卖主承担。在这一点上，它与一般商品税后转的做法存在相似之处。然而，二者之间亦存在显著的区别。

具体而言，税收后转主要适用于一般消费品的交易过程，其转嫁的对象范围较为广泛。相对而言，税收资本化的转嫁对象则聚焦于资本性商品，尤其是如土地等长期价值较高的资产。此外，税收后转通常在每次商品交易发生时，即时将应缴纳的税款转嫁给下一环节，呈现出一种即时性的特征。而税收资本化则有所不同，它采取的是预期累计应缴税款的预先一次性转嫁方式，即在商品交易完成后，对未来一段时间内可能产生的税款进行预估，并一次性转嫁给卖主。

三、影响税负转嫁的因素

一般认为，物价自由波动是税负转嫁的基本前提条件，商品供求弹性、市场结构、成本变动和课税制度等则是税负转嫁的制约和影响因素。

（一）商品供求弹性与税负转嫁

在商品经济中，市场调节影响税收负担的转嫁，取决于市场供求状况。在自由竞争市场，课税商品价格受供求规律制约，非生产者所能操控。商品价格变化会引发需求与供给的相应变动。

1.需求弹性与税负转嫁

需求弹性，指的是商品或生产要素的需求量对市场价格变动的敏感程度。这种敏感程度通常以需求弹性系数来衡量，具体计算方式如下：

需求弹性系数＝需求变动百分比÷价格变动百分比

一般来讲，需求弹性系数越大，需求量对市场价格变动的反应越敏感。依据需求弹性的差异，税负转嫁可以分为以下三种情形进行考察。

（1）需求无弹性，即弹性系数为0。需求量对价格变动无反应，购买量不受价格影响。此时，企业可通过提高价格将税负转嫁给其他需求者直至最终消费者。

（2）需求缺乏弹性，即弹性系数在0到1之间。若购买者或消费者对税款加价反应较小，即购买量下降幅度低于价格提高幅度，则表明相关商品或生产要素需求缺乏弹性。此时，企业因价格提高阻力较小，可较容易通过前转方式转嫁税款。

（3）需求应富有弹性，即需求弹性系数大于1。当企业将税款附加于商品或生产要素价格导致购买者强烈反应时，意味着这些商品或生产要素的需求弹性较大。此时，购买者欲望减弱，导致购买量下降幅度超过价格上涨幅度，甚至选择替代品。这种情况下，企业定价超过极限，提价带来的边际效益无法弥补销量减少的边际损失，企业不得不调低价格或阻止提价。此时，企业税款无法顺向转嫁，只能谋求逆转给供应者。若后转不得实现，企业既是直接纳税者，又是终极负税者。

2.供给弹性与税负转嫁

供给弹性是衡量商品或生产要素供给量对市场价格变动敏感性的重要指标。供给弹性系数为其量化表达工具，其计算公式为：

供给弹性系数＝供给量变动百分比／价格变动百分比

供给弹性的大小对企业组织税负转嫁的影响，亦可分为以下三种情况进行考察。

（1）供给完全无弹性，即供给弹性系数为0。这意味着当商品或生产要素因政府征税而价格无法提高时，生产企业对价格下降没有反应，生产量不会减少。企业会尝试将税款转嫁给其他方，甚至可能无法转嫁。

（2）供给缺乏弹性，即供给弹性系数大于0小于1。当商品或生产要素因政府征税价格不提高时，生产供应企业因条件限制难以对价格下降做出强烈反应，实际生产供应量调减幅度不大，低于价格下降的幅度。此时生产供应量维持原有水平，价格升降幅度有限，企业难以将税款转嫁，需考虑能否实现逆转并通过怎样的途径进行逆转。

（3）供给弹性大，即弹性系数超过1。这意味着当政府课税导致商品价格无法相应提升时，生产者会对价格下降反应强烈，生产量下降幅度大于价格降幅。这种情况一方面显示价格偏低，减少供应量，可能促使价格上涨；另一方面，由于有效供应量减少，导致供不应求，进一步推动价格上涨。因此，企业可以通过加价方式将税款转嫁给购买者。

3.供求弹性与税负转嫁

供给弹性与需求弹性的比值称为供求弹性。企业税负转嫁方式需根据供求弹性对比及转换趋势决定。供给弹性大于需求弹性时，税负前转可能性高；反之，税负后转或无法转嫁可能性较大。当两者相等时，税款由买卖双方均分负担。

综合分析得出，税负转嫁是商品经济发展的客观存在。直接纳税企业常将可转嫁税收视为虚拟成本，不可转嫁的视为真实成本。因此，纳税人与负税人一致的税种为直接税种，不一致的为间接税种。

（二）市场结构与税负转嫁

鉴于市场结构的差异性，税负转嫁的情况亦呈现出不同的特点。一般而言，市场结构主要包括完全竞争、不完全竞争、寡头垄断和完全垄断四种类型。

1.完全竞争市场结构下的税负转嫁

在完全竞争的市场结构之下，任何单一的企业均无法独立操控市场价格，因此无法通过单方面提高市场价格来将税负转嫁至消费者身上。只有在短期内，借助整个工业体系的集体力量，才有可能部分地采取提价手段来实现税负的部分转嫁。然而，在长期的视角中，若供应成本维持稳定不变，那么各个企业将在整个工业体系内形成一股强大的合力，使得税负有可能完全转嫁至消费者。

2.不完全竞争市场结构下的税负转嫁。

在不完全竞争的市场环境下，尽管厂商数量众多，但各厂商均能通过精准把握其产品特色与差异，对价格进行灵活且合理的调整。通过此种方式，厂商能够有效实现税负的部分转嫁，从而确保市场运作的稳健与高效。

3.寡头垄断市场结构下的税负转嫁

寡头，即在某一市场中，少数几家企业占据主导地位，共同供应某种商品的大部分，且每家企业均占有市场供应量的一定份额。这些寡头企业的产品往往呈现出高度的一致性或仅有细微差别。寡头垄断市场相较于一般竞争性市场，其价格波动幅度并不显著。这些寡头企业之间，往往基于某种形式的协议或默契，共同决定价格的升降。因此，当针对某一产品实施新税政策或提高税率时，各寡头企业通常会遵循已达成的协议或默契，并在成本普遍上升的情况下，按照一定比例统一提高价格，从而将税负转嫁给消费者承担。当然，这一转嫁过程并非绝对，若产品的需求弹性较大或产品间存在显著差异性，则可能产生不同的市场反应。

4.完全垄断市场结构下的税负转嫁

完全垄断市场是指某种商品仅由一个或数个有限的卖家所主导的市场结构，且不存在任何替代品。在这样的市场环境下，垄断厂商有能力采取独占或联合的方式对市场价格和销售量进行操控，以追求最大化利润或超额利润。

当某垄断产品被视为绝对必需品，且市场需求缺乏弹性且不存在其他竞争性的替代品时，垄断者具备将价格随意提升的能力，而不会显著影响销售量。在此情况下，税收负担得以完全转嫁给消费者。

然而，若市场需求呈现出一定的弹性，垄断厂商在转嫁税负时将面临一定的限制。若完全将税额转嫁给消费者，可能导致价格过高，进而减少需求量，从而无法实现最大化利润。因此，垄断厂商需权衡利弊，可能选择部分前转、部分后转的方式处理税负。尽管如此，在完全垄断市场结构下，垄断厂商仍具备随时调整价格的能力，将税负部分或全部转嫁给消费者。

（三）成本变动与税负转嫁

在成本递增、递减和固定三种情况下，税负转嫁规律各异。成本固定商品税可全额转嫁消费者，因单位成本与产量无关。成本递增商品税转嫁可能少于税款额，因单位成本随产量增而增，课税影响销路，卖方需减产降成本。成本递减商品税可全额转嫁并获利，因单位成本随产量增而减，课税可顺利转嫁。

（四）课税制度与税负转嫁

在课税制度中，税种的设置以及各个要素的设计差异，诸如课税范围的宽窄程度、税率的形式及其高低水平,以及课税方法的选择等,均对税负转嫁具有一定的影响。

1.税种性质

商品交易行为是税负转嫁的基础要素。通常情况下,间接税,特指针对商品交易行为或活动所征收的税种,具备税负转嫁的可能性;而直接税,尤其是那些与商品交易行为无直接关联或对特定个体征收的税种,其税负转嫁则显得困难重重,甚至无法实现转嫁。诸如消费税、增值税及关税等税种,普遍被视为间接税范畴,其税负可由最初的纳税人顺利转嫁至终端消费者,且此类税负还有可能进一步向后传递,最终由生产要素的提供者来承担。相对地,个人所得税、公司所得税及财产税等税种,则多被归类为直接税,其税负难以或几乎无法实现转嫁。

2.税基宽窄

通常情况下,税基的宽泛程度与税负转嫁的难易程度呈现正相关关系。即税基越广泛,税负转嫁的可能性便越大;反之,税基相对狭窄时,税负转嫁的难度便会相应增加。这主要源于税基的宽窄直接决定了购买者在需求选择过程中的替代效应大小,从而进一步影响市场供求弹性的程度和税负转嫁的态势。因此,当税基覆盖所有商品时,购买者的需求选择替代效应相对较小,使得税负转嫁较为容易实现;而若仅对部分商品征税,且这些商品具备显著的替代效应时,税负的转嫁则会面临较大的困难。

3.课税对象

在生产资料征税的情境下,税负经历的辗转次数愈多,其转嫁的可能性便愈大,且转嫁的速度亦随之提升;相较之下,对生活资料进行征税时,税负经历的辗转次数较少,导致其转嫁的难度增大,转嫁速度也相应减缓。

4.计税方法

税收计算主要有从价计征和从量计征两种方法。从价计征根据商品价格定税额,价格高税额大,价格低税额小,税负转嫁较隐蔽。从量计征则每个单位商品税额明确,纳税人易察觉额外负担,税负转嫁较明显。

5.税负轻重

税负轻重程度对于税负转嫁的实现具有显著影响。在其余条件保持一致的情况下,若某一商品的税负较重,则出卖者为实现税负转嫁,必然需要大幅度提升商品售价。然而,此举将不可避免地导致商品销售量的减少。

第七章 财政平衡与政策

第一节 财政平衡

一、财政平衡的含义

财政平衡,即财政收支平衡,是指年度财政收入与支出在总量上实现均衡或达到相等的状态。在当今世界,大多数国家的财政收支均通过政府预算得以实现,因此,财政收支之间的平衡关系亦体现为国家预算在收支量上的均衡对比。对于财政收支平衡的把握,可深入剖析以下五方面内容。

(一)财政平衡是国家预算收支在量上的对比关系

根据我国统计规范,收支对比主要包括三种情形。其一,收入超出支出,形成结余;其二,支出超出收入,形成逆差,该逆差在会计记录中通常以红字表示,因此被称为财政赤字;其三,收支达到平衡状态。

国家预算作为一种反映财政状况的平衡表,理论上收支应当相等。然而,从经济内容的深入分析来看,收支完全相等的理想状态在现实中几乎无法实现。同时,从各国财政实践来看,实现预算结余的国家并不多见,而预算逆差则成为收支对比中更为常见的现象。对于现代市场经济国家而言,财政赤字已成为一种普遍存在的经济现象。因此,财政平衡更多地被视为一种理论上的理想状态,实际预算编制和执行过程中更多是以此作为参照系,以追求财政运行的相对稳健与可持续。

（二）财政平衡是动态平衡，不能局限于静态平衡

动态平衡着眼于长远财政平衡，考虑年度间联系与衔接，基于经济周期对财政的影响及财政对经济周期的调节作用。它有助于研究财政收支发展趋势，实现一定时期内收支平衡。财政收支平衡是相对的，在收支矛盾不断产生和解决的过程中实现，平衡仅是瞬时现象或平衡表示的形式。例如，当年财政结余虽表现为赤字，但从动态角度结合有结余的年份考虑，财政收支仍平衡。财政平衡就是平衡不断被打破又达到新的平衡的动态过程。

（三）研究财政平衡要有全局观点，不能就财政平衡论财政平衡，要研究综合平衡

财政状况作为国民经济运行的综合体现，其收支状况是衡量宏观经济运行状况的关键指标。财政政策在宏观调控体系中占据重要地位，对于稳定经济、促进发展具有不可替代的作用。财政收支作为货币收支的一种形式，与国民经济货币收支体系中的其他组成部分相互交织、相互转化，共同构建起完整的经济货币收支网络。

作为经济体系中的一个重要部门，财政部门的收支状况与家庭部门、企业部门以及对外部门的收支状况紧密相连，形成互补关系，共同维护经济的稳定与发展。因此，只有从国民经济全局的角度出发，深入剖析财政平衡问题，才能准确评估财政平衡状况所带来的影响，进而探寻改善财政状况的有效措施。

（四）财政收支平衡可从中央预算平衡和地方预算平衡分别考察

依据我国既往的财政体制安排，通常是将中央财政与地方财政合并考察，以全面审视国家财政的整体收支状况。尽管此种考察方式能够展现国家财政收支的整体图景，却难以精准揭示中央与地方政府各自收支之间的对比关系。

实际上，中央财政的赤字规模远超国家所公布的财政赤字数据。随着财政体制的不断深化改革，地方财政将逐步确立为一级独立的财政主体。在中央预算与地方预算分立运行的背景下，分别评估中央预算与地方预算的平衡状况，已显得尤为必要与重要。

二、财政平衡的口径

关于财政收支平衡的理解，还需探讨其计算口径的问题，即关于结余和赤字的具体计量方式。一般而言，财政结余或赤字的计算存在两种主要口径。

第一种口径，即小口径的硬赤字或结余，计算公式为：赤字或结余＝（经常收入＋债务收入）－（经常支出＋债务支出）。在此口径下，债务收入被视为正常财政收入的一部分，相应地，债务还本付息也计入正常财政支出之中。

第二种口径，即大口径的软赤字或结余，计算公式为：赤字或结余＝经常收入－经常支出。在此口径下，债务收入并不被视为正常财政收入，债务的偿还也不计入正常财政支出，但利息的支付则作为正常财政支出的一部分。

这两种口径的主要差异在于对债务收入和债务支出的处理上，体现了不同的财政管理理念和计算方法。

第二节 财政赤字

一、财政赤字的概念

财政赤字,通常被定义为财政支出相较于财政收入的差额,该差额一般按照财政年度的划分进行计算。鉴于财政收支的规划与执行均依托于政府预算,财政赤字通常在政府预算的编制环节或预算执行完毕后的结果中得以体现。是用以反映政府财政状况的一种重要指标。

财政赤字有预算赤字、决算赤字和赤字政策几个概念的区别。预算赤字指预算编制时收入就不足以覆盖支出。预算中虽列明赤字,但执行结果不一定有赤字。因为在预算执行过程中通过增收节支措施可实现收支平衡。

决算赤字,即在预算执行过程中,支出总额超出收入总额的现象。若决算呈现赤字状态,可能源于预算编制阶段即已存在的赤字预期,亦可能是在预算执行环节中,由于新增的减收因素或增支因素的影响,进而导致了赤字的最终形成。

预算赤字或决算赤字,在指导思想上,并非刻意安排的结果,也并非每个财政年度都会发生。这种现象仅出现在个别或少数财政年度。然而,赤字财政与之截然不同。赤字财政是国家有意采取的一种经济政策,旨在通过财政赤字来扩大政府支出规模,进而刺激社会有效需求的增长。因此,赤字政策并非仅局限于个别或少数年度出现赤字,其主要特征在于连续多年出现巨额赤字。

二、财政赤字对经济的影响

（一）财政赤字与货币供给

财政赤字对经济的影响与赤字规模的大小紧密相连，然而，其更为核心的影响因素在于赤字弥补方式的选择。

首先，我们探讨利用银行透支或借款来弥补财政赤字的情况。在此，有必要澄清透支与借款二者之间的区别。财政向银行透支的方式，源于我国过去的财政赤字主要通过发行货币来弥补，财政与银行之间并不存在明确的权责关系，既无需还本也无需付息。而将财政透支转变为财政借款，则发生在经济体制改革之后。借款似乎明确了财政与银行之间的权责关系，即需按期偿还并支付利息。然而，实际上财政向银行借款仅是支付一定利息，而从未涉及还本。因此，从本质上讲，财政透支与财政借款是等同的。

财政向银行借款的过程，一般而言，是通过中央银行代行国库职能来完成的。也就是说，财政的收支活动均通过银行账户进行资金的入库与拨付。当财政出现赤字时，向银行借款成为弥补赤字的一种常用手段。这一操作过程相对简便，主要是通过在相关账户上记录相应金额的借款与贷款，实现资金的转移。

财政向银行借款的行为确实会增加中央银行的准备金，进而增加基础货币的供应量。然而，这一行为是否会导致货币供给过度，则并非绝对。随着经济的不断发展，货币需求自然会增加，这就要求相应的货币供给量也需增加。每年新增加的货币供给中，存在一个由货币系数决定的基础货币增量，这一增量可被视为财政借款的合理上限。只要财政借款规模控制在此限额内，就不会导致通货膨胀等不良后果。

在现代信用体系下，财政向银行借款时，银行能够通过对贷款总规模的合理控制，有效避免货币供给过量的问题。因此，在规范操作、合理控制的前提下，财政向银行借款是一种可行的财政调节手段。

其次，关于发行公债以弥补财政赤字的货币效应，其复杂性需结合购买主体及资金来源进行深入剖析。当居民个人、企业或商业银行等主体购买公债时，一般而言，这主要体现为购买力的转移或替代，而非直接增加货币供给的效应。具体而言，财政通过发行债券获取货币，这一过程可能导致商业银行在中央银行的准备金减少。然而，随着财政支出的执行，这些准备金会相应得到恢复。因此，在准备金总量保持不变的情况下，货币供给规模亦不会发生变化。

（二）财政赤字扩大总需求的效应

我国经济界存在一种普遍观点，认为我国属于短缺型经济，需求过旺是常态现象。在这种经济环境下，财政赤字的存在被认为会进一步扩大总需求，进而加剧总供求之间的矛盾。尽管这种观点看似具有一定的合理性，但它忽略了财政赤字对总需求构成的两种不同方式。一方面，财政赤字可以作为新的需求力量，叠加在原有的总需求水平之上，从而推动总需求的扩张。另一种情况则是财政赤字通过不同的弥补方式，仅仅是替代了其他部门的需求，从而构成总需求的一部分。在这种情况下，财政赤字仅仅改变了总需求的结构，而并未增加总需求的规模。即使在短缺型经济中，这一结论依然成立。

自20世纪80年代中期开始，另一种观点逐渐浮现，即财政赤字被视为国民收入超分配的关键因素。然而，关于国民收入超分配的概念，存在不同的解读。实际上，准确的定义应为总需求超出总供给、货币供给量超出货币需求量，这实质上是需求过旺或通货膨胀的另一种表述。

从财政本身的角度看，财政支出超过收入可以被视作一种超分配行为。但如果从国民经济的整体视角来分析，一个部门的逆差往往与另一个部门的结余相对应。若财政赤字主要对应于居民储蓄或企事业单位的结余，那么从全社会的角度来看，财政赤字导致国民收入超分配的观点便无法成立。

（三）财政赤字的排挤效应问题

财政赤字的排挤效应，作为当代经济学界广泛探讨的议题之一，其核心内涵在于财政赤字对私人消费与投资所产生的排挤性影响。

（四）财政赤字与发行国债

发行国债是弥补财政赤字的普遍且可靠途径，但债务规模随赤字增长而扩大，且债务还本付息会加大财政赤字压力。当前，许多国家面临赤字与债务同增的挑战。发达国家担忧债务排挤效应和债务货币化风险，发展中国家则担心国债信誉下降、债券发行难和债务危机等问题。因此，需审慎对待国债发行和债务管理，确保财政稳健和经济持续发展。

国债利息率作为国债发行中的核心要素，其设定具有显著影响。若利息率设定过低，甚至呈现负利率状态，将显著加剧国债发行的难度，阻碍资金的募集。然而，过高的利息率亦非理想之选，它将导致发行成本的显著增加，并可能成为财政赤字扩大的潜在因素。

在发展中国家，由于政府对于资金的迫切需求以及市场利率的制约，国债利息率往往呈现出上升的趋势。在探讨财政赤字计算口径时，国债利息支出应被纳入经常性支出的范畴。只有当利息率低于国内生产总值的增长速度时，才有可能依赖税收的自然增长来覆盖利息支出。否则，政府将不得不通过借新债来偿还旧债的利息，这无疑将加剧债务规模的扩张。因此，在面临扩大债务规模与控制利息率的两难选择时，政府需要审慎权衡，既要确保国债的顺利发行，又要控制发行成本，避免财政赤字的进一步扩大。

第三节 财政政策

一、财政政策的含义

财政政策是指一国政府基于宏观经济目标的考量,通过调整财政收支规模和实现收支平衡所遵循的指导原则及所采取的相应措施。

财政政策作为政府调控经济的重要手段,旨在缓解因经济波动引发的失业与通货膨胀问题,并促进经济的稳定健康发展。具体而言,财政政策涉及对政府收入和支出的决策安排,通过调整政府收支来干预和影响社会经济运行。

在经济萧条时期,政府可采取减税政策,以刺激消费和投资活动,同时增加政府购买和转移支付力度,提升社会总需求水平,进而推动经济复苏。这种政策被称为扩张性财政政策,旨在通过增加政府支出和减轻税负来扩张经济。相反,当经济过热、通货膨胀问题严重时,政府则需采取紧缩性财政政策。这包括增加税收、减少政府支出等措施,以抑制过度需求,降低通货膨胀压力,实现经济的平稳运行。

二、财政政策的构成要素

(一)财政政策目标

1.财政政策目标的含义及特征

财政政策目标,即财政政策所要达成的预期成果或期望值,是政策制定与执行的核心导向。财政政策目标具有以下特征。

首先,该期望值受到政策作用范围及作用强度的双重制约。任何超出政策功能所能涵盖的范围内的取值,均将超出政策功能强度的实际能力,进而导致无法实现所设定的目标。

其次,该期望值具有时间连续性和空间一致性。基本财政政策是长期性政策,而一般性财政政策是中短期政策。财政政策从作用空间上可细分为微观财政政策、中观财政政策和宏观财政政策,以及总量和结构调节政策。财政政策目标在时间上具有连续性,要求中短期政策与基本政策一致;在空间上具有层次性,要求各层次政策目标总体一致。这是保持财政政策连续性与一致性的要求。

最后,政策目标作为预期的理想状态,其具体取值受到社会环境、政治格局、经济条件以及文化背景等多重因素的制约,并深受广大民众偏好与政府决策行为的深刻影响。因此,政策目标的设定并非一个随心所欲的随意过程,而是一个经过科学分析、民主讨论与审慎决策的选择过程。

2.我国财政政策目标

根据我国社会经济的发展需要以及财政的基本特点,我国财政政策的目标,可以归结为以下几个方面。

第一,物价相对稳定。这是财政政策稳定的基本要求。物价相对稳定不是冻结物价,而是控制波动在经济稳定发展范围内,避免过度通货膨胀或通货紧缩。采取财政措施时需弄清原因,针对需求过旺或不足调整支出或税收,针对结构性摩擦调整经济结构。物价不稳对资源短缺、社会承受能力弱的发展中国家是隐患,因此在财政政策目标选择上需充分考虑。

第二,收入的合理分配。平均主义分配方式往往会抑制劳动者的生产积极性,对经济发展构成阻碍;而收入分配若不合理,贫富差距过大,则不利于社会经济的稳定发展。在社会主义市场经济体制下,收入分配机制应如同资源配置机制一样,以市场分配为基础,同时辅以政府的宏观调控。收入分配既要能有效激发社会成员的劳动积极性,又要防止贫富悬殊过大。因此,在政策导向上,需要妥善协调公平与效率之间的关系。实现收入合理分配的关键在于税收负担的合理分配以及建立完善的社会保障体系。

第三,经济适度增长。适度增长意味着量力而行。首先,要根据储蓄水平设定增长率,这主要取决于收入水平和储蓄倾向。在低收入国家,国内储蓄有限,引进外资可推动发展。其次,要根据物资资源能力设定增长率,即经济增长的物资承受能力。我国经济发展是生产能力提升和产业结构进化的过程,主导产业优先发展能提高社会生产率。但非均衡发展超过限制时,短线制约会影响经济发展,政策选择需考虑这些制约。财政政策在促进增长时,既要处理好储蓄与消费关系,保持适度储蓄率,又要发挥财政在结构调整和创新中的作用。

第四,社会生活质量稳步提升。经济体系的核心目标即为全面满足社会成员的需求,此需求的满足程度,不仅取决于个体消费需求的实现,亦与社会公共需求的达成紧密相连。社会公共需求的满足程度,全面展现为社会生活质量的提升。例如,公共安全水平的提升、环境质量的改善、基础科学研究水平的提升、教育的普及等。财政政策之所以将提升社会生活质量作为其核心政策目标之一,是因为单纯依靠市场机制难以实现社会生活质量的全面提升,必须依赖政府部门提供充足且高质量的社会公共需求,以推动社会整体生活质量的稳步提升。

(二)财政政策主体

政策主体,即政策的制定者和执行者,其行为规范性对于政策功能的实现及政策效应的大小具有显著的影响作用。

在当前的体制框架下,我国各级政府的决策和倾向对于政策的制定与实施起着至关重要的作用。因此,在财政政策原理的研究中,深入分析政策主体的行为规范,对于揭示政策偏差现象、提升政策研究水平具有重要意义。

(三)财政政策工具

1.财政政策工具的含义

财政政策工具是财政政策主体为实现政策目标所选用的财政手段,旨在调节经济运行中的财政收支关系,实现稳定经济、促进发展等目标。财政政策主体需根据经济实际情况和政策要求，科学选择并运用财政政策工具，以推动经济社会可持续发展。

2.财政政策工具的内容

财政政策工具主要有税收、公债、公共支出、预算等四种。

（1）税收。作为政策工具，税收通过调整税率和税收总量来影响经济活动。在需求不足时，降低税率或实施一次性减税，可以刺激消费和投资，增加总需求和国民产出；在需求过旺时，提高税率或增加税收，可以减少可支配收入和消费需求，抑制通货膨胀。税收具有强制性、无偿性和固定性特征，赋予其调节的权威性。税收调节通过确定宏观税率、科学分配税负（含税种选择和税负转嫁）及实施税收优惠与惩罚来体现其作用，为经济社会稳定提供有力保障。

①宏观税率，即税收收入占国内生产总值（GDP）的比重，是财政政策实现其调节目标所依赖的基本政策度量手段之一。宏观税率的高低直接反映政府所掌握的财力规模及其资源动员能力。

一般而言，政府若提高宏观税率，将对民间部门经济产生收缩效应，导致更多收入从民间部门流向政府部门，进而引发民间部门需求下滑，产出减少。相反，政府若降低宏观税率，则将对民间部门经济产生扩张效应，刺激需求增长，促进产出增加。因此，在制定财政政策时，对宏观税率的调整需审慎权衡，以实现宏观经济稳定和经济发展的双重目标。

②宏观税率得到明确界定后，税负分配成为关键。税负分配需政府调控和市场机制共同作用。政府通过税种选择和差异化税率实现调控；市场机制在税负转嫁中发挥作用。税负转嫁导致纳税人名义税负与实际税负之间存在差异，因此，税负转嫁可以视为在政府初次分配税负的基础上，通过市场机制进一步调节的税负再分配过程。这两个层次的税负分配，不仅深刻影响着收入分配的格局，还对相关个人和企业的生产经营活动，以及各经济主体的行为决策产生广泛而深远的影响。

③税收优惠与税收惩罚作为征收征税过程中的重要补充，旨在满足特定

需求而实施的激励性或制裁性手段。这些措施在运用上展现出较高的灵活性，往往能发挥出征税本身难以达到的作用。税收优惠性措施主要包括减税、免税、宽限期限、加速折旧以及设立保税区等多种形式。税收惩罚性措施主要包括报复性关税、双重征税、税收加成以及征收滞纳金等。

（2）公债。作为一种财政信用形式，公债最初旨在弥补财政赤字。随着信用制度的不断演进，公债已逐步演变为调节货币供求、协调财政与金融关系的关键政策工具。公债的调节作用主要体现在以下三方面。

①排挤效应。排挤效应是指在公债发行过程中，民间部门的投资或消费资金受到一定程度的影响而减少，进而实现对民间部门投资或消费活动的调节效应。

②货币效应。货币效应指的是公债发行所引发的货币供求状况的变化。在这一过程中，一方面，部分原本处于潜在状态的货币可能因此转化为实际流通中的货币；另一方面，原本留存于民间部门的货币可能会因此流向政府部门，或者由于中央银行为购买公债而增加货币投放量，从而进一步影响货币流通状况。

③收入效应。由于公债主要通过未来年份增加税收来偿还，而公债持有人在公债到期时，不仅能够收回本金，还能获得利息回报。政府发行公债的主要目的在于满足社会公共需求，因此其利益惠及广大民众。在此过程中，一般纳税人与公债持有人之间出现了收入转移的现象。此外，公债所带来的收入与负担问题不仅限于当代人，还涉及所谓"代际"的收入与负担转移问题。

（3）公共支出。公共支出是政府满足公共需求的一般性支出，分购买性支出和转移性支出。

购买性支出直接影响社会总需求和国民收入水平。当经济处于衰退阶段，社会总需求不足时，政府可以增加购买支出，如投资公共工程项目，从而提高整体需求水平，促进经济复苏。相反，在经济过热、需求过高时，政府可以减少购买支出，降低总需求，以防止通货膨胀过快上升。

转移性支出是在经济衰退期间，总支出不足导致失业增加，政府通过增加社会福利费用和提高转移支付水平，提升人们的可支配收入和消费能力，从而增加社会有效需求，促进经济复苏。具体措施包括提高失业救济、养老金以及农产品价格补贴等项目的支出。当总支出水平过高，导致通货膨胀压力上升时，政府则通过减少福利支出和降低转移支付水平来减少人们的可支配收入和总需求，以抑制通货膨胀。购买性支出涉及商品劳务购买，为政府直接消费。转移性支出通过财政收入转移，不影响民间消费。

（4）预算。预算是宏观经济调控的关键手段，包括赤字预算、盈余预算和平衡预算三种形态。赤字预算体现扩张性政策，盈余预算体现紧缩性政策，平衡预算体现中性政策。预算政策通过制定年度预算和根据实际情况调整收支来实现调节功能，主要通过控制财政收支差额来影响宏观经济。

预算作为国民收入分配与再分配的重要工具，调节民间可支配收入和政府投资消费，影响货币流通量，对总供需平衡关系发挥调节作用，有助于经济稳定与可持续发展。

三、财政政策的类型

（一）扩张性政策、紧缩性政策和中性政策

根据财政政策在调节国民经济总量方面的不同功能，财政政策分为扩张性政策、紧缩性政策和中性政策。

1.扩张性财政政策

扩张性财政政策通过财政分配活动增加和刺激总需求。在总需求不足时，该政策可缩小总需求与总供给的差额至平衡；若原已平衡，则可能使总需求超过总供给，推动经济增长。

扩张性财政政策的载体主要有减税（降低税率）和增加财政支出规模。一般来说，减税可以增加民间的可支配收入，在财政支出规模不变的情况下，

也可以扩大社会总需求。同时，减税的种类和方式不同，其扩张效应也不同。流转税的减税在增加需求的同时，对供给的刺激作用更大，所以，它的扩张效应主要表现在供给方面。所得税尤其是个人所得税的减税主要在于增加人们的可支配收入，它的扩张效应体现在需求方面。财政支出是社会总需求的直接构成因素，财政支出规模的扩大会直接增加总需求。在减税与增加支出并举的情况下，扩张性财政政策一般会导致财政赤字，从这个意义上来讲，扩张性财政政策等同于赤字财政政策。

2.紧缩性财政政策

紧缩性财政政策通过减少和抑制总需求来调控经济。在总需求过旺时，该政策有助于消除通胀，实现供求平衡。然而，在总供求平衡时，实施此政策可能引发有效需求不足。因此，制定政策时需根据经济实际情况审慎决策。

实现紧缩性财政政策的主要举措是增税和削减财政支出。增税旨在降低民间可支配收入，抑制消费需求增长；减少财政支出则缩减政府消费需求和投资需求。两者共同减少并抑制社会总需求扩张。在特定经济环境下，增税与减支并行实施，增加财政盈余可能性。因此，紧缩性财政政策可视作实现财政盈余的手段。

3.中性财政政策

中性财政政策指财政分配活动对社会总需求的影响保持中性，既无扩张也无紧缩效应。通常要求财政收支平衡，但预算平衡不等于中性财政政策。

（二）自动稳定的财政政策和相机抉择的财政政策

根据财政政策具有调节经济周期的作用来划分，可分为自动稳定的财政政策和相机抉择的财政政策。

1.自动稳定的财政政策

自动稳定的财政政策是指一类具备自我稳定功能的政策，其能够在经济波动时自动发挥调控作用，无需外部力量的介入即可直接产生效果。此类政策内在的、自发产生的稳定机制，能够随着社会经济环境的变化而自动调整，无需政府采取额外的干预措施,从而有效地促进经济的稳定发展。

财政政策的自动稳定性主要表现在两方面:

一是税收的自动稳定性。税收体系,特别是公司所得税和累进个人所得税,对经济活动的变化反应敏感。若经济活动不景气,税收会自动下降,导致预算赤字,这有助于阻止经济进一步下滑。

二是政府支出的自动稳定性。经济学家普遍认为,对个人的转移支付计划是自动稳定器。这些计划旨在维持低收入者的生活水平,如公共救济款和失业救济金。经济衰退时,政府需支付失业救济金,以保持总需求;经济繁荣时,则可减少救济性支出,防止总需求过旺。

2.相机抉择的财政政策

相机抉择的财政政策,又被称为补偿型财政政策,是政府在特定经济形势下,有意识地采取针对性的财政措施,旨在消除通货膨胀或通货紧缩的缺口,进而调节经济运行状态。这一政策的特点是,它并非自动稳定的政策工具,而是需要政府根据经济形势的判断和决策,借助外部力量来发挥其调节经济的作用。

四、财政政策的传导效应

(一)财政政策传导机制

1.财政政策传导机制的概念

财政政策传导机制是指在财政政策发挥作用的过程中,各政策工具通过特定的媒介相互作用,形成一个紧密联系的有机整体。这一机制揭示了财政政策工具变量如何通过媒介的传导作用,逐步转化为政策目标变量(即期望值)的复杂动态过程。

2.财政政策传导机制的媒介

财政政策的核心作用在于通过合理的收入分配、货币供应以及价格调控,将政策工具的影响有效传导至经济体系之中。因此，财政政策能否成功达成预期目标，在很大程度上取决于其传导机制的有效性和顺畅性。若忽视对政策传导机制的深入研究，我们将难以准确解释财政政策在执行过程中可能出现的效应偏差，更无法全面揭示财政政策体系整体的运作原理与影响机制。

（1）政策工具变量调整对收入分配的影响。鉴于收入分配涉及的领域广泛，本次分析将聚焦于对整体 GDP 分配影响最为显著的两个方面：个人收入和企业利润收入分配。

①政策工具变量的调整对个人收入分配的影响显著，其主要作用在于改变货币收入的实得数额或影响货币收入者的实际购买力。具体而言，对于货币收入的实得数额，调整主要通过两种途径实现：一是对居民个人进行征税，从而降低其税后收入；二是通过实施补贴政策，以某种形式增加居民个人的实得收入。而对于货币收入者的实际购买力，其调整则主要通过货币的升值或贬值来进行调控。

个人收入的变化将进一步影响居民的储蓄与消费行为，同时也会对劳动者的生产积极性产生一定影响。在一定程度上，这种变化还可能促使劳动者在工作与闲暇之间重新权衡，并作出相应的选择。例如，消费税的开征将直接作用于消费支出，而利息税的开征则可能对储蓄行为产生影响。此外，个人所得税的调整，尤其是当累进税率达到一定水平时，可能促使部分劳动者重新考虑工作与闲暇的分配，选择减少工作时间（或有效工作时间）以增加闲暇时间，从而产生替代效应。这种替代效应的存在，将对总产出产生一定的影响。

②政策工具变量调整影响企业利润分配，主要体现在税后利润上。体制调整后，企业自主权扩大，利润成为主要目标。税后利润影响企业经营活动，特别是投资行为。国有企业利润分配关系不稳定，缺乏规范措施，导致短期行为，影响长期发展，可能引发盲目生产、重复建设等问题。

（2）政策工具变量调整对货币供应的影响。经过分析，我国财政赤字具有货币扩张效应。这一结论基于两点：一是我国过去将公债计入收入后的赤字称为"硬赤字",政府通过向银行透支或借款弥补,增加货币供应;二是中央银行难以通过压缩信贷规模避免财政性货币发行,因为赤字数额年终才确定,而预算执行中库款已支拨,压缩信贷规模可能引发经济调整和企业抵制。因此,我国财政赤字具有货币扩张效应。

(3)价格是财政政策传导的核心,在我国财政体系中作用重大。财政政策工具常通过价格变动实现功能,或与价格因素协作达成宏观调控目标。我国产业部门间利润率差异显著,是产业结构不合理的关键之一。调整产业结构本质上是优化利益结构。部门与行业间利润率差异受成本变动等影响,更与价格政策紧密相关。基础工业产品与加工工业产品盈利能力差异大,主要源于定价不合理。这成为制约基础工业健康发展的瓶颈。因此,调整价格、逐步放开价格成为经济体制改革的重要课题。政府需适度调控价格,不仅限于行政手段,更应运用税收、补贴等财政政策工具,精准高效调控物价。

(二)财政政策效应

1.财政政策效应的概念

财政政策效应,即财政政策实施后所取得的成效,其有效性主要取决于政策执行的实际结果。一般而言,若政策实施能够顺利达成预定的目标,则视为有效;反之,则视为无效。然而,在评估财政政策是高效还是低效时,仅凭政策执行的结果尚不足以作出全面准确的判断。我们还需要深入分析为达成目标所付出的代价和成本,从而更全面地评价政策的综合效应。

2.评价财政政策效应的优劣

对某项财政政策效应的优与劣做出客观评价,是政策研究中一个十分重要的问题,它可以为决策者的科学决策提供依据。

政府在推行某项政策时,所投入的研究经费、执行费用以及补偿费用共同构成了该政策的"成本"要素。与此同时,政策实施所带来的积极效果则被视为该政策的"效益"。因此,在评估政策的有效性时,可以通过对政策成本与政策效益进行深入的对比分析来实现。具体而言,当政策效益显著超过政策成本时，我们可以认为该政策的有效性程度较高；反之，若政策成本高于其效益，则政策的有效性程度相对较低。

政策效益指政策目标值的达成，根据经济运行需求设定。财政政策实现目标后展现积极效能。政策研究费用和执行费用可货币量化，但政策消极影响难以全面货币衡量。受损者补偿费用和社会效益损失难准确度量。以政府增加税收平衡预算为例，个人所得税上调减少个人收入，可能影响劳动生产积极性；企业所得税增加影响企业税后利润和投资热情。整个社会损失规模难以精确估算。因此，政策效益既定下，评价核心在于确定政策成本最低者作为优选标准。

3.财政政策效应的偏差

政策效应偏差是政策实施阶段实际效果与预期效果显著背离的现象，值得深入研究。此现象可分为两大类别：一是因客观因素和系统运作特性导致的自然偏差；二是人为因素不当干预或失误造成的人为偏差。

任何财政政策的实施均需经历一系列的时间阶段，这些阶段可概括为政策出台、完善、成熟以及蜕化四个阶段。这四个阶段中，财政政策的实际效果呈现出明显的差异性。具体而言，在政策出台阶段和蜕化阶段，由于政策的初步设定和逐步失效，其效果往往相对较弱。而在政策完善阶段和成熟阶段，随着政策的不断优化和稳定运行，其效果则更为显著。因此，在财政政策的实施过程中，不可避免地会出现阶段性的政策效应偏差现象。

政策效应的自然偏差现象可能源于以下因素：新政策的成熟度不足，旧政策遗留的历史惯性影响，公众对新政策认知与理解的欠缺，新政策作用机制尚未有效运转，与其他经济政策协调性不足，以及经济形势的新变化等。此外，任何财政政策都存在适应性问题。全国性财政政策的制定，主要基于一定时期内全国经济稳定与发展的总体状况，旨在解决共性问题。因此，在制定财政政策时，国家主要提出针对经济稳定与发展的一般性措施和目标，这主要对应于具有普遍意义的政策问题。同样，政策制定者在考虑政策效应时，也主要关注其一般影响和后果。然而，由于区域发展的不均衡性，全局范围内认定的政策问题在局部地区可能并不普遍存在，或者存在程度上的差异。即使是同一政策问题，从全局和局部角度审视，其形成原因亦可能多种多样。因此，全局性财政政策在实施过程中，会导致政策实际效果在不同地区呈现出差异性。

上述关于财政政策效应自然偏差的阐述，实际上隐含了三个核心前提。首先，政策设计应达到基本正确的标准；其次，政策工具的运用及其搭配应得当；最后，政策执行主体的行为必须端正。在严格遵循这些前提条件的情况下，政策效应的偏差将完全排除人为因素的干扰。然而，在实际操作中，无论是政策目标的确定、政策工具的运用，还是传导机制的设计，都离不开人的参与和决策。当人的主观意愿与客观实际发生偏离时，政策的效应便可能出现偏差。

人为因素引发的政策效应偏差，其常见表现包括政策设计脱离现实基础、政策期望过高而难以达成既定目标、政策工具缺乏或选择不当导致操作困难、以及政策主体行为出现偏差，进而阻碍政策的顺利贯彻实施。

在现实中，财政政策效应的自然偏差与人为偏差往往是交叉在一起的。这就要进行仔细研究和分析，针对不同类型的政策效应偏差，采取截然不同的措施。

五、中国财政政策的演变

中国的财政政策在宏观经济调控中发挥着至关重要的作用，具体通过税收调整、赤字补贴、发行国债、收入分配以及转移支付等多种手段来调节经济活动。这种多管齐下的方式不仅旨在平抑经济波动，还力求优化资源配置，推动经济可持续发展。

改革开放以来，中国财政政策展现出灵活应对经济形势变化的特点。特别是在经济偏冷时，政府会实施积极的财政政策，以刺激经济增长；而在经济过热时，则采取紧缩或稳健的政策，以抑制通货膨胀，控制增长过快。这种"逆经济风向行事"的策略有助于保持经济的稳定运行。同时，中国财政政策也经历了从依赖行政手段到逐步转向经济手段的转变。早期的直接调控手段较多依赖于行政命令和指示，随着市场经济体制的不断完善，间接调控方式逐渐成为主流。

基于过往社会和经济发展的综合情况以及当前的鲜明特征，作为宏观经济调控的核心手段，预计在未来相当长的一段时期内，我国财政政策的演变将可能出现以下几个显著特点。

一是要深刻理解和准确把握不同时期经济发展中的主要矛盾，确保能够妥善处理稳定经济增长、调整经济结构以及管理通货膨胀预期这三者之间的复杂关系。在不同的发展阶段，若某一方面的矛盾表现更为突出，财政政策的制定与实施应相应倾斜，以更好地解决当前阶段的主要矛盾。

二是为深化经济体制改革、调整经济结构和转变发展方式，中国政府采取了一系列措施，这些措施包括：

①完善结构性减税：降低能源、先进设备和关键零部件的进口税，减轻小微企业的税费负担，以激励企业创新和提升竞争力。

②降低流通成本：支持商贸流通体系建设，减少商品流通中的成本，提升市场效率。

③健全社会救助和保障机制：建立与物价上涨挂钩的联动机制，确保困难群体在生活成本上升时得到及时有效的帮助。

④优化投资和财政支出结构：重点支持保障性安居工程、水利建设、科教文卫基础设施、节能减排、生态建设和自主创新能力建设。

⑤促进少数民族地区发展：加大对新疆、西藏等少数民族地区的经济支持，推动区域均衡发展。

⑥加大科技投入和支持新兴产业：加强对重点节能工程和战略性新兴产业、现代服务业的支持，推动经济转型升级。

⑦加强生态保护：投入更多资源于生态保护建设，确保经济发展与环境保护协调推进。

三是深化政府预算收支制度的改革与优化，切实提升财政收支的公开性和高效性。在此过程中，要坚决强化对"三公消费"支出的严格管控，并确保相关信息的透明化公开，以增强社会监督力度。同时，还需对各类会议及差旅支出实施严格的管控措施，切实降低行政成本，提高财政资金使用效益。

第四节 财政与货币

一、货币需求

（一）货币的重要性

货币是财富价值的代表。只要存在商品交换，货币就无法被消灭。货币形态可以改变，但货币本身不可或缺。商品、市场经济和日常生活都离不开货币流通。企业运转、发展，工程项目兴建都需要货币支持。货币对发展市场经济至关重要。

（二）货币的需求动机

1.交易的需要

货币在人们的日常生活中扮演着重要的角色，它不仅是交易的媒介，也是支付的工具。对于个人或家庭而言，他们通常会在固定周期内获得收入，而支出则呈现出经常性的特点。为了购买日常生活所需的物资，他们必须保持一定数额的货币在手，以满足不时之需。

对于厂商而言，货币同样具有不可或缺的作用。为了应对日常运营中的各项开支，如购买原材料、支付员工工资等，厂商也必须持有一定数量的货币。这种对货币的需求，源于人们收入和支出之间的非同步性。

2.预防不确定性的需要

人们持有货币的主要目的在于应对可能出现的各种不确定性需求。无论是个人还是厂商，虽然对未来收入和支出能够做出大致的预测，但这种预测往往难以完全贴合实际，遭遇不可预见的需求情况时有发生。因此，人们普遍需要保持一定数量的货币储备，以应对可能出现的风险。由此可见，预防需求的产生源于人们对未来收入和支出的不确定性。

基于上述两个主要动机,货币的需求量在很大程度上取决于人们的实际收入水平。通常情况下,家庭的实际收入越高,其支出水平也相应越高,进而对货币的需求量也就越大。因此,这些方面的货币需求与实际收入水平呈现出同向变化的趋势。

3.投资的需要

由于未来资产收益率或利率的不确定性,人们需调整资产结构以应对潜在损失或增加收益,从而形成对货币的需求。未使用的财富可以保存为货币或借出以获取利息。债券价格和利率相互关联,例如,一张每年10元利息的债券,价格为100元时利率为10%,价格为200元时利率为5%。当现行利率过高(债券价格低)时,人们预期利率将下降(债券价格上升),因此会购买债券以期待未来获利,从而减少货币需求。相反,当利率过低(债券价格高)时,人们认为购买债券风险高(价格可能下跌),因此更倾向于保留货币,增加货币需求。这种基于利率变动调整货币和债券数量的投机需求与利率呈反方向变动。此外,名义货币需求需通过除以价格水平转化为实际购买力需求。

二、银行体系与货币供给

(一)货币的计算口径

依据资产的流动性特征,可将货币供应量合理划分为多个层次。其中,各国中央银行所发行的钞票因其高度的流动性,被视为最具流动性的货币形式,即通货。通货,亦称之为现金,在商业银行的活期存款加入后,共同构成了狭义的货币概念,通常以 M_1 进行标识。活期存款之所以同样被纳入狭义货币范畴,是因为其具备随时用于支付的功能。狭义货币因其直接、迅速且无限制的特性,展现了较高的流动性。

除了狭义货币外，储蓄存款与定期存款同样可视为货币的一种表现形式。原因在于，尽管储蓄存款与定期存款相较于狭义货币在流动性上稍显不足，无法如活期存款那般直接作为支付手段灵活使用，然而，它们却能够轻易转化为活期存款，进而发挥支付功能。因此，这些存款形式被称作准货币。

当这种准货币与 M_1 相结合时，便得到了更为宽泛的货币范畴——M_2。此举显著拓宽了货币的定义范围。若进一步纳入其他流动性资产或货币近似物，如个人及厂商所持有的债券等，则形成了更为广义的货币概念，即 M_3。

（二）电子货币

在货币供给体系中，电子货币亦占据重要地位，即以电子信息技术为载体的货币形式。诸如信用卡、储蓄卡、借记卡、IC 卡、消费卡、电话卡、交通卡、电子支票、电子钱包、网络货币、智能卡以及支付宝等支付工具，均属电子货币范畴。电子货币本质上是观念化的货币信息，实质为一组特定的数据化信息，亦可称之为数字货币。在进行电子货币交易时（如使用电子支付手段进行购物、餐饮消费、乘坐交通工具等），实际上是信息的交换过程。这些信息被传输至提供相应服务的商家后，实现了交易双方更为便捷、高效的结算流程。

电子货币作为信息技术与加密技术深度融合的结晶，是电子商务时代金融机构为追求经济效益最大化而进行的一种业务创新举措。电子货币的应用，能够有效提升货币流通的效能，降低货币流通过程中的成本，并减少商品交易中的费用支出。

当前，各种电子货币的发展势头迅猛，这引发了社会对于其是否会取代现有现金或存款等成为独立交易货币的广泛讨论。然而，从当前的实际情况来看，这种可能性尚不存在。这是因为，所有的电子货币都必须在现金或存款的基础之上进行发行与使用。

以电话充值卡或交通卡为例，这些电子货币在能够发挥其交易功能之前，都必须预先存入一定的金额。同样地，人们在使用借记卡进行购物支付时，也必须确保卡内拥有足够的余额。即便是允许透支的信用卡，也设有明确的额度限制，且透支部分必须及时连本带利进行偿还。

由此可见，电子货币并非一种独立的通货形式。它必须同比例地兑换成传统货币（即现金或存款）之后，才能够完成借贷和支付等交易活动。因此，电子货币无法独立发行，而只能将传统货币作为其发行和流通的基础。在现阶段，它更多地表现为一种在传统货币支持下流通的二次货币形式。尽管如此，电子货币的发行与流通对现有的货币供给体系仍然产生了一定的影响。

（三）银行体系

在现代市场经济国家中，银行体系主要由中央银行（简称央行）、商业银行以及其他各类金融机构共同构建而成。

1. 商业银行

之所以称之为商业银行，其根源在于早期银行的借款客户以从事商业活动的群体为主。银行在向商人提供贷款时，通常会将贷款金额计入其活期存款账户，而商人则会向银行出具期票作为信用凭证，并以相关货物作为担保。然而，随着商品经济和货币经济的持续发展，情况发生了显著变化：一方面，除了商业领域，工业、农业、建筑业等其他行业也逐渐成为银行资金融通的重要客户；另一方面，商业及其他行业对银行服务的需求日益多样化，除了基本的存款、贷款和结算业务外，还涵盖了证券承销、票据承兑、保险代理、担保服务以及外汇咨询等多项业务。同时，存款和贷款业务在期限和条件上也呈现出更加灵活和多样化的特点。

为了适应这些变化，商业银行已不再局限于仅为商业领域提供资金融通服务，其业务范围已扩展到国民经济的各个领域，服务内容也愈发丰富和多元。尽管名称中仍包含"商业银行"字样，但这更多是对历史习惯的沿用，实际上商业银行已经发展成为提供全方位金融服务的综合性机构。

2. 中央银行

中央银行，作为一国金融体系的最高决策与管理机构，负责全面监管和协调全国的金融活动,通过实施货币政策来引导和调控经济运行。在当今世界,除个别特殊地区或国家外,绝大多数国家都设立了中央银行,如美国联邦储备系统、英国英格兰银行、法国法兰西银行等,它们各自在维护国家经济稳定与发展中发挥着核心作用。

一般而言,中央银行主要承载着三大核心职能。

(1)中央银行发行国家的硬币和纸币,并管理黄金和外汇储备,确保货币的稳定性和国际交易的顺利进行。尽管在一些国家,如美国、日本和德国,硬币发行由财政部负责,但总体货币供应仍由中央银行控制。

(2)作为银行的银行,中央银行为商业银行提供开户和存款服务,尤其是管理商业银行的存款准备金。通过贷款、贴现和公开市场操作,中央银行为商业银行提供必要的资金支持,确保金融体系的流动性和稳定性。此外,中央银行作为最后贷款者,在紧急情况下为商业银行提供资金,保障银行系统的正常运作,并处理银行之间的非现金结算事务。

(3)中央银行还承担政府的银行职能,代办政府预算收支事务,确保财政政策的顺利实施和资金的有效运用。

现代金融体系中,除了商业银行,保险公司、信托投资公司和邮政储蓄机构等非金融机构也在金融市场中发挥重要作用,中央银行与这些机构协作,共同维护金融体系的稳定与发展。

(四)存款创造和货币供给

商业银行吸收的存款,无论活期还是定期,都需随时满足客户提取需求。尽管不太可能出现所有储户同时提取全部存款的情况,银行仍会将大部分存款用于贷款或购买短期债券等营利活动。然而,银行需经常保持一定数量的货币以应对提取需求,这种货币数额称为存款准备金。现代银行制度中,存款准备金在存款中的应占比率由政府规定,称为法定准备金率。准备金一部分保留在商业银行,另一部分存入中央银行。商业银行会将超出法定准备金的部分作为超额准备金进行贷款,从而创造货币。

假定法定准备金率为20%，现设定一情境，某银行客户将100万元以活期存款形式存入甲银行，此举使得银行系统新增资金100万元。根据法定准备金制度，甲银行需将其中20%的资金，即20万元，作为法定准备金存放至中央银行指定账户，而剩余的80万元资金则全部用于发放贷款。

假设这80万元贷款被一家企业用于购置机械设备，机械设备制造商在收到这80万元支票存款后，将其全额存入与其有业务往来的乙银行。乙银行在扣除16万元作为法定准备金后，剩余资金64万元可用于再次发放贷款。获得这笔贷款的客户随后将其存入丙银行，丙银行在收到这笔支票存款后，按照相同的规则，可继续发放贷款51.2万元。这一过程将持续进行，形成存款与贷款之间的良性循环。在此过程中，各银行的存款总额将随着每一次存贷循环而不断增加，最终形成一个累加的存款总和：

$$100+80+64+51.2+\cdots=100\times(1+0.8+0.8^2+0.8^3+\cdots)=\frac{100}{1-0.8}=500（万元）$$

其中，贷款总和为：

$$80+64+51.2+\cdots=100\times（1+0.8+0.8+0.8+\cdots）=400（万元）$$

从以上例子可以看出，存款总和（用 D 表示）同原始存款（用 R 表示）及法定准备金率（用 r 表示）之间的关系为 $D=\frac{R}{r}$，贷款总和（用 L 表示）与活期存款之间的关系为 L=D－R。据此，当中央银行增加一笔货币供应至公众手中时，货币供应量（即活期存款总和）将相应地扩大为新增货币的一倍。以上述例子为例，该货币供应量将扩大至原量的五倍。其中，这一比值 1/r 即为货币创造的乘数，通常称之为货币乘数（以 K 表示），它实质上是法定准备金率的倒数。货币乘数，亦称货币创造乘数或信用乘数，它反映了准备金变动对货币存量（即存款）变动的影响程度，即准备金变动与相应货币存量变动之间的比率。

这里说明的问题是：①除了中央银行直接发行的货币，派生存款也同样重要。这些派生存款通过银行体系的存款乘数效应，极大地增加了货币供给量,这一过程被称为货币创造;②货币创造量不仅受中央银行最初投放的货币量影响,还受到存款准备率的制约。存款准备率是商业银行必须保留而不能用于放贷的一部分存款比例。当存款准备率较高时,银行能用于放贷的资金减少,从而降低了货币创造的乘数效应;相反,当存款准备率较低时,银行可以贷出更多资金,从而增加了货币创造的乘数效应。

同时,也应清醒地认识到,上述提及的货币乘数作为法定准备金率的倒数,这一观点并非绝对,而是存在一定的前提条件。

①在当前的金融环境中,商业银行普遍面临超额储备不足的情况。具体来说,商业银行在获得存款后,扣除法定准备金部分,通常会选择将剩余资金进行贷款发放。然而,在实际操作中,由于多种因素的存在,如缺乏可靠的贷款对象、厂商因预期利润率偏低而不愿贷款,或银行对贷款风险的审慎评估等,这些因素均可能导致银行的实际贷款额度低于其潜在的贷款能力。在这种情况下,实际准备率会相应提升。超出法定准备金的部分,称之为超额储备,亦称作超额准备(用 ER 表示)。这一超额储备的存在,对于活期存款而言,实际上构成了一种资金漏出,即这部分资金并未完全参与贷款循环,从而在一定程度上影响了金融市场的流动性。

用 α 表示超额准备率,即超额准备(ER)对存款(D)的比率,则存款总额 $D = \dfrac{R}{r+\alpha}$。例如,上述这笔 100 万元的原始存款,扣除法定准备金 20 万元(按 20% 的法定准备金率)以后,本来银行应有 80 万元的贷款能力,却实际只贷出 75 万元。如此,银行的 ER 就是 5 万元,α 为 $\dfrac{5}{100}$ 即 0.05,实际准备金率为(0.2+0.05)×100%=25%,则存款总额 D= $\dfrac{100}{25\%}$ =400 万元。由此我们看出,正是由于有了 5 万元的漏出,才使得 100 万元原始存款只能产生 400 万元的存款总额。

②银行客户将全部货币存入银行,并以支票作为唯一的支付手段。如若

客户将获得的贷款不全部存入银行,而是提取一定比例的现金,此举便构成了一种资金漏出。在此情况下,存款总额将出现减少,其影响与前述的第一种情况如出一辙。

假设现金占存款的比率 $\beta = \dfrac{Cu}{D}$(Cu 表示非银行部门持有通货),于是存款总额 $D = \dfrac{R}{r+\beta}$,在有法定准备、超额准备和现金漏出情况下,货币乘数为

$$k = \frac{D}{R} = \frac{1}{r+\alpha+\beta}$$

显然,非银行部门(包括个人和企业)将所持有的货币存入银行时,商业银行的超额储备金将得到增长,这不仅夯实了存款扩张的基石,更为货币创造提供了必要的条件。商业银行的储备总额,这一范畴涵盖了法定储备与超额储备两大板块,加之非银行部门所持有的货币(通常称之为基础货币),共同构成了存款扩张的稳固基石。此种货币具备极强的流通性与活力,蕴含着巨大的经济潜力,因此亦被形象地称为高能货币(以 H 表示)。若以 Cu 代表非银行部门所持有的通货,RR 表示法定储备,ER 表示银行的超额准备,则高能货币的计算公式可表述为:$H=Cu+RR+ER$。这即是商业银行赖以扩大货币供给量的根本所在。考虑到货币供给 $M=Cu+D$,则 $\dfrac{M}{H} = \dfrac{Cu+D}{Cu+RR+ER}$,

再将等式右边的分子分母除以 D,则得 $\dfrac{M}{H} = \dfrac{Cu/D+1}{Cu/D+RR/D+ER/D}$,其中 Cu/D 是现金对存款的比率 β,RR/D 是法定准备金率 r,ER/D 是超额储备率 α,则上式可写成 $\dfrac{M}{H} = \dfrac{\beta+1}{\beta+r+\alpha}$。

上述关于货币创造的原理具有极其重要的意义。它深刻揭示了这样一个事实:当中央银行实施货币政策,如通过在债券市场上购入价值 1000 万元的债券,这一举措所释放的 1000 万元货币,将成为推动存款规模扩张的基石。

具体而言，这笔货币若流入商业银行手中，将转化为超额储备，进一步增强银行的资金实力；而若被企业和个人所持有，则有望成为他们向商业银行开设活期存款账户的新增资金来源，从而有效促进资金流动和金融市场活力。

假定法定准备金率 $r=20\%$，没有现金和超额准备金漏出，则 $\dfrac{M}{H}=\dfrac{1}{r}$，即 $M=\dfrac{1}{r}H$，货币供给量将扩大新增货币量的倍。因此，中央银行通过灵活调整基础货币 H 的增减量，旨在实现对货币供应量的有效控制。然而，正如前述所述，鉴于非银行部门所持有的通货以及商业银行的超额储备通常无法降至零值，中央银行在调控货币供应量 M 时难以完全掌控。

以政府为例，若其旨在降低利率，进而假定需增加货币供给量至 500 亿元。在法定准备金率 r 设定为 20% 的情境下，若不存在货币漏出，中央银行仅需增加 100 亿元的基础货币 H 即可实现目标。然而，一旦存在货币漏出情况，且漏出比率假设为 5%，那么增加 100 亿元的基础货币仅能使货币供给量增加至 400 亿元，无法完全达到预期的调控效果。

尽管如此，货币供给在实质上依然受银行储备量的制约，而商业银行的储备量在本质上又是由中央银行与财政部的调控活动所决定的。因此，货币供给普遍被视为政府政策调控下的产物。在实施扩张性政策时，必须适度增加货币供给量，以促进经济发展；而在实行紧缩性政策时，则需相应减少货币供给，以遏制通货膨胀，并进而对投资及整个国民收入产生深远影响。

三、货币政策概述

（一）货币政策的概念

货币政策是国家为实现既定宏观经济目标而制定的一套关于货币供应与货币流通组织管理的基本准则。其内容涵盖确立货币稳定的目标，以及为实现这些目标所采取的一系列政策工具与手段。货币政策由信贷政策、利率政策、汇率政策等多项具体政策共同构成，形成一个系统且协调的政策体系。

（二）货币政策的目标

货币政策的核心目标是稳定货币，促进经济持续健康发展。稳定货币与经济增长相互支撑，共同构筑国家经济发展基础。货币价值稳定是经济稳健运行的基石，也是经济增长的必要条件。经济健康发展为稳定货币提供动力。然而，稳定货币与经济增长之间存在张力。适度增加货币供应提供流动性至关重要，但需精准及时以避免制约经济增长。过度的货币投放可能引发通胀风险，影响经济稳定。因此，及时准确计算和调整货币供应量是维护货币稳定的关键。

（三）货币政策工具

货币政策的实现依托于货币政策工具的有效运用。在西方市场经济体制下，法定准备率、再贴现率以及公开市场业务被普遍视作调控货币供应量的核心货币政策工具，被业界誉为"三大法宝"。

1.再贴现率政策

再贴现是中央银行对商业银行等金融机构的放款，其利率为再贴现率。这种贴现通常涉及商业银行将商业票据出售给中央银行，中央银行按贴现率扣除利息后增加商业银行的准备金。现在，中央银行给商业银行的借款统称为贴现，旨在协助金融机构备足准备金。若存款机构准备金不足，可用政府债券或合格票据到央行办理再贴现借款。再贴现增加会导致商业银行准备金和货币供给量增加，反之则减少。贴现率政策是央行调节货币供应量的手段，提高贴现率会减少商业银行借款，降低则会增加。

2.公开市场业务

这是中央银行控制货币供给的主要工具。公开市场业务指央行在金融市场上买卖政府证券以调控货币供给和利率。政府证券是为弥补财政赤字而发行的，央行可参与买卖以调节货币供给。央行买进证券增加市场需求，证券价格上升利率下降，反之亦然。央行买进证券即"创造"货币，可通过通知银行增加准备金存款实现。量化宽松货币政策是扩张性政策，俗称"印钞票"，指央行通过印钞购买国债等注入资金，刺激经济。

3.调节法定准备金率

中央银行可决定商业银行和其他金融机构的法定准备金率。如需增加货币供给，可降低法定准备金率，使每单位货币的准备金支撑更多存款。如原准备金率为20%，则100元存款需留20元准备金，可贷80元，增加1万元准备金可派生5万元存款。若降至10%，则100元存款只需10元准备金，可贷90元，增加1万元准备金可派生10万元存款，货币供给翻倍。降低准备金率实际增加银行准备金，提高则减少。理论上，调节准备金率是中央银行调整货币供给的简单办法，但因其作用猛烈且影响广泛，一般少用，几年才调整一次。频繁变动会干扰金融机构的正常信贷业务。

（四）货币政策的基本类型

通常情况下，货币政策的类型主要分为三种，与财政政策的分类具有一定的相似性，均从总量调节的角度出发。

1.扩张性货币政策

扩张性货币政策，亦称为膨胀性货币政策，其主要特征在于货币供应量超出经济运行过程中对货币的实际需求。这种政策旨在刺激总需求的增长，通过增加货币供应来推动经济发展。扩张性政策常用于经济萧条时期。

2.紧缩性货币政策

紧缩性货币政策，表现为货币供应量少于货币的实际需求。这种政策旨在抑制总需求的过快增长，通过控制货币供应防止经济过热。紧缩性政策常用于通货膨胀时。

3.中性货币政策

中性货币政策强调货币供应量与货币需求量的大致平衡。这种政策旨在保持社会总需求与总供给的相对稳定，避免对经济运行产生过大影响。

四、财政政策与货币政策的不同

财政政策与货币政策作为国家宏观调控的两大核心经济政策，构成了国家经济政策体系的基石。它们共同致力于调节社会总需求和总供给，以服务于宏观调控的共同目标——实现国民经济的稳定与持续发展。这一共性特点彰显了两者在政策层面上的高度一致。然而，财政政策与货币政策在调节供需平衡的过程中，又通过各自独特的传导机制和政策工具，发挥着各自不同的功能和作用，体现了两者在政策实施上的差异性。

（一）二者的作用机制不同

财政是国家经济调控的重要工具，负责集中部分 GDP 以满足社会公共需求，在国民收入分配中起主导作用。财政通过收入和支出两个维度对社会需求产生深远影响。在财政收入占 GDP 比重和财政收支规模确定的情况下，企业、单位及个人的消费需求与投资需求也随之确定。例如，国家通过征税减少个人可支配收入，抑制其消费需求与投资需求；对企业征税或拨款则影响企业投资需求。

银行作为货币资金再分配的核心途径，其再分配主要通过收取利息实现，建立在国民收入分配和财政再分配基础上。信贷资金以有偿方式实现集中与使用，其核心功能在于调节资金盈余部门与资金短缺部门之间的供需平衡，从而通过信贷规模调整影响消费需求与投资需求。

信贷收入作为资金来源，对消费需求与投资需求有影响，但这种影响需通过信贷支出环节体现。例如，当需求过度旺盛时，银行吸收存款看似抑制需求，但如未缩减贷款规模，则无法实现需求紧缩效果。

（二）二者在膨胀和紧缩需求方面的作用不同

在经济生活中，时常会出现需求与供给之间的不平衡状态，时而表现为需求不足、供给过剩，时而则为需求过旺、供给短缺。此种需求与供给失衡现象的背后原因错综复杂，但从宏观经济视角审视，其根源主要可归结于财政与信贷分配的运作影响。值得注意的是，财政与信贷在调控需求方面的作用具有差异性。

具体而言，财政赤字具备扩张需求的效应，而财政盈余则具有紧缩需求的作用。然而，财政本身并不具备直接创造需求或"创造"货币的能力。相比之下，银行信贷是唯一能够直接创造需求与货币的机制。因此，财政的扩张与紧缩效应必须通过信贷机制的传导方能得以实现。当财政出现赤字或盈余时，如果银行相应地压缩或扩大信贷规模，这完全有可能抵消财政的扩张或紧缩效应。只有当财政出现赤字或盈余，且银行同时扩大或收缩信贷规模时，财政的扩张或紧缩效应才能真正得以体现。此外，银行自身还具备通过直接调整信贷规模来扩张或紧缩需求的能力。从这个角度来看，银行信贷在调控需求方面扮演着至关重要的角色，可以说是扩张或紧缩需求的总闸门。

（三）二者调节领域的侧重点不同

财政政策的调节主要聚焦于国民收入的分配与再分配过程，通过侧重对结构的调节来发挥其作用。具体而言，调整财政支出结构能够直接引导社会需求结构的变化。相对而言，货币政策的调节对象主要聚焦于货币流通领域，其工具的运用基本以调节货币数量或货币流通规模为中介目标，如调整存款准备金率等。因此，货币政策调节的重点在于总量的调控。

（四）二者产生效应的时滞长度不同

财政政策和货币政策在产生与实施过程中存在时滞问题。这是由于政策的制定具有针对性，从发现经济问题、决策采取政策行动，直至最终对经济运行产生影响，需经历一段长短不一的传导时期。

时滞分为内部时滞与外部时滞。鉴于财政政策与货币政策在制定程序与传导途径上的差异，两者在时滞长度上亦呈现出不同特点。通常情况下，财政政策的内部时滞较货币政策为长。这是由于财政收支的重大变动需经过同级立法机构的审批方可实施，因此从政策意图形成到具体措施明确往往耗时较长。相对而言，货币政策的决策过程无需经历如同财政政策般的复杂法律程序，故其内部时滞相对较短。

鉴于财政和银行在促进消费需求与投资需求方面各自发挥着独特的作用，财政政策与货币政策必须相互协同，形成合力。若财政政策与货币政策各自为政，缺乏协调配合，则易导致两者间的冲突与矛盾，彼此间的力量相互抵消，进而削弱宏观调控的整体效果与力度，难以实现既定的调控目标。因此，财政政策与货币政策的协同配合对实现宏观调控的预期效果至关重要。

五、西方的货币政策实践

西方货币政策，其核心在于通过调控货币供给量，进而调节利率，并最终影响投资与国民收入。在此过程中，影响货币政策实施效果的因素可概括为以下两个主要方面。

（一）货币需求对利率变动的敏感性至关重要

当货币需求对利率变动反应灵敏时，即便利率稍有变动，货币需求亦会呈现显著变化。例如，当利率略有下调，货币需求便可能大幅上升。在此情境下，若中央银行增加货币供给量，利率的下跌幅度将相对有限，从而导致投资增长幅度及国民收入增幅均不明显，即货币政策效果相对有限。反之，若中央银行增加货币供给时，利率能显著下降，则货币政策效果将更为显著。

（二）投资对利率变动的反应程度亦不容忽视

若投资对利率变动反应灵敏，即利率稍有降低，投资便能显著增加，则中央银行通过调节货币供给量对投资和国民收入的影响将更为显著，即货币政策效果将更为突出。反之，若投资对利率变动反应不敏感，则货币政策效果将相对有限。

六、中国的货币政策

（一）货币政策类型及目标

在西方市场经济国家，货币政策与财政政策通常均分为三类：扩张性、紧缩性，以及介于两者之间的中性政策。而在我国，虽实质上亦遵循此分类，但在文件及媒体表述中，采用了更为细致的称呼，如稳健的货币政策、适度从紧的货币政策、适度宽松的货币政策以及从紧的货币政策等，以更准确地反映政策导向与调控力度。

所谓稳健的货币政策，指的是在货币供给的层面上，应当科学处理防范金融风险与支持经济增长之间的关系，即在确保贷款质量稳步提升的基础上，保持货币供应量的适度增长，从而有效支撑国民经济实现持续、快速、健康的发展态势。这一提法充分彰显了中国特色，是我国制定货币政策的根本指导思想和基本方针，它明显区别于经济学教科书中关于货币政策操作层面的常规表述，如扩张性、紧缩性和中性货币政策等概念。

稳健的货币政策与稳定货币目标紧密相连，它既要求防止通货紧缩的出现，又要防止通货膨胀的发生，从而确保货币政策的稳健运行。在实际操作中，应根据经济形势的变化，对货币政策进行适度地扩张或紧缩调整，以实现经济的平稳健康发展。

谈及"稳健"这一措辞，其本质在于货币政策制定的指导思想和核心方针。而"从紧""宽松""适度从紧"以及"适度宽松"等术语，则更多地体现了货币政策在具体操作层面的不同策略。"从紧"与"紧缩","宽松"与"扩张",虽表述不同,但基本含义殊途同归。至于"适度从紧"与"适度宽松",实则是"从紧"与"宽松"策略在尺度上的适度调整,意在寻求更为精细的货币政策调控,以达到略偏向于"从紧"或"宽松"的效果。

不论何种提法的货币政策,其目标都应服务于我国货币政策的核心目标。关于我国货币政策的目标,有人认为主要是控制通胀,防止货币贬值。西方国家的货币政策虽涉及控制失业、通胀、经济增长和国际收支等,但主要关注通胀,因通胀本质上是货币现象。然而,就中国目前处于经济转轨阶段而言,价格体系尚未完善,如水资源、劳动力、能源等价格需进一步理顺,这可能导致物价上涨。若货币政策不允许这类成本推动的通胀,则可能阻碍资源优化配置的改革。同时,中国经济需适度增长,伴随适度的物价上涨,货币政策应允许这种上涨。此外,国际收支平衡也需货币政策相应发挥作用。

(二)货币政策工具

在我国,中国人民银行(中央银行)作为货币政策的主要制定和执行机构,所掌握的货币政策工具具有关键性的战略意义。其主要货币政策工具涵盖以下几个方面:

第一,要求商业银行按照既定比例缴存存款准备金,以确保金融体系稳健运行;

第二,确立中央银行基准利率,为市场利率提供基准,引导资金合理流动;

第三,为在中央银行开立账户的商业银行办理再贴现业务,以调节市场流动性;

第四,向商业银行提供贷款,以支持实体经济健康发展;

第五,在公开市场上买卖国债、其他政府债券和金融债券及外汇,以影响货币供应量及市场利率;

第六,国务院根据宏观经济形势和政策需要确定的其他货币政策工具。

以下将重点对第一项、第五项及第六项货币政策工具进行详细说明。

1. 调节法定准备金率

调节法定准备金率作为重要的货币政策工具，对于宏观经济的稳定与调节具有显著作用。然而，若普遍降低法定准备金率，可能引发商业银行将资金投向国家不鼓励发展的行业，甚至加剧资产泡沫的形成。

为有效结合货币政策变动与经济结构调整、发展方式转变的需求，我国创新性地实施了定向降准的货币政策。具体而言，为支持"三农"和小微企业的健康发展，中央银行明确规定，对于在"三农"和小微企业贷款方面达到一定比例的银行，可适度降低其法定准备金率。同时，为确保降准释放的资金真正用于支持"三农"和小微企业的进一步发展，中央银行还提出了相应的监管要求。

2. 公开市场操作

公开市场操作是中央银行买卖国债、政府债券、金融证券及外汇的主要业务，也是货币政策的基本工具。中央银行买进这些证券时，投入基础货币；卖出时则收回基础货币。中国人民银行使用国债、政府债券、金融债券和外汇作为操作工具，通过买卖调整基础货币。公开市场操作之所以重要，是因为中央银行可以独立灵活地选择买卖的时间、地点、种类和数量，无需依赖商业银行的配合。

3. 其他货币政策工具

关于国务院所确定的其他货币政策工具，鉴于我国当前仍处于向市场经济体制转型的关键阶段，中央银行有必要根据复杂多变的经济形势，灵活采取一系列政策措施，以应对潜在风险与挑战。这些措施包括但不限于贷款限额管理（即中央银行通过指令性计划对商业银行贷款总额实施严格限定）、信贷收支计划调控（即中央银行依托计划机制，对全社会信贷资金来源、运用规模及结构进行全面而精准的综合平衡与控制）、现金收支计划安排（即中央银行对全社会现金流动实验计划性控制，以维护货币市场的稳定与有序）、窗口指导机制（即中央银行通过建立与商业银行行长联席会议制度，加强对商业银行信贷业务及其他金融活动的有效管理与指导），以及货币发行调控（即中央银行根据宏观经济形势，适度控制货币发行规模，有计划地注入基础货币，以维护币值稳定与金融市场的健康发展）。

  随着我国经济步入新常态，推动创新驱动、促进经济结构调整、转变经济增长方式已成为当前及今后一段时期内的核心任务。因此，我国在货币政策制定与实施过程中，需构建一个科学、合理且高效的政策组合，以更好地适应经济发展新形势，助力我国经济实现高质量、可持续的发展。

第八章　财政与税收的管理体制

第一节　财政管理体制

一、财政管理体制的概念

财政管理体制作为国家财政管理的基石,旨在明确界定中央与地方及其各级政权间、国家与企事业单位间在财政领域的具体职责、权限及资金配置方式。此制度包含广义与狭义两种理解。广义上,财政管理体制涵盖了国家预算管理体制、税收管理体制、国有资产管理体制以及公共部门财务管理体制等多个方面,其中,国家预算管理体制居于核心地位,引领整体财政管理体系的运行。狭义而言,财政管理体制主要聚焦于国家预算管理体制,凸显其在财政管理中的重要性与主导地位。

二、财政管理体制的特征

（一）财力和事权相统一

为实现财力和事权的有机统一,需妥善处理以下关键问题。首先,必须合理配置政府财政收支权限,确保其与各级政府承担的职能相契合,以保障各级政府的职能得以有效履行。其次,财政分权应遵循合理顺序,依据各级政府的事权确定财政支出责任,进而明确财政收入权限,确保财政分权的科学性与合理性。

需要强调的是,财权与事权的一致性是相对的而非绝对的。由于财权与事权是依据不同规则、采用不同方法进行划分的,因此,两者完全一致的情况极为罕见,不完全一致才是普遍现象。特别是在我国经济发展不均衡、地区间支出成本差异显著的背景下,实现各级政府财权与支出责任完全匹配的目标几乎无法实现。

针对存在财力缺口的政府,上一级政府有责任提供必要的转移支付补助,以确保其具备行使法定职责所需的财力。因此,通过转移支付手段实现财力和事权的统一,是符合现实情况且理性可行的选择。

(二)法治性和稳定性相统一

财政管理体制强调法治性,要求以法律为保障。各国政府间责任、权限和利益规范通常通过立法形式实现。法律法规及规章制度规范了中央与地方财政关系,如税收立法权、减免权和调整权,以及政府间转移支付等。法治性越强,财政管理体制越规范健全,作用越显著。同时,财政管理体制还需保持稳定,以支持国家和地方经济发展。稳定性有助于政府和地方政府在法律范围内安排财力,实施发展规划。频繁变动会导致各级政府难以确定责权利范围,影响长期稳定性安排,进而阻碍国家和各地区发展。因此,除非内外部因素发生重大变化,否则不宜频繁调整财政管理体制。

三、财政管理体制的建立原则

统一领导、分级管理原则的确立,是基于我国政治体制与经济体制的双重考量。我国政治体制秉承民主集中制的精髓,经济体制则践行社会主义市场经济体制的要义。在此背景下,为确保事权与财权关系的妥善处理、国家财力的合理使用、国民经济的稳健发展以及中央宏观调控作用的充分发挥,必须强化中央的统一领导地位。同时,鉴于我国地域辽阔,各地区经济与自然条件呈现显著差异与多样性,地方事务无法完全由中央直接管理。因此,需在中央的统一领导之下,实行分级管理制度,以适应不同地区的发展需求与特点。

统一领导是由中央制定财政大政方针和全局性法规,部署财政体制变革。分级管理则是各级地方政府在统一政策下,拥有相对独立的一级财政,管理本级财政、制定地方性法规、安排使用资金。

统一领导、分级管理原则在财政管理体系中发挥着至关重要的作用。它一方面强化了中央政府在财政管理中的核心地位,提升了中央政府对财政管理的宏观调控能力,充分激发了中央政府的积极性;另一方面,该原则也有效促进了地方政府在财政管理方面的积极性,使得地方政府能够根据实际情况灵活制定和实施财政政策。

此外,统一领导、分级管理原则既符合我国政治权力相对集中的国情,又满足了经济权力相对分散的现实需求,因此在社会主义市场经济体制下,该原则成为建立财政管理体制的关键原则之一。

第二节 税收管理体制

税收管理体制,作为一项制度性安排,旨在明确中央与地方,以及地方各级政府之间在税收管理权限划分、税收收入分配和税收管理机构设置等方面的权责关系。确立合理的税收管理体制,对于正确执行税收政策法律、全面发挥税收的各项职能作用、激发中央和地方各级政府的积极性,以及提升税收管理效率等方面,均具有重要的现实意义。

税收管理体制的内容主要体现在三大制度安排上,即税收收入划分、税收管理权限划分以及税收管理机构设置。

一、税收收入划分

税收收入是国家实现其职能、满足社会公共需求的核心财力基础与稳固保障。鉴于国家结构由中央与地方各级政府共同构成,各级政府均承担着各自独特的职责与支出需求,因此,税收收入必须在中央与地方各级政府间依据既定标准与方法进行科学、合理地划分。对于中央与地方各级政府间的税收收入分配,主要可采用税收承包、税收分成以及税种划分三种基本形式实施。

(一)税收承包

税收承包在处理中央与地方及地方各级政府税收分配关系时发挥重要作用。它表现为下级政府向上级政府承诺上缴一定税额的方式,明确税收归属和分配。其优点在于能明确利益关系,激发激励效应,有助于地方政府增收节支。然而,税收承包存在包干基数确定难、助长地方保护主义、影响中央政府稳定收入、损害税法严肃性、不利于税收经济调节等缺点。

(二）税收分成

作为一种税收收入划分形式，税收分成旨在妥善处理中央与地方政府间，以及地方各级政府间的税收分配关系，其核心在于采取比例分享的方式。自新中国成立以来，我国在政府间税收分配关系的处理上，长期采纳并实施了税收分成的方式。这一方式使得中央政府和地方政府能够共同分享税收成果，有效激发了中央和地方在税收征收管理方面的积极性。然而，税收分成亦存在不容忽视的缺点，即分成基数和分成比例的确定过程往往较为困难。

（三）划分税种

划分税种，即分税制，是一种税收收入划分形式，用于处理中央和地方政府间及地方各级政府间的税收分配关系。

分税制具有以下优点：

首先，分税制通过税种划分明确了中央和地方各级政府的收入来源，使各级政府均拥有独立的税种作为财政支撑，从而确保各级财政收入的稳定性和可靠性。

其次，分税制有效稳定了中央和地方各级政府在税收分配方面的关系，有助于规范税收分配体制，促进政府行为的合理性和规范性。

再者，分税制将具有显著经济稳定作用且调控能力较强的税种划归中央，有助于中央政府利用税收分配手段实施宏观调控，促进国家经济的稳定发展。

此外，分税制赋予了地方政府相对独立的财政权力，既有助于推动地方建设事业的发展，又能增强地方政府对财政支出的约束意识，提高财政资金使用效率。然而，分税制也面临着地区间发展不平衡导致的税源差异处理问题，需要在实践中不断探索和完善。

二、税收管理权限划分

税收管理权限包括税收立法权和税收管理权两个方面。

（一）税收立法权

税收立法权是国家最高权力机关依法赋予税收法律效力所具有的权力，包括税法制定权、审议权、表决权、批准权和公布权等。我国税收立法权分为四种情况：全国人大审议通过的税法、全国人大常委会原则通过并由国务院发布的税收条例、国务院授权制定的税收条例、财政部制定并经国务院批准或批准的税收试行规定。前两项由立法机构行使，第三项由行政机关经立法机关授权行使，第四项是行政机关行使制定行政法规的权力。

（二）税收管理权

税收管理权是执行税收法规的行政权力，属于政府及其职能部门职权范围。包括税种开征停征、税法解释、税目税率调整、减免税审批等权限。

1. 税种的开征与停征权

税种的开征与停征权，是指针对已制定税法的税种，决定其税法具体实施时机的权力；同时，针对已开征的税种，基于政治经济等多重考量，决定何时终止其税法执行效力的权力。

2. 税法的解释权

税法的解释权是指对既已确立并颁布的税收基本法规作出详尽阐释的权力。在税收基本法规正式公布之后，为确保其得到切实有效的执行，通常会发布相应的实施细则，以便对其内容进行进一步的解读和阐述。一般而言，税法的解释权主要由财政部或国家税务总局负责，而地方税法的解释权则可授权于省、自治区、直辖市税务机关进行管理和解释。

3. 税目的增减和税率的调整权

税目的增减与税率的调整权，指国家有权决定增加或删减特定征税项目，并适度调整征税对象的税收负担。尽管税法对征税项目及税率有明确规定，但客观环境的发展变化可能导致需要扩大或缩减征税范围，以适应国家财政和经济政策需要。

4.减免税的审批权

减免税审批权，是指赋予相关机构对纳税人应纳税款进行减少或免除的权力。此项权力的行使，既体现了国家的税收方针政策，又直接关联着国家的财政收入状况和纳税人的税收负担水平。因此，有必要在各级政府间，特别是中央与地方政府间，对减免税审批权进行明确的划分与界定，以确保税收征纳双方以及各级政府之间的权益得到妥善维护，防止发生任何形式的利益侵害。

三、税收管理机构设置

税收管理机构的组织形式与税收收入的划分方式以及税收管理权限之间存在着密切的联系。

（一）承包制和分成制下的税收管理机构的组织形式

在实行税收承包与税额分成的税收管理体制中，鉴于单一税收体系的采用，相应的，亦构建了单一的征税机构体系。此体系未区分中央与地方层级，而是设立了统一的税收征管机构，以确保税收征管的规范与高效。

（二）分税制下的税收管理机构的组织形式

在实施按税种划分收入的分税制税收管理体制的背景下，由于存在中央税和地方税两套相互独立的税收体系，为确保税收征管的规范与高效，必须相应地构建国税局和地方税局两套征税机构体系。国税局和地方税局分别负责中央税和地方税的征管工作，以确保税收征管的精确性和公正性。二者在组织形式上亦有所不同，以适应各自的税收征管特点和需求。

第三节 税收征收管理

一、税收征收管理概述

税收征收管理，简称税收征管，是指税务机关在依法行使其职权的过程中，对税款征收过程实施监督与管理的一系列活动的统称。税收征收管理制度则是征纳双方必须共同遵循的法定规范，旨在确保征纳双方各自的权利与义务得以切实履行与实现，从而维护税收征收秩序，促进税收法治建设。

在我国税收征收管理的法律体系中，《税收征管法》是规范税收征收管理行为的基本法律准则。所有依法应由税务机关负责征收的各类税收，其征收管理活动均须严格遵循本法之相关规定。对于由海关负责征收的关税以及代征的增值税、消费税等特定税种，其征收管理则应遵循其他相关法律法规的明确规定。

此外，若我国与外国所缔结的税收相关条约、协定中，对于税收征收管理的规定与《税收征管法》存在不同之处，则应依照相关条约、协定的具体规定执行。对于在新修订的《税收征管法》正式施行之前所颁布的税收法律，若其内容与新法存在不一致之处，则应优先适用新修订的《税收征管法》之相关规定。

二、税务登记制度

税务登记，亦称纳税登记，是税务管理的首要环节，旨在规范税务机关对纳税人开业、变更、歇业及生产经营范围的法定登记工作。通过实施税务登记，不仅能够明确税收法律关系，即征纳双方的权利与义务，更有助于税务机关精准掌握税源状况，强化纳税人依法纳税意识，进而确保应纳税款得以及时、足额地缴入国库，维护国家税收秩序与财政安全。

（一）开业税务登记

开业税务登记，是指从事生产经营活动或其他业务行为的单位或个人，在获得工商行政管理机关或其他主管机关核准后，须在法定期限内向税务机关进行注册登记的行为。对于从事生产、经营的单位和个人而言，其办理开业税务登记的前提条件是必须已经取得了工商行政管理机关颁发的营业执照；而对于非从事生产、经营的单位和个人，若依法需纳税，则必须取得相关主管部门的批准文件；若无需经过行政管理机关或相关部门的审批，则可直接向主管税务机关申报并办理税务登记手续。

1.开业税务登记的对象

根据相关规定，需要进行开业税务登记的对象涵盖以下范畴：各类型企业；企业在异地所设立的分支机构及从事生产经营活动的场所；个体工商户；专注于生产、经营业务的事业单位；以及虽不直接从事生产经营活动，但依据法律、行政法规的规定负有纳税责任的单位和个人。

2.开业税务登记的时限要求

根据相关规定，从事生产经营的纳税人，在领取营业执照后的三十日内，应携带相关证件，向生产、经营地或纳税义务发生地的主管税务机关正式提交税务登记申请。税务机关审核无误后，颁发税务登记证件。

对于非从事生产、经营的纳税人，除临时取得应税收入、发生应税行为或仅缴纳个人所得税、车船使用税外，其余均需在获得相关部门批准后的三十日内，或依照法律、行政法规规定的纳税义务发生之日起的三十日内，向税务机关提交税务登记申请。税务机关审核确认后发放相应的税务登记证件。

针对纳税人所提交的税务登记表、相关证件及资料，税务机关应当自接收之日起三十日内完成审核工作。若所提交材料符合规定要求，税务机关将予以登记，并颁发税务登记证件；对于不符合规定要求的材料，税务机关将不予登记，并给予相应答复。

根据国家相关规定，从事生产、经营的纳税人应持有税务登记证件，在银行或其他金融机构设立基本存款账户和其他存款账户。自账户开立之日起，纳税人须在十五日之内向主管税务机关提交书面报告，详尽汇报其所有账号信息。若账户信息发生变动，纳税人亦需在变动发生之日起十五日内，将变动情况以书面形式报告给主管税务机关。

3.开业税务登记的内容

开业税务登记的内容主要包括纳税人名称与地址；登记注册类型及所属主管单位；核算方式；行业、经营范围、经营方式；注册资金（资本）、投资总额、开户银行及账号；经营期限；从业人数；营业执照号码；财务负责人、办税人员等其他有关事项。

（二）变更税务登记

变更税务登记是指纳税人在其税务登记内容发生重要变化时，依法向税务机关提交申请，以办理相应的税务登记手续的过程。

1.变更税务登记的适用范围

纳税人在完成税务登记后，若发生以下任一情形，应当办理税务变更登记：纳税人名称或法定代表人的变更；住所或经营地点的变更；经济性质或企业类型的转变；经营范围或经营方式的调整；隶属关系的变动；银行账号的变更或增减；注册资金（资本）的增减；生产经营期限的变更；以及其他税务登记内容的变动。

2.变更税务登记的时限要求

根据相关规定，纳税人若其税务登记内容发生变动，并且该变动需经工商行政管理机关或其他相关机关进行变更登记的，纳税人应自完成工商行政管理机关或其他机关的变更登记之日起三十日内，备齐相关证件材料，向原税务登记机关提出变更税务登记的申请。

对于纳税人税务登记内容发生变动，但无需在工商行政管理机关或其他机关进行变更登记的情况，纳税人同样应当自变更事项发生之日起三十日内，携带相应证件材料，向原税务登记机关递交变更税务登记的申报。

（三）注销税务登记

注销税务登记，是指当纳税人的税务登记内容发生根本性变动，需终止其纳税义务履行时，向税务机关正式申报并办理的税务登记终止手续。

1.注销税务登记的适用范围

注销税务登记的适用范围主要涵盖以下情形：纳税人因经营期限届满，按照法定程序自动解散的；企业因改组、分级、合并等内部调整原因，经相关决策机构批准后被撤销的；企业因财务状况严重恶化，资不抵债，依法宣告破产的；纳税人因违反相关法律法规，被工商行政管理机关依法吊销营业执照的；纳税人因住所、经营地点发生变动，或产权关系发生变更，需要变更主管税务机关的；以及纳税人依法终止履行纳税义务的其他法定情形。

2.注销税务登记的时限要求

纳税人若发生解散、破产、撤销以及其他情形，应当在正式向工商行政管理机关办理注销登记手续之前，持相关证件向主管税务机关提出注销税务登记的申请，并办理相关手续。若纳税人根据规定无需在工商行政管理机关办理注销登记的，则应当自相关机关批准或宣告终止之日起的十五日内，持相关证件向主管税务机关提出注销税务登记的申请，并完成相关手续。若纳税人的营业执照被工商行政管理机关吊销，则应自营业执照被吊销之日起的十五日内，向主管税务机关提出注销税务登记的申请，并办理相关手续。若纳税人因住所、生产、经营场所发生变动而需要改变主管税务登记机关的，应当在向工商行政管理机关申请办理变更或注销登记前，或者在住所、生产、经营场所发生变动前，向原税务登记机关提出注销税务登记的申请，并办理相关手续。同时，纳税人还应在三十日内向迁达地的主管税务登记机关申报办理税务登记。纳税人在办理注销登记手续之前，必须依法向税务机关结清全部应纳税款、滞纳金及罚款，并按照规定缴销已领取的发票、税务登记证件以及其他相关税务证件。

三、账簿、凭证管理制度

纳税义务的成立,源于生产、经营、服务等经济活动的发生。而准确履行纳税义务的计算依据,则完全依赖于账簿、凭证等经济活动成果的完整、准确记载与反映。账簿、凭证作为记录和反映纳税人经营活动的核心资料,在税务机关对纳税人及扣缴义务人进行税款计算与纳税义务履行情况核实时,发挥着至关重要的作用。因此,对账簿、凭证的严格管理,实质上是对企业经营活动进行全面、系统的规范与管理。

(一)对账簿、凭证设置的管理

1.设置账簿的范围

根据相关法律、行政法规及国务院财政、税务主管部门的规定,所有纳税人和扣缴义务人必须设置账簿,以确保税收征管的规范性和准确性。账簿的种类包括但不限于总账、明细账、日记账以及其他辅助性账簿,其中总账和日记账应当采用订本式。

从事生产、经营的纳税人,自领取工商执照之日起十五日内,应当完成账簿的设置工作。对于扣缴义务人而言,自税收法律、行政法规规定的扣缴义务发生之日起十日内,需根据所代扣、代收的税种,分别设置相应的代扣代缴、代收代缴税款账簿。

对于生产经营规模较小且确实无建账能力的纳税人,经县以上税务机关批准,可以聘请具备会计代理记账业务资质的专业机构或经税务机关认可的财会人员代为建账并办理账务。若存在实际困难,纳税人还可按照相关规定,建立收支凭证粘贴簿、进货销货登记簿或使用税控装置,以满足税收征管的要求。

2.对会计核算的要求

根据税收法律法规的相关规定,所有纳税人及扣缴义务人必须严格依照合法且有效的凭证,规范地进行账务处理工作。

若纳税人、扣缴义务人的会计制度完善，并具备通过计算机精准、全面核算其收入与所得，或准确处理代扣代缴、代收代缴税款等事宜的能力，则其计算机输出的完整书面会计记录，可视为合法有效的会计账簿。

反之，若纳税人、扣缴义务人的会计制度尚不完善，无法通过计算机精确、全面地核算其收入与所得，或处理代扣代缴、代收代缴税款等事宜，则应当依规建立总账，并设立与纳税或代扣代缴、代收代缴税款等相关的其他账簿，以确保税务处理的合规性与准确性。

（二）对财务会计制度的管理

根据相关规定，所有从事生产、经营的纳税人，在取得税务登记证件后的十五日内，有义务将其所实施的财务、会计制度或相关的财务、会计处理办法以及使用的会计核算软件，报送至税务机关进行备案登记。若纳税人选择使用计算机进行记账操作，则需在正式使用前，将所选用的会计电算化系统的会计核算软件、详尽的使用说明书及其他相关重要资料，提交至主管税务机关进行备案审查。此外，纳税人所建立的会计电算化系统必须严格遵循国家相关法规要求，并确保能够准确、全面地反映其收入或所得情况。

在从事生产、经营活动的纳税人及扣缴义务人执行其财务、会计制度或财务、会计处理办法时，若存在与国务院、财政部及国家税务总局所制定的税收相关规定相悖之处，必须严格遵循国务院颁布的税收法规，或财政部、国家税务总局制定的相关税收规定，以确保税款计算缴纳、代扣代缴及代收代缴税款的准确性与合规性。

（三）账簿、凭证的保管

根据国务院财政、税务主管部门的相关规定，从事生产、经营的纳税人及扣缴义务人务必严格遵循既定的保管期限，妥善保管其账簿、记账凭证、完税凭证及其他相关涉税资料。在遵循法律法规的前提下，除非法律、行政法规另有明文规定，否则账簿、会计凭证、报表、完税凭证、发票、出口凭证及其他相关涉税资料应至少保存十年。在此期间，所有涉税资料必须确保其合法性、真实性及完整性，严禁任何形式的伪造、变造或擅自损毁行为。

四、纳税申报制度

纳税申报是纳税人依据税法所规定的期限与内容，就涉及计算缴纳税款的各项事宜，定期向税务机关提交书面报告的行为。此举不仅是纳税人履行其纳税义务、界定其法律责任的主要凭证，亦是税务机关办理征收业务、核定应征税款、填开税票的重要依据。因此，纳税申报在税收征收管理中占据举足轻重的地位，是确保税收征收管理工作有序进行的关键环节。

（一）纳税申报的对象

纳税申报的法定对象包括纳税人和扣缴义务人。在纳税期限内，即便纳税人并未产生应纳税款，也必须依照相关规定进行纳税申报。此外，若纳税人享有减税或免税的优惠政策，在享受减税、免税待遇的期间内，亦应依据相关法规进行纳税申报。

（二）纳税申报的内容

纳税申报的内容，主要呈现于各类税种的纳税申报表以及代扣代缴、代收代缴税款报告表中，同时亦可见于随纳税申报表一同提交的财务报表及其他相关纳税资料。纳税申报的主要内容涵盖税种与税目、应纳税或应代扣代缴、代收代缴的税款项目、计税依据、可扣除的项目及其标准、适用的税率或单位税额、应退税的项目及税额、应享受的减免项目及税额、计算得出的应纳税额或应代扣代缴、代收代缴的税额、税款所属的具体期限，以及因延期缴纳税款或欠税所产生的滞纳金等要素。

（三）纳税申报的期限

纳税人及扣缴义务人应严格遵循既定期限，按时办理纳税申报或提交代扣代缴、代收代缴税款报告表。若因实际情况确有困难需申请延期办理者，须于规定期限内向税务机关递交书面延期申请。经税务机关审核批准后，方可在核准的延长期限内完成相关办理工作。

纳税申报期限在特定情况下可予以延期。具体而言，延期申报包括以下两种情形：

其一，法定延期。当纳税申报期限的最后一日恰逢星期日或其他法定休假日，或星期日、其他法定休假日有变通安排的，可相应顺延至实际休假日的次日进行申报。

其二，核准延期。纳税人、扣缴义务人因故无法按期办理纳税申报或提交代扣代缴、代收代缴税款报告表的，须经税务机关审核批准后，方可延期申报。此类延期申报又可分为以下两种具体情形：一是因自然灾害等不可抗力因素导致无法按期办理纳税申报或扣缴税款报告的，经税务机关核准后，可延期至相关障碍消除后的十日内完成申报。二是若纳税申报期限或扣缴税款报告期限届满时，因账务处理未完成等原因导致纳税申报存在困难的，纳税人或扣缴义务人应在原定申报期限内，按照税务机关核定的税额进行申报，并在税务机关规定的期限内完成结算。

（四）纳税申报的要求

纳税人在进行纳税申报时，务必按照实际情况如实填写纳税申报表，并根据不同情况提交相应的其他纳税资料。具体所需提交的资料包括但不限于以下几项：一是财务会计报表及其相关说明材料；二是与纳税事项相关的合同、协议书及凭证；三是税控装置所生成的电子报税资料；四是外出经营活动税收管理证明以及异地完税凭证；五是境内或境外公证机构所出具的相关证明文件；六是税务机关依据规定要求纳税人提交的其他相关证件及资料。

纳税人应确保所提交资料的真实性和完整性，以符合税收法规的要求。

扣缴义务人必须严格遵循法律、行政法规的相关规定，或依据税务机关依法确定的申报期限及内容，如实且完整地报送代扣代缴、代收代缴税款报告表。同时，扣缴义务人还需按照税务机关根据实际工作需要所提出的要求，及时报送其他相关证件及资料，以确保税务申报的准确性与完整性。

（五）纳税申报的方式

经过税务机关的正式审批，纳税人及扣缴义务人可选择直接前往税务机关进行纳税申报或提交代扣代缴、代收代缴税款报告表。此外，依照相关规定，纳税人及扣缴义务人亦可通过邮寄、数据电文或其他合法途径完成上述申报及报送事宜。

一是自行申报，即纳税人及扣缴义务人须依照既定期限，自行前往主管税务机关完成纳税申报的相关手续。

二是邮寄申报，即经税务机关审批同意后，纳税人及扣缴义务人通过邮局，将纳税申报表以及相关纳税资料寄送给主管税务机关，以此完成税务申报的流程。

三是数据电文，即经税务机关认可的电话语音、电子数据交换以及网络传输等电子形式的信息传递方式。纳税人若选择以电子方式完成纳税申报，必须严格遵守税务机关所规定的期限及各项要求，妥善保存相关电子资料，并定期以书面形式向主管税务机关进行报送。

四是代理申报，即纳税人、扣缴义务人委托税务代理人办理纳税申报。

第四节　税收税务代理

一、税务代理概述

税务代理是指经有关部门认定资质并受到社会广泛认可的代理机构及专业人员，在获得纳税人或税务机关的正式委托后，代为处理一系列涉税事务，包括但不限于纳税申报、税款结算、纳税检查以及税务咨询等工作。

依据代理权产生的差异，代理形式可被划分为委托代理、法定代理和指定代理。税务代理作为代理行业的重要组成部分，既具备代理的一般特性，又独具专项代理的特色，属于民事代理中委托代理的范畴。以下是税务代理所展现的基本特征。

（一）主体资格的特定性

在税务代理法律关系中，代理行为的主体资格具有严格的特定性。担任代理人的，必须是经过官方批准并具备税务代理执业资格的税务代理人及税务师事务所。任何未满足上述条件的单位和个人，均不具备从事税务代理业务的资格。而被代理人一方，则必须是依法负有纳税义务或扣缴税款义务的纳税人或扣缴义务人。

（二）法律约束性

税务代理并非单纯的事务委托或劳务提供行为，而是一项具备法律责任的契约行为。税务代理人与被代理人之间的法律关系，基于双方签署的代理协议而确立。在履行税务代理职责的过程中，代理人需秉持客观、公正的立场，依法行使代理权限，并确保其行为符合税法及相关法律法规的约束。

（三）内容确定性

税务代理的业务范畴由国家通过法律、行政法规及行政规章的形式予以明确规定，税务代理人必须严格遵循相关规定开展代理活动，不得逾越法定界限。除非得到税务机关依照法律、行政法规的明确授权委托，注册税务师不得擅自代理行使应由税务机关专属的行政职权。

（四）税收法律责任的不转嫁性

税务代理作为一种民事活动，其关系的建立并不会对纳税人及扣缴义务人固有的税收法律责任产生任何变更。在代理活动过程中产生的税收法律责任，无论其起因是源于纳税人、扣缴义务人自身的原因，还是由于代理人的因素所导致，均应由纳税人或扣缴义务人承担相应责任。特别需要注意的是，税务代理关系的建立并不能作为转移征纳关系以及纳税人、扣缴义务人法律责任的依据。

（五）有偿服务性

税务代理是我国社会主义市场经济服务体系中的关键构成部分。作为智能型科技与劳动紧密结合的中介服务行业，税务代理业以提供优质服务为宗旨，以追求社会效益为最终目标。在获取合理报酬的基础上，该行业不仅致力于为纳税人、扣缴义务人提供专业支持，同时也间接地为税务机关提供有效服务，从而促进税务工作的顺利进行。

二、税务代理的原则

税务代理作为社会中介服务的重要组成部分，在税收征收机关与纳税人之间扮演着中介的角色，确保征纳双方之间不存在任何利益冲突。在履行职责时，税务代理人应秉持客观、公正的态度，以税法为行为准则，以服务为核心宗旨，既致力于维护纳税人的合法权益，又致力于维护国家税法的尊严。因此，在从事税务代理活动时，税务代理人必须严格遵守以下原则。

（一）自愿委托原则

税务代理作为委托代理的一种形式，其运作必须严格遵循民法中关于代理活动的核心原则，即坚持自愿委托的准则。代理关系的构建必须充分符合代理双方的共同意志，并体现双方的真实意愿。值得注意的是，代理双方依法确立的代理关系并非基于任何形式的行政隶属关系，而是完全依赖于双方之间所签订的合同契约关系。

（二）依法代理原则

依法代理是税务代理领域的一项核心原则，它体现了对法律精神的严格遵守与实践。首先，从事税务代理的机构必须具备法定资格，即依法成立，并符合相关法规的规定。同时，从事税务代理工作的专业人员也需经过全国统一考试的严格筛选，合格者需在注册税务师管理机构进行注册登记，并取得税务代理执业资格，方可从事相关工作。

其次，注册税务师在承办税务代理业务时，必须严格遵循法律法规的指引。其所有执业活动均需在法律法规所划定的框架内进行，确保代理行为的合法性。注册税务师在编制涉税文书、计算被代理人应纳或应扣缴税款时，必须严格遵守国家税收实体法律法规的规定，确保各项数据的准确性和合法性。

此外，注册税务师的执业行为还需遵循税收征管和税务代理的程序性法律法规的要求，确保代理过程的规范性和透明度。

（三）独立、公正原则

税务代理的独立性，是指代理人在其被赋予的代理权限范畴内，自主且独立地行使代理权，其过程不应受到任何来自其他机关、社会团体或个人的非法干涉。税务代理作为一项具备中介性质的服务活动，其运作过程直接关联到代理人、被代理人以及国家三者之间的利益分配与平衡。因此，税务代理人在执行税务代理任务时，必须秉持公正无私的原则，在坚决维护税法尊严的基础之上，以公正、客观的态度为纳税人及扣缴义务人提供税务代办服务。同时，税务代理人必须严格遵守职业道德，绝不能因收取委托人的报酬而偏袒或迁就任何一方，以确保税务代理活动的公正性与客观性。

（四）维护国家利益和保护委托人合法权益的原则

在税务代理活动中，税务代理人应当向纳税人及扣缴义务人详尽传达相关的税收政策，并按照国家税法规定监督并促进纳税人及扣缴义务人依法履行纳税和扣税的义务，以增强纳税人及扣缴义务人的法律意识，自觉提高其依法纳税和扣税的主动性。

税务代理服务的存在，不仅有助于企业借助中介服务的形式，及时获取并掌握各项税收政策，切实维护自身的合法权益，确保正确履行纳税义务，避免因对法律的无知而遭受不必要的处罚；同时，通过注册税务师在合法、合理的基础上进行专业的税收筹划，还能帮助企业节省不必要的税收支出，降低经济损失。

三、税务代理人

税务代理人是指具备扎实的财政、税收、会计专业理论知识与实务经验，经过省级及以上税务机关的严格审核批准，专门从事税务代理工作的专业人员。为了全面提升税务代理人员的职业素养与执业能力，我国特设立并实施职业资格考试制度，针对从事税务代理业务的专业技术人员进行严格的考核与选拔。

（一）税务师职业资格考试制度

税务师作为专业技术人员，应精通税法和财务会计制度，并熟练进行业务操作，具备从事税务代理工作的专业素质和工作技能。为确保执业准入控制的有效性，实行税务师职业资格考试制度显得尤为重要。

凡中华人民共和国公民，遵守国家法律法规，恪守职业道德，具备完全民事行为能力，并满足以下任一条件者，均可报名参加税务师职业资格考试。

一、取得经济学、法学、管理学学科门类大学专科学历，并从事经济、法律相关工作满两年；或取得其他学科门类大学专科学历，并从事经济、法律相关工作满三年。

二、取得经济学、法学、管理学学科门类大学本科及以上学历（学位）；或取得其他学科门类大学本科学历，并从事经济、法律相关工作满一年。

本年度考试前，已取得经济学、法学、管理学学科门类大学本科学历（学位）的应届生可报名参加考试。对于以前年度考试中因违规违纪而受到禁考处理且期限未满者，将不得报名参加本年度税务师职业资格考试。

（二）税务师职业能力要求

取得税务师职业资格证书的人员，应严格遵循国家法律法规、规章制度及税务师行业的相关制度和准则，恪守职业道德，坚守独立、客观、公正的执业原则，致力于维护国家利益和委托人的合法权益。同时，他们还应具备以下职业能力：

首先，必须熟悉并掌握涉税服务领域相关的法律法规、行业制度和准则，确保执业活动的合规性。

其次，应具备扎实的税务专业知识，能够独立开展包括涉税鉴证、申报代理、税收筹划以及接受委托审查纳税情况在内的各项涉税专业服务工作，以满足委托人的需求。

此外，还应能够运用财会、税收专业理论与方法，有效完成涉税服务业务，确保服务质量和效率。

同时，还应具备独立解决涉税服务业务中疑难问题的能力，以应对复杂多变的税务环境。

最后，根据国家专业技术人员继续教育的规定以及税务师行业管理的相关要求，取得税务师职业资格证书的人员应积极参加继续教育，不断更新专业知识、提升职业素质和业务能力，以适应税务行业的不断发展。

（三）税务代理的工作机构

税务师事务所，作为专业从事税务代理的机构，其组织形式可以灵活多样，既可以由税务师以合伙方式共同设立，亦可以由一定规模的注册税务师发起成立，并承担有限责任。作为独立核算、自负盈亏的经济实体，税务师事务所的营业收入需依法履行纳税义务，确保其经济活动的合规性。

此外，除税务师事务所外，注册会计师事务所、律师事务所及经过相关部门批准的税务代理事务所亦具备从事税务代理工作的资质，它们共同构成了税务代理服务的多元化提供体系。

实 践 运 作 篇

第九章　医院经济管理

第一节　医院管理概述

一、医院管理学概念

医院管理学是一门科学，它致力于运用现代管理理论与方法深入研究和揭示医院管理活动的内在本质与规律。该学科不仅与医学科学紧密相连，同时也与其他自然科学和社会科学保持着密切的交叉关系，是管理学领域的一个重要分支。医院管理学既具有应用科学的属性，能够指导医院管理实践，又具备交叉边缘科学的特征，展现出多元化的研究视角和广泛的学科融合性。

医院管理学的学科体系，严谨地划分为综合理论与应用管理两大核心组成部分。在综合理论层面，深入探究医院管理的基本原理以及医院概论等基础性理论议题，构成了医院管理学的总体论述。而在应用管理层面，则专注于剖析医院系统中既相互关联又各具特色的各个要素的管理实践，进而形成医院管理学的具体论述。

具体而言，应用管理部分涵盖五大关键领域：首先是人的管理，聚焦于组织人员的管理与配置；其次是事的管理，涉及医疗、技术、质量等多方面的管理与优化；再次是信息管理，关注医院信息系统的建设与运营；此外，还包括物的管理，侧重于设备、物资等资源的有效管理与利用；最后是财的管理，即经济管理，致力于提升医院的经济效益与运营水平。在本书中，我们将重点阐述应用管理部分中的经济管理，旨在深入分析医院经济管理的理论框架与实践策略，为提升医院管理效能提供有力支撑。

二、医院管理的基本任务

第一，制定详尽的决策、规章及实施方案，规范和管理医院全体人员的行为，强化对其的教育和约束，确保国家卫生方针、政策在医院得到全面有效的贯彻落实，确保全院人员的思想、言论和行动均与中央和国家的指导方针保持高度一致。

第二，设立必要的组织机构，配备具备相应资质且经过系统教育和专业培训的合格人员，深入贯彻以病人为本的服务理念，充分发挥医院在预防疾病和治疗疾病方面的重要作用，从而更好地为病人提供优质服务，切实保障广大人民群众的身体健康。

第三，优化医院环境，同步推进医院物质文明与精神文明的建设，确保全院职工能够全心全意地为病人服务，努力塑造医务人员在病人心中以及社会上的正面形象。

第四，制定全面而细致的检查评比标准，有效激发广大医务工作者为病人提供优质服务的积极性和责任感，并严格按照这些标准进行检查与控制，以确保医院服务达到最优水平。

第五，积极采纳并运用信息论、控制论、系统论等前沿管理理论，借助计算机等先进管理工具，提高医院管理效能并实现更优化的管理效益。此外，还需对全院职工进行系统的教育培训，确保"管理出效益"的理念深入人心，并切实转化为实际工作中的高效执行和优异成果。

第六，强化经济管理措施，加大对成本核算与增收节支工作的管理力度，确保现有物资、设备以及资金得以充分且高效利用。同时，深入开展本利分析和效益分析，以全面兼顾医院、科室及个人三者之间的利益平衡，从而进一步推动医院全面、快速和稳健发展。

第七，不断加强卫生法规的学习，加大广大职工依法办事的意识和水平，使医院在依法治院中越办越强大。

三、医院管理的基本内容

一是人力资源管理。人力资源管理涵盖了就业与录用、人力配置、激励以及教育培训等四个主要方面。在现代医院管理体系中，管理的核心、出发点以及最终落脚点均聚焦于人的管理上。

二是质量管理。医院质量作为衡量医院各项活动综合成效及满足需求程度的重要指标，其优劣直接关系到医疗服务水平的高低。医疗质量特指医疗服务的优劣程度，亦即医疗效果的体现。在狭义层面上，医疗质量聚焦于具体病例的诊断准确性、治疗有效性、疗程合理性、医院内感染防控及医疗失误防范等方面；而在广义层面上，医疗质量则涵盖了工作效率、医疗费用合理性以及社会对医院整体服务功能的满意度评价等多个维度。

三是财务管理。医院财务管理涵盖预算管理、收入管理、支出管理、现金管理、固定资产投资管理、收支结余管理等内容。作为管理者，必须精通业务，能够熟练解读和分析资产负债表、收入支出表以及现金流量表等财务报表，以全面把握医院的财务状况。同时，管理者还需严格遵守国家法律法规，确保财务活动的合规性和合法性。

四是信息管理。随着计算机技术的迅猛发展，医院信息的收集、处理、交换和使用方式发生了深刻变革。因此，构建医院信息系统（HIS）成为至关重要的一环。未来，医院信息化建设的重点将聚焦于临床管理的信息化，旨在将信息技术切实融入疾病的诊断和治疗过程，从而提升医疗服务的效率与质量。

五是药事管理。即医疗机构内部围绕服务病人为核心，以临床药学为基石，致力于推动临床科学用药与合理用药的技术服务及相关药品管理工作。具体而言，医院药事管理涵盖以下核心内容：组织结构的构建与优化、业务部门的规范运行、技术层面的深入发展、物资设备的科学管理与维护、药品质量的严格把控、经济层面的高效管理，以及信息化手段在信息管理中的有效运用。

六是设备与物资管理。为确保医疗活动的顺利进行，必须严格把控医疗设备和其他物资的采购环节，以合理价格采购高质量产品，全面推行阳光采购机制，确保采购过程的公开透明。同时，对于购置的设备与仪器，应建立完善的档案管理系统，记录其购置、使用、维护等各环节信息。此外，应定期对设备、仪器进行维护保养，及时发现并解决潜在问题，确保其始终处于良好运行状态。对于消耗品的管理，应制定规范的支出流程和制度，确保消耗品使用的合理性、经济性和高效性。

七是绩效管理。绩效管理是为实现既定目标而精心制定的政策与举措。其核心要素包括确立清晰明确的目标与策略，追求高效执行与产出，收集用以衡量成效的精准信息，以及灵活调整战略或目标的能力。

八是危机管理。危机管理是医院为了应对各种可能出现的危机情况所进行的一系列规划决策、动态调整、化解处理以及员工训练等活动的过程。其核心目标在于有效消除或显著降低危机所带来的潜在危险，确保医院稳健运营与声誉良好。

九是服务管理。服务管理涵盖患者权益维护、服务行为与医德医风的规范、服务环境与流程的完善以及医院文化的培育等多个方面。在当前医疗环境中，医院应坚持以病人为中心，以质量为核心，走质量效益发展之路。

第二节　医院经济管理概述

随着市场经济的持续演变，医院经济管理在医院的运营与发展中扮演着至关重要的角色。其管理水平的优劣，不仅直接关系到医院的生存与发展状况，更是影响医院整体竞争实力的关键因素。鉴于医院改革的不断深入，医院经济管理所面临的环境亦发生了显著变化。为适应新的市场环境，我们亟须更新管理理念，积极探索符合医院发展实际的创新管理路径，以提升医院的竞争能力。因此，深入研究和探讨医院经济管理问题，对于促进医院的持续健康发展具有重要的现实意义。

一、医院经济管理概念

医院经济管理，是指遵循客观经济规律的要求，通过经济手段的运用，对医院经济活动进行科学而系统的计划、组织、实施、指导及监督。在此过程中，需开展深入的经济分析与核算工作，以合理利用人力、物力及财力资源，力求在劳动消耗最小化的同时，实现医疗保健服务技术与经济效果的最大化。此举旨在更好地完成以医疗为核心的医疗、教学、科研及预防等各项任务，从而满足人民群众日益增长的医疗保健需求。经济管理作为医院管理体系中的关键构成部分，涵盖了财务核算、预算管理、国有资产管理及效益管理等诸多领域。

二、医院经济管理的必要性

医院经济管理在医院的运营与发展过程中扮演着举足轻重的角色。它对于提升医院的综合实力具有显著作用，并有助于推动医疗体制改革的进程。

因此，医院应高度重视并切实做好医疗经济管理工作，以确保医院的稳健发展和持续改进。

（一）有利于提高医院的综合实力

随着我国医疗体制的不断深化改革，众多民营医疗企业应运而生，对公立医院构成了显著的挑战与威胁，同时加剧了医疗行业的竞争态势。在此背景下，加强医院的经济管理显得尤为重要，这不仅有助于显著提升医院的综合实力，还能有效增强其市场竞争力。

此外，随着社会的不断发展与变迁，加强医院经济管理对于改善当前医疗环境具有积极作用。通过优化经济管理，医院能够投入更多的资源用于引进先进的医疗设备和技术，从而更好地满足患者的需求，提高患者对医疗服务的满意度。

（二）医疗体制改革的需要

在深入推进医疗体制改革的过程中，尽管我国政府已经陆续投入了一定的经费以支持医院改革的进程，然而，鉴于经费的有限性，医院仍需通过自筹资金的方式弥补资金缺口，以确保改革的顺利进行。因此，对于医院而言，制定一套科学合理、切实可行的经济管理方案显得尤为重要。通过这一方案，医院可以有效地降低运营成本，最大化地利用有限的医疗资源，从而为广大患者提供更加优质、高效的医疗服务。这不仅有助于提高医院的经济效益，更是实现医院可持续发展的有力保障。

（三）有利于控制医院的成本

通过引入先进的经济管理方式及最新的经济管理理念，我们能够有效地完善医院的财务管理目标、理念、方式及内容。这一举措不仅有助于医院对各部门成本进行精准控制，还能为医院的稳定与持续发展奠定坚实基础。

三、医院经济管理存在的不足

医改新政为医院的长远稳健发展注入了新的动力,并指明了前进的方向。众多医院积极响应,已在多个方面取得了显著的成效。然而,由于医疗体系改革步伐较快,医院在适应过程中需要一定的时间,这导致了医院经济管理工作在某些方面呈现出一定的滞后性。具体而言,主要体现在以下几个方面。

(一)成本控制意识薄弱

当前,部分医院在成本控制方面仍显片面,过分聚焦于医疗设备等硬件的采购环节,而对劳务及物资等方面的支出管理显得较为忽视。在新医改的大背景下,部分医院过于追求形象工程,热衷投入重资产项目的建设,这无疑进一步加剧了成本压力。同时,由于缺乏健全的成本管理制度,部分医院在重大支出决策上呈现出一定的盲目性和随意性,甚至存在个别人员利用漏洞谋取私利,严重损害了医院的集体利益。

(二)业务效率偏低

自新医改实施以来,我国医疗行业的竞争格局日趋激烈,这无疑对医院的综合竞争力提出了更高的要求。与此同时,随着病患流动性的显著增强,医院服务效率的需求也在持续攀升。然而,在新医改的大背景下,医疗与药品的分离以及相关部门对药品价格的严格调控,使得医院药品的利润空间遭受严重挤压,进而导致了医院收入质量的下降。这一现象使得医院在资金保障上面临诸多挑战,制约了各项业务的有效开展,进而造成多数医院的服务效率普遍偏低,难以满足广大患者的实际需求。

(三)绩效考评制度有待完善

绩效考评制度,作为激发医护人员工作热情及优化医院资源配置的关键机制,具有不可替代的重要性。然而,深入分析当前医院绩效考评制度的实施现状，我们发现其中仍存在诸多不足，这些不足在一定程度上制约了其应有功能的充分发挥。具体而言，当前大多数医院所采取的成本核算方法尚显片面，未能全面、准确地反映各科室的业务实际情况。此外，收支数据的统计和处理也显得较为笼统，无法精确衡量医护人员的个人贡献和业绩。这些问题不仅影响了绩效考评结果的客观性和公正性，也制约了医院整体运营效率和服务质量的提升。因此，我们有必要对现行的绩效考评制度进行深入研究和改进，以更加科学、合理的方式评价医护人员的工作绩效，从而激发他们的工作热情，提升医院的整体运营效率和服务水平。

（四）高素质人才缺乏

随着社会主义市场经济的深入推进，医院经济管理已不能仅满足于传统的会计业务范畴，而是应当通过管理手段在融资、投资、绩效管理等多个层面为领导层提供决策支持。然而，当前部分公立医院在竞争机制建设方面存在不足，财务人员的专业素养普遍偏低，管理干部队伍缺乏系统的专业知识培训，经济管理意识薄弱且能力欠缺。无论是在设定经济管理目标，还是在预算编制等关键环节中，均显露出明显的短板和不足。

（五）缺乏有效的监督机制，风险意识较差

一些医院内部监督机制在实际操作中往往显得表面化，未能真正发挥其应有的作用，导致了财务和经济管理的诸多漏洞。财务部门人员往往过分遵循上级指示，过于看重年终考核，却忽视了日常执行过程的监控与管理。为了应对考核，部分人员甚至编造虚假数据，严重影响了财务管理的真实性。

此外，预算编制过程往往缺乏深入细致的分析和规划，执行过程中也常常存在拖延和滞后现象，这使得医院的财务管理难以达到高效和精准。同时，许多单位长期存在账目与实际资产不符的问题，对在建工程长期挂账、坏账长期未处理等问题缺乏足够的关注和处理，资产保值增值意识薄弱。

在缺乏有效监管的情况下，这些财务管理信息无法得到及时、准确的反映，从而增加了医院经济运营的风险。因此，我们迫切需要加强医院内部监督机制的改革，提升财务管理人员的专业素养和责任意识，确保财务管理工作的规范性和有效性，为医院的稳定健康发展提供有力保障。

第十章　医院财务管理

随着医药卫生体制改革的逐步深化，各级各类医疗机构在经济运行与经济管理方面均呈现出显著变化，这对医院财务管理的规范化、科学化、精细化水平提出了更高层次的要求。医院财务管理作为医院经济管理的重要基石，其在提升医院经济管理效能方面的作用日益凸显。医院财务管理的内容丰富多元，包括但不限于预算管理、成本管理、价格管理、结算管理、内部控制以及财务分析与评价等方面。

第一节　医院预算管理

一、医院全面预算管理基础理论

（一）医院全面预算管理的概念

预算管理是指机构在战略规划的引领下，对未来经营行动及财务预期成果展开系统、详尽的预测和规划工作。通过对预算执行流程的严格监控，不断将实际执行成效与预算目标进行对比分析，旨在及时揭示差异、明确原因，进而为经营活动的调整与完善提供科学指导。

全面预算管理是对预算管理工作的深化和拓展，旨在科学合理地分配、考核、控制机构各类财务及非财务资源，以有效组织并协调各项经营活动，确保组织既定目标的顺利实现。该管理过程主要包括预算编制、预算执行、预算控制与预算考核等环节，其实质在于通过广泛动员全体职工积极参与，实现对医院经营全流程、全方位的精细化管理。全面预算管理作为一种集计划、协调、控制、评价、激励等多种功能于一体的战略经营管理工具，对于提升医院管理效能、促进医院高质量发展具有重要意义。

全面预算管理作为医院财务管理体系的重要组成部分，在医疗改革中具有至关重要的地位。《医院会计制度》中强调："医院要实行全面预算管理，建立健全全面预算管理制度，包括预算编制、审批、执行、调整、决算、分析和考核"。该制度不仅为医院预算管理设定了总体框架，还对预算编制、执行及考核等关键领域提出了具体要求。

（二）医院全面预算管理的特点

1.全面性

全面预算管理具有鲜明的全面性特征，这主要体现在全员参与、全流程覆盖和全要素管理三个层面。

全员参与是全面预算管理得以顺利实施的重要保障。它要求全体职工都具备预算意识，积极参与到预算编制和执行过程中，共同为实现预算目标贡献力量。通过全员参与，可以确保预算管理工作的广泛性和深入性，提高预算管理的效率和效果。

全流程覆盖则确保了预算管理能够渗透到医院经营活动的各个环节。从预算的编制、审批、执行到考核、反馈，每一个流程都需纳入预算管理的范畴，确保预算管理的连贯性和系统性。

全要素管理则体现了预算管理内容的丰富性和完整性。它要求预算管理不仅要关注财务数据，还要充分考虑医院经营中的各项非财务要素，如人力资源、物资资源、技术资源等。通过全要素管理，可以实现对医院资源的全面优化和合理配置，提升医院的整体运营效率和竞争力。

2.战略性

战略筹划深刻影响着未来发展的方向，而在实际执行过程中，资源的合理配置同样至关重要。预算管理正是基于对未来一段时期内的资源需求，依据既定规则进行前瞻性规划的过程,这充分展现了全面预算管理所具备的战略性特质。

3.控制性

医院通常会制定一系列严格的制度规范,以确保预算管理的有效实施。经过审批的单位预算,除非遇到特殊情况,否则一般不得擅自进行变动,从而切实保障预算管理的控制性和规范性。

(三)医院全面预算管理的内容

预算管理作为一种全方位、全过程、全员参与的管理活动,其内涵与外延均具备高度的系统性与全面性。新颁布的《医院财务制度》明确指出:"医院预算由收入预算和支出预算组成。医院所有收支应全部纳入预算管理。"这一规定不仅清晰地界定了医院预算编制的覆盖范围,更从实施全面预算管理的高标准出发,强调了医院所编制的全面预算必须全面覆盖医院经济运行的各个环节与层面,以确保预算管理的科学性、规范性与有效性。

医院的收入来源主要包括财政补助收入、医疗收入、科教项目收入以及其他收入等多个方面。在支出方面,根据业务性质的分类,主要包括以下几项:①基本运营支出,包括医药耗材的采购、人员薪酬的支付、后勤保障等日常开支;②可持续发展支出,包括医院的基础设施建设、就医环境的改善以及医疗设备的更新维护等。

1.收入预算

医院严格遵循国家预算编制的相关规定,对以往年度的经营情况进行深入剖析,同时综合考虑政策导向、医疗市场等外部条件以及医院内部环境的变动因素,科学预测下一年度的收入规模。在此基础上,医院将依据预测结果,合理筹划并安排当年的基本运营支出。收入的预测不仅反映了医院的运营方向,还涉及就医人数的变动趋势、次均费用的调整空间以及平均住院日的优化目标等多个方面,为医院的稳健运营提供了重要依据。

2.基本运营支出预算

基本运营支出预算是医院为确保其日常运营活动正常进行而精心策划和安排的关键环节。此预算不仅承载着医院成本合理管控的重任,更是优化资源配置、提升运营效率的重要抓手。在编制预算过程中,需将各项预算指标细化至各责任中心,确保预算编制的科学性、审批流程的合理性以及预算执行的严格性。通过不断优化支出结构,医院能够进一步提升运营效率,实现可持续发展。

在编制基本运营支出预算时,各责任科室应紧密结合预算年度内的事业发展计划、工作任务、人员编制、离退休人数、支出标准、消耗定额以及物价因素等核心要素,作为预算编制的基本依据。同时,按照经费性质和项目类别,实行经费归口管理原则,确保预算编制的精准性和可操作性。在此基础上,各科室应合理编制科室支出预算,最终形成完整且科学的医院基本运营支出预算方案。

3.资产购置预算

资产购置预算作为医院资本预算的重要组成部分,旨在规划并管理医院各类资产的购置支出。为确保预算的合理性与有效性,各科室需根据自身实际需求提交资产购置申请。随后,相关管理部门将对科室提交的申请进行细致审查,综合考虑科室存量资产的现状、使用情况、重置需求、更新换代的必要性、科室间资产调配的可行性以及设备安装条件与预期效益等因素。经过全面评估与审核后,管理部门将汇总整理相关材料,并提交至医院装备委员会进行集体讨论与决策,以确保资产购置预算的科学性、合理性与高效性。

4.项目预算

项目预算涵盖医院基本建设的资金规划以及部分改扩建工程的经费预计。在编制项目预算的过程中,务必遵循财政部对项目预算管理的明确规定:必须构建完善的项目库,申报时需附带深入且充分的可行性论证,提供详尽的预算明细,经过专家组的论证与审核,以及绩效评估等环节。尤其针对投资期限超过一年的项目预算编制,必须明确区分投资额与当年预算资金的差异，此举旨在确保院内资金得到有序且高效的安排，提升资金使用的综合效益；同时，也有助于推动项目按照既定的进度计划顺利推进，确保项目目标的如期实现。

为有效实施全面预算管理，医院应构建严谨且层级分明的三级预算体系。一级预算，即医院总体预算，是医院基于自身发展战略、中长期规划及年度工作计划，精心编制的整体收支预算，旨在全面反映医院的财务状况和运营预期。二级预算，即归口职能部门预算，由相关职能部门根据医院年度工作计划的总体要求，结合本部门归口管理业务的具体特点，制定详细的工作计划，并据此科学编制相关经济业务预算，以确保预算的精细化和可操作性。三级预算，即业务部门预算，由各临床医疗/医技部门根据预计工作量及相关的费用信息（如均次费用、药占比、材料占比等）进行综合评估，将二级预算中的各项支出（如药品费、卫生材料费、水电支出、洗浆消毒、人员费用等）按工作量合理分配至各业务部门，实现预算的精准落地和有效执行。通过构建这一三级预算体系，医院能够实现对预算的全面覆盖和精细化管理，为医院的稳健运营和可持续发展提供有力保障。

（四）医院预算管理的必要性

医院预算管理是一种集战略性、综合性、全员性、指导性、约束性和效益性于一体的系统化管理模式。通过精心策划和编制预算管理，我们能够实现医院长期战略规划与短期发展目标的有效衔接，促进医院整体目标与员工个人职责的深度融合，从而推动医院健康、稳定、可持续发展。

在预算管理的执行环节，加强医院的基础管理工作，通过完善内部控制机制来有效防范和化解各类风险，不断提升医院管理的科学化、规范化和精细化水平。同时，我们依托对预算执行结果的深入剖析，对各部门工作绩效进行客观公正的考核与评估，并将考核结果作为年度奖惩的重要依据，从而有效激发员工的积极性、主动性和创造性，推动责任部门持续改进工作质量和效率。总体而言，预算管理在医院内部构建起了一套科学高效的经济运行和风险管理机制,促进了资源的优化配置和高效利用,为提升医院运营的综合绩效奠定了坚实基础。

1. 预算管理是细化医院战略目标的重要工具

预算管理过程,是对战略目标进行分解、实施、控制和实现的精细化管理流程。公立医院通过精心构建涵盖收入支出预算、现金流预算、专项资金预算以及责任中心预算等在内的预算控制体系,借助预算的量化手段,合理配置自身可调用的医疗资源,进而优化医院资源配置,提升医院精细化管理效能。此举旨在确保医院各项业务活动能够严格遵循全面预算管理所设定的战略目标,有条不紊地推进。同时,全面预算管理亦能为医院学科发展提供科学的资源配置规划,推动医院整体发展水平的提升。

2. 预算管理是控制医院经营成本的必要前提

医院可以通过实施全面的预算管理体系来有效控制成本和费用,从而提高整体运营效率。建立这一体系的关键在于培养全院的战略成本意识,使每个部门都清楚其成本目标。预算控制不仅有助于减少医院的运行成本,还能通过明确的预算目标,对各科室的支出进行监督和管理,确保费用控制在预定范围内,从而实现经济效益和资源的最佳配置。

3. 预算管理是完善公立医院考核标准的有效措施

实施预算管理的货币化、数量化和指标化方式,可以大大激发员工的工作热情和潜力,有效促进各科室的科学量化考核。通过这些手段,公立医院能够建立起公平且正向的绩效考核和薪酬体系,使得考核指标更加合理且易于操作。这种全面的预算管理不仅确保了绩效考核的公平性,还能更有效地激励员工,推动他们努力实现医院的既定目标。

二、医院预算管理实践

随着医疗卫生体制的深化改革和医疗市场的逐步开放,公立医院的内外部环境发生了显著变化。取消药品加成、分级诊疗制度的推进以及人事薪酬制度的改革等政策叠加，极大地增加了公立医院的运营压力。在这样的背景下，公立医院必须关注如何降低医疗成本、优化资源配置、改善服务质量和提升竞争力，从而实现"优质、低耗、高效"的发展目标。2014年修订的《预算法》对预算单位的财务预算管理提出了更高要求，促使公立医院亟须加强全面预算管理，以应对新的挑战，确保其在不断变化的环境中保持竞争力和可持续发展。

（一）医院预算管理的基础条件

1.领导重视与全员参与

领导的深切关怀和坚定支持，是预算管理得以有效实施的关键所在。预算管理工作的推进，离不开一个积极向上、协同配合的良好环境。唯有自上而下地全面推进，才能确保预算管理理念深入人心，赢得各个层面的广泛认同和有力支持。全员参与预算管理，即要求医院全体职工无论直接还是间接，均应积极参与到预算管理的各个环节中来，将预算管理理念内化于心、外化于行，形成全员参与、共同推进的良好局面。

2.健全的预算管理组织体系

预算管理是一项涉及医院各层级、各部门的系统工程，需要构建一套完备且严密的组织架构体系。在此过程中，应明确预算管理的组织架构，细化各层级、各部门、各岗位人员的职责与权限，确保预算管理工作的落地实施。同时，应强化预算的编制、执行、调整、考核等各个环节的规范管理，确保预算管理的各项职能得到充分发挥，推动医院预算管理工作向更加规范化、科学化的方向发展。

3.科学的预算管理制度保障

预算管理的有效实施，既依托于完善的预算管理组织体系的构建，又离不开科学的预算管理制度的坚实保障。为此，必须将预算管理的各项具体要求以制度化的形式加以明确，确保预算管理的各个环节均有章可循。预算管理所涉及的各部门、人员均应严格按照制度规定的时限，认真履行预算编制、执行、调整及考核等职责。同时，医院监督部门，特别是内部审计部门，应依据制度要求，对相关部门和人员是否按制度规定完成预算工作进行全面监督，确保预算管理工作的规范化和高效化。

4.完善的信息系统与数据统计

预算管理的具体执行需从医院、部门至科室逐级细化落实，涉及大量信息的调用与整合，涵盖科室编码、人员信息等基础数据。此外，还需对项目编码、核算类别编码及预算金额等关键要素进行精确管理。鉴于各项目间勾稽关系错综复杂，编制要求繁多，汇总工作量庞大，且伴随大量的统计、反馈及调整工作，因此，必须依托完善的信息系统和强大的数据统计能力作为坚实支撑，以确保预算管理的高效、精准执行。

（二）医院预算管理流程

预算管理流程主要包括预算编制、执行、控制、分析、调整以及考核等关键环节（如图10-1所示）。医院在预算管理实践中，应深入贯彻预算管理与战略管理相融合的理念，以医院战略规划为指引，预算编制作为重要基础，预算执行控制作为关键环节，预算分析考核作为激励机制，构建事前预测与统筹、事中分析与控制、事后考核与改进的全面预算管理闭环体系。通过这一体系，医院将确保所有收支均纳入预算统一管理，实现预算管理的全面覆盖和高效运作。

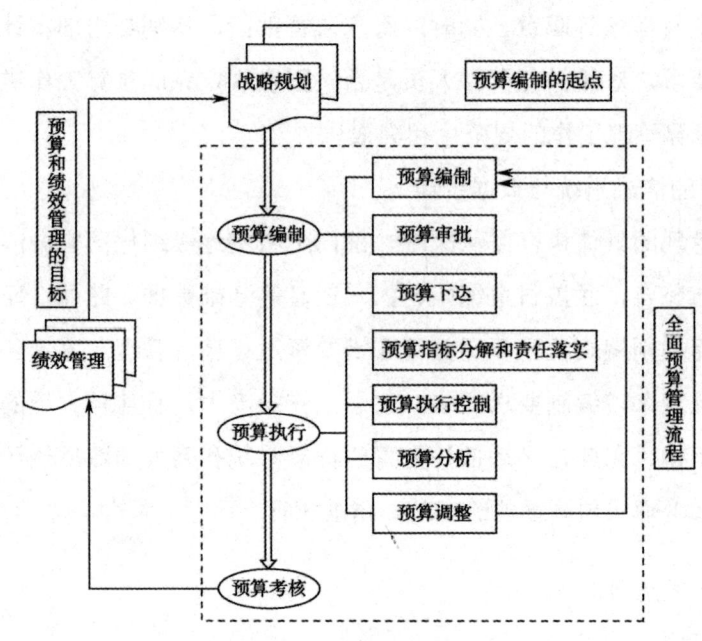

图 10-1　医院预算管理流程图

1.医院预算管理的编制与审批

医院的预算编制是有效预算管理的基础，必须与医院的战略规划紧密结合。编制预算时，应坚持"收支统管、以收定支、收支平衡、统筹兼顾、保证重点，不得编制赤字预算"的原则，确保所有收支项目都包含在预算内。预算编制实行年度"两上两下"的三级模式，具体步骤为：首先由业务科室编制三级科室预算，其次由归口职能部门编制二级预算，最后由财务部整合编制出一级医院总预算（图 10-2）。

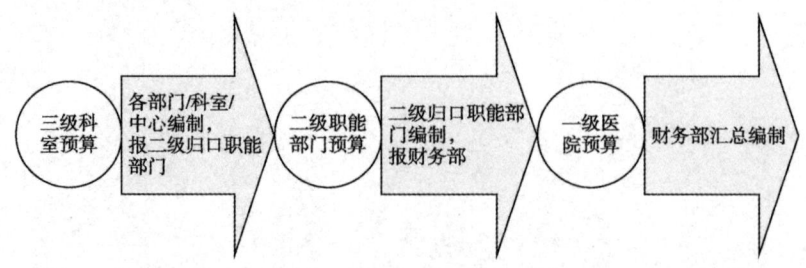

图 10-2　医院三级预算编制模式图

"两上两下"预算编制工作遵循严格程序，各业务科室/职能部门初步编制预算后,须层层上报至医院党政联席会。联席会经综合评估与整体调整,首次提出预算调整意见,并反馈至各业务科室/职能部门。随后,业务科室/职能部门根据联席会的反馈意见,对预算进行相应调整,并再次上报。党政联席会在第二次审议中,对预算进行最终审定,并正式下达至各业务科室/职能部门。整个预算编制过程需接受业务科室/职能部门、归口职能部门、预算管理委员会的专业指导,以及医院党政联席会的逐级审批,确保预算编制的科学性、规范性和有效性。

(1)预算编制前期准备工作。预算编制过程并非简单的上传下达,而是需要在预算编制工作启动之前,进行深入的科学预测与全面分析。这要求编制方在对历年数据进行系统整理、深入分析的基础上,全面审视医院当前及未来的内外部环境,充分考量其对医院发展建设所带来的影响。同时,编制方还需运用定量与定性分析相结合的方法,科学预测预算年度内的收支增减趋势,从而为编制年度预算提供坚实可靠的基础。

(2)预算编制方法。预算编制的方式各具特色,涵盖了固定预算、弹性预算、增量预算以及零基预算等多种形式。每种预算编制方式都有其独特的优势和局限性,适用于不同的预算场景和需求。因此,各部门、科室、中心在预算编制过程中,应根据具体的预算项目,审慎选择适合的预算编制方法,以确保预算编制的精准性和有效性。

(3)预算编制流程。预算编制是任务繁重、领域广泛、时效要求高、操作精细化的重要工作。医院在编制预算时,遵循"上下联动、分级负责、逐级整合"的规范流程,并不断完善优化。

具体步骤包括:①每年4月初(或9月初),财务部门将下一年度一上(或二上)预算编制的正式通知,传达至各职能部门、科室及中心,确保预算编制工作的及时启动;②各职能部门、科室及中心根据医院整体发展规划及各自业务特点,结合实际需求,精心编制三级科室预算,并按时提交至二级归口职能部门;③二级归口职能部门在收到各科室预算后,进行汇总分析,形成二级职能部门预算,并报送至财务部门;④财务部门负责对全院各部门预算进行综合平衡和精细调整，形成全院总预算草案，提交至预算管理委员会进行初步审核；⑤预算管理委员会在全面审议的基础上，将全院年度预算提交至医院党政联席会议进行最终审议；⑥党政联席会议审议通过后，财务部门将预算方案上报至上级主管部门进行审批；⑦上级主管部门批复后，财务部门将正式预算下达至各职能部门、科室及中心，确保预算执行的规范性和有效性。

2.医院预算的执行与控制

预算执行与控制是预算管理体系的核心组成部分，对于实现预算管理目标具有重大意义。在预算执行阶段，医院务必遵循批复预算的指导，确保预算资金的使用严格遵循预算规划。同时，医院需将预算目标层层分解，明确责任主体，确保预算责任落实到具体单位和个人。

此外，医院还需加强对预算执行过程的有效控制，通过严格执行审批流程，规范预算经费的支出。医院应建立预算执行情况的监测与预警机制，及时发现问题并采取应对措施。严禁任何形式的超预算或无预算支出，切实维护预算的严肃性和约束力，为医院的稳健发展提供有力保障。

医院应建立并完善预算执行情况分析的长效工作机制，通过月度、季度及年度的定期分析，全面把握预算执行的动态和趋势。对于预算执行过程中出现较大偏差的项目，应从政策变动、环境及条件变化、决策效果评估、责任人履职情况、管理效能等多个维度进行深入分析和研究，力求找出问题的根源。在此基础上，提出针对性的解决方案和改进措施，以优化预算编制和执行流程，确保预算目标的顺利实现。同时，应编制详细的预算执行情况及分析报告，及时向医院领导层汇报，为医院决策提供有力支撑。

在预算执行的整个过程中，必须坚决遵循"无预算或超预算不得支出，需遵循预算调整流程"的基本原则。若遇到特殊情况，各相关部门及科室在确实需要调整预算时，必须按照规定的程序进行报批。这些调整预算的请求需经过医院党政联席会的审议与批准，只有在获得联席会同意后，方可按照调整后的预算进行执行。

3.医院预算的考核与评价

预算考核与评价作为推动年度预算和医院战略规划顺利实施的关键激励机制，在强化医院管理效能、促进战略目标达成方面发挥着不可替代的作用。这一机制不仅是对预算编制、审批、执行、控制、调整等各个环节工作的全面检验，更是总结管理实践经验、优化管理流程、落实奖惩措施的重要依据。为建立健全预算绩效考核奖惩机制，医院应将预算执行情况、成本控制目标实现情况以及业务工作任务完成情况相互融合，形成有机整体。在考核机制的设计中，应坚持以量化指标考核为主导，辅以定性指标考核，确保考核结果的客观性和公正性。同时奖励先进，通过正向激励激发医务人员的积极性和创造力，进一步加强对医院管理过程的有效控制。

（三）医院预算管理信息系统

医院预算管理信息系统主要划分为三大模块，分别是收支预算模块、项目预算模块以及资金预算模块。

收支预算模块下设收入预算、支出预算等子模块。收入预算主要覆盖医院全体临床开单科室，具体预算类型囊括挂号收入、检查收入、化验收入、药品收入、放射收入及卫生材料等多元化的收入形式。至于支出预算，其涵盖医院各归口职能部门及三级预算科室，预算类型则涉及人员经费、三公经费、日常运行经费等必要的支出类别。

医院项目预算管理通过细分子模块、设定年度计划和预算，医院能够有效规划和控制设备购置、科研项目和基建开发等方面的支出，从而提高医院运营效率，推动科研和基建的持续发展。

资金预算的编制主要依托于全院的收支预算，同时结合医院实际的资金流动状况作为预算的衡量准则。其核心目的在于确保全院流动性资金能够在特定时期内充分满足并支持医院运营管理的各项资金需求。

第二节　医院成本管理

一、医院成本核算概述

（一）医院成本核算概念

1.成本

成本是指在生产经营环节中，各类资源的总体耗费，包含人力资源、设备资源以及材料资源等在内的各项要素。

2.医疗成本

医疗成本是指医院在提供医疗服务过程中所涉及的人力成本、药品费用、材料消耗以及一系列其他相关支出的总和。

3.医院成本核算

医院成本核算最初主要是服务于医院的奖酬金分配体系，其核算内容、意义及作用相对有限。然而，随着经营管理理念的不断进步，医院逐步引入了"全成本核算"的理念，以更全面、深入地反映医院的成本情况。医院成本核算工作，旨在紧密结合医院实际发展情况，对经济服务过程中产生的各项费用进行深入分析和系统整理。通过成本核算，我们能够更好地掌握医院的成本构成，优化资源配置，降低成本支出，从而提高医院的经济效益和社会效益。

医院成本核算作为医院经济管理的重要环节，其管理意义日益凸显。首先，它有助于将技术经济责任制细化到各个科室，为医院的持续健康发展奠定坚实基础，更关键的是，它能够促进各项经济管理工作高效有序地推进。其次，加强全成本核算管理，能够充分调动各级工作人员的工作热情和创新能力，使他们能够以饱满的热情和高效的工作状态投入日常工作中，进而提升医院的经济效益,为广大人民群众提供更优质的医疗服务,这对于提升医院在市场竞争中的综合实力至关重要。

(二)医院成本核算体系

根据成本核算对象的差异性,医院成本核算体系进行了系统的划分,主要包括科室成本核算体系、医疗服务项目成本核算体系以及病种成本核算体系等多个方面。

科室成本是体现科室经营状况与成本消耗状况的重要指标,通过深入分析科室成本,可以协助科室制定并实施针对性的管理举措,实现对成本的科学有效管控,进而推动科室高效稳定运行,实现良好的发展态势。

医疗服务项目成本的核心在于精准反映医院各项收费项目的实际成本。为实现成本的有效管控,需对人员配置、设备配置以及材料消耗等关键项目资源进行合理调整与优化。

病种成本的核心体现在诊疗过程中各项资源的消耗情况,通过科学调整临床路径、优化诊疗方案,能够有效实现对病种成本的合理管控。

二、医院成本核算内容与方法

(一)医院科室成本核算内容与方法

1.科室成本核算内容

科室成本核算是医院在运营过程中,对科室在执行医疗服务活动时所产生的各类医疗资源消耗进行的精确计算。这些资源涵盖了人力资源、物资材料以及医疗设备等多个方面。成本核算工作从科室的角度出发,全面覆盖了直接成本与间接成本、固定成本与变动成本、可控成本与不可控成本等多个维度的核算、深入分析与有效控制。此外,成本核算还能够为科室的经营状况提供翔实可靠的信息数据支持,有助于科室更加科学合理地规划并开展医疗业务，推动医院的持续健康发展。

2.科室成本核算方法

在医院的成本管理中，全面准确的科室成本核算至关重要。通常，医院采用全成本法与分步逐级分项结转法相结合的方式进行核算，建立了四级核算三级分摊模型。四级核算涉及医院管理、医疗辅助、医疗技术及临床科室的成本核算，而三级分摊则将这些成本细分并分摊到各相关科室。该模型以具体的成本核算科目为基础，按照自上而下、不重复的逐级分摊规则进行成本结转，确保各科室的成本数据详尽、准确。这种方法不仅提高了医院财务管理的精确性，还为医疗资源的优化配置提供了科学依据。

医院科室成本核算遵循"谁受益谁承担"的原则，通过将全院成本从医院管理科室、医疗辅助科室和医疗技术科室逐级逐项分摊至临床科室。其计算公式为：某科室承担成本＝承担成本比例×被分摊科室总成本。

依据实际业务运行状况，不同科室所承担的比例均基于各项精细化参数进行精准计算。其中，核心参数包括但不限于职工人数、房屋面积、收入规模、支出情况以及业务量等关键指标。

（二）医疗服务项目成本核算内容与方法

1.医疗服务项目成本核算内容

医疗服务项目成本核算工作，应以科室成本作为出发点，以医疗服务行为的标准为指导，全面核算各项医疗服务项目（包括诊察、化验、检查、手术、治疗、床位等）所消耗的医疗资源成本。核算范畴应覆盖人力、材料、设备等直接成本，以及各项间接成本的合理分摊与核算。

2.医疗服务项目成本核算方法

作业成本法是一种精细化的成本计算和管理方法，通过追踪作业活动并动态反映其成本，来衡量作业的绩效和资源利用效率。在医疗服务领域，作业成本法以作业为核心，将资源消耗的成本分配到各个作业活动中，然后根据医疗服务项目所涉及的作业量，归集这些作业成本，最终计算出具体医疗服务项目的成本。这样的核算方法不仅能准确反映各医疗服务项目的真实成本，还能有效评价和改进资源的使用效率，提高医院的管理水平。

采用作业成本法实施医疗服务项目成本核算，应严格遵循以下三个关键环节：首先是项目直接总成本核算，其次是间接总成本核算，最后是项目单位成本核算。

（1）直接总成本计算。项目直接总成本的核算，需严格遵循项目与人员、材料、设备等要素的对应关系，进行精准计算。其中，人力直接成本、材料直接成本以及设备直接折旧等关键要素均纳入核算范畴。

项目直接总成本的核算公式为：直接总成本＝人力直接成本＋材料直接成本＋设备直接折旧。

人力直接成本计算公式为：人力直接成本＝作业时间×单位时间人力成本。

不收费材料直接成本计算公式为：材料直接成本＝材料数量×材料单价×使用比例。

设备直接折旧成本计算公式为：设备折旧＝设备操作时间×单位时间折旧。

（2）间接成本计算。项目间接总成本的计算过程，是依据管理成本、医辅成本及其他成本等要素，通过科学分析资源动因，合理分摊至各个作业环节，并最终精确核算至具体项目的系列活动。

间接成本计算分两个步骤：

①根据作业成本法的核心理念和运作机制，并依据作业对资源的占用比例进行科学核算，作业总成本的计算公式如下：作业总成本＝管理成本×管理资源占比＋医辅成本×医辅资源占比＋其他成本×其他资源占比。

②在核算过程中，从作业至项目的成本分摊需依据作业动因进行精确计量。其核算方法遵循以下公式：间接总成本＝作业总成本×作业动因占比。

（3）项目单位成本计算。基于项目的直接总成本与间接总成本，结合项目总工作量，进行细致、精确的单个医疗服务项目成本（即单位成本）核算工作。其核算公式为：单位成本＝（直接总成本＋间接总成本）／总工作量。

(三)病种成本核算内容与方法

1.病种成本核算内容

病种成本核算主要分为以下三类：一是针对仅基于主要诊断与操作的单病种的成本核算；二是开展基于临床路径的标准病种的成本核算；三是实施基于按疾病相关性分组的疾病诊断相关分组（Diagnosis-Related Groups，DRG）的病组成本核算。病种成本核算旨在根据不同病种的定义，对全院、各科室以及医疗组所执行的病种成本，以及患者的医疗成本进行精确核算。在DRG病组成本核算方面，若数据条件具备，还应涵盖地区DRG病组的成本核算以及同等级别医疗机构DRG病组的成本核算，以确保病种成本核算的完整性和准确性。

2.病种成本核算方法

病种成本核算的精确实施，离不开全面细致的医疗服务项目成本数据、药品数据、材料数据、病案数据的支撑，同时，患者的医嘱明细数据也是不可或缺的重要参考。

（1）单病种成本核算方法。单病种成本核算的核心在于依托病案数据进行精细化分析。在核算过程中，主要对包含主诊断或主操作的病案进行病种定义及成本核算。为确保核算结果的准确性与有效性，应严格按照项目成本、药品成本以及材料成本等相关数据进行细致核算。其核算公式为（见图10-3）。

$$病种平均成本 = \frac{\sum_{i=1}^{n}该病种下医疗服务项目i的成本 + \sum_{j=1}^{m}该病种下药品j的成本 + \sum_{k=1}^{p}该病种下收费材料k的成本}{该病种的总例数}$$

图 10-3

（2）标准病种成本核算方法。标准病种成本核算是对遵循标准临床路径的综合治疗过程中所消耗资源进行的系统性核算。其核算方式与单病种核算有着相似之处，但二者在核心原则上存在显著差异。标准病种成本核算所依据的标准临床路径，旨在构建全院范围内各科室共同遵循的规范化治疗流程，以确保医疗服务的统一性和高效性（特殊病情情况除外）。

标准病种成本核算过程涉及标准医疗服务项目成本、药品成本、收费材料成本等基础数据，其成本核算的公式如图10-4。

$$标准病种成本 = \sum_{i=1}^{n} 临床路径下医疗服务项目 i 的成本 + \sum_{j=1}^{m} 临床路径下的药品 j 的成本 + \sum_{k=1}^{p} 临床路径下的收费材料 k 的成本$$

图 10-4

实际核算时，要注意在临床路径下的特殊病情患者可能不适应该临床路径的标准治疗方式。

（3）DRG病组成本核算方法。DRG病组成本核算，即针对疾病相关组成本展开详尽核算工作，这是国家公立医院病种支付制度改革举措的关键支撑。在核算模式上，它与标准病种及单病种的成本核算模式大体相仿，其成本核算公式如图10-5。

$$DRG 病组成本 = \sum_{i=1}^{n} DRG 病组下项目 i 的成本 + \sum_{j=1}^{m} DRG 病组下药品 j 的成本 + \sum_{k=1}^{p} DRG 病组下收费材料 k 的成本$$

图 10-5

值得注意的是，在DRG病组成本核算中，医疗服务项目成本的核算会受到多方面因素的影响。这包括但不限于医院的等级评定、技术水平高低、地区经济发展的状况等宏观因素。此外，还需考虑到患者病情等微观因素的差异，例如患者年龄、性别差异，是否伴随并发症或并发症，是否进行手术，以及病情的转归情况等。

三、医院成本控制

（一）成本控制原则

1. 经济性原则

经济性原则强调在进行成本控制过程中，应确保所投入的成本与所取得的收益相匹配，即成本减少的幅度不应超过由此带来的收益增长。因此，在实施成本控制时，应着重选择那些对成本控制具有关键影响的因素进行优先处理，而非追求事无巨细的全面覆盖。这样的处理方式既符合经济效益最大化的原则，也有助于提高成本控制工作的针对性和实效性。

2. 因地制宜原则

因地制宜原则是指在成本控制过程中，需紧密结合医院的实际情况，精准选择适宜的成本控制手段。具体而言，对于差异化的成本项目，应针对性地设计相应的成本控制策略及具体措施。例如，在管控科室固定电话费方面，可采用定期公示超额话费名单的方式，以强化管理效能，确保成本控制工作的科学性与实效性。

3. 全员参与原则

医疗活动所产生的各项成本均须纳入严格的管理控制范畴，务必加大力度推进全院职工的成本控制宣传教育工作。通过此项工作，旨在进一步增强全体职工的成本控制意识，明确并强化成本控制所承载的责任与义务，从而在全院范围内形成浓厚的成本控制文化氛围，使成本控制成为每位职工自觉自发的行为习惯。

4. 领导推动原则

成本控制工作关乎各科室及职工的切身利益，其实施过程中往往会遭遇诸多挑战与障碍。为确保工作的顺利推进，需得到医院管理层的高度重视与鼎力支持，以形成合力，共同克服难题，确保成本控制工作的有效实施。

（二）成本控制方法

1.控制人力成本、实现减员增效

（1）合理配置人力资源。为了提高医院的运营效率，需根据医疗业务的发展情况，对各科室的工作流程进行整合，并设置相应的工作岗位。通过实行定员定岗的人事管理制度，医院能够根据岗位的具体需求，合理安排不同年资和学历的人员。这不仅有助于优化人力资源配置，避免浪费，还确保了各岗位人员的专业匹配度，提高了整体工作效率。

（2）加强信息化建设，减少人力资源投入。在数字信息时代的推动下，医院需要加大信息化建设力度，采用互联网技术来改进服务流程。通过提供自助挂号、缴费、咨询和领取检查结果等在线服务，医院可以显著减少人力资源的投入，同时提升服务质量和患者满意度。

（3）采取后勤服务集团化、专业化的管理模式。为了充分发挥医院在管理上的优势，应该对一些具备管理优势的服务业务（如洗浆、供应消毒和中央运输业务）实行专业化和集团化管理。通过这种方式，不仅能够提升业务的管理效率和服务质量，还可以将这些优势业务推向社会化发展，拓展服务范围，从而为医院带来更多的收益。

2.加强流动资产管理，提高资金使用效益

（1）提高货币资金的使用率。医院应当科学调配自有及借贷资金，经由严格评估，将货币资金精准投向成本效益优良的项目，以提升货币资金的使用效率，从而推动医院发展的步伐稳健前行。

（2）加强往来款项的及时清理。一方面，医院货币资金受到应收账款的占用，对资金的周转速度产生制约作用；另一方面，逾期未处理的债权容易转化为呆账，对医院财务安全构成潜在威胁。及时清理往来款项，不仅是提升医院成本管理水平的关键一环，更是确保医院财务稳健运行的必要措施。

（3）加强药品和材料库存的严格管理。为确保医院资金的有效利用和运营管理的规范有序，严格管理药品和材料库存显得尤为重要。鉴于大量采购药品和材料不仅占用资金，还增加了管理难度，因此，加强库存管理成为医院经营管理工作的重要环节。具体做法如下：①在充分分析医院物资需求的基础上，合理确定库存数量，结合现代物流技术，优化库存结构，降低资金占用，提高资金周转率。②实施公开透明的招标采购，确保采购过程的公开、公平、公正，消除采购中的腐败现象，降低采购成本，减轻医院经济负担，提升医院的经济效益。③根据实际床日数和医疗服务需求，制定合理的消耗定额标准，并通过严格的超定额管理制度，规范办公用品和不计价医用材料的消耗，确保资源的合理利用。

（4）建立严格的固定资产管理制度。医院需进一步加强对固定资产的规范化管理，深入挖掘资产潜能，切实提升使用效益，确保固定资产的安全性与完整性，从而实现资金的合理节约。具体举措如下：①建立固定资产专人专管机制，明确各级责任主体，确保资产管理责任到人。②建立健全固定资产账目和档案，确保资产信息准确无误，为管理决策提供有力支撑。③推行定期与不定期相结合的财产清查制度，全面保障国有资产安全，有效防范资产流失与浪费现象。④建立大型设备投资可行性评估体系。鉴于大型医疗设备投资金额较大，医院应严格把控投资源头，杜绝资产重置与闲置现象，避免投资的盲目性与风险性。⑤实行固定资产定期保养制度。特别是对于大型仪器设备，应建立及时维修与定期保养机制，确保设备稳定运行，降低维修成本，提高使用效益。⑥制定严格的固定资产报损、报废、审批、清查等制度。鉴于医院固定资产规模庞大且设备使用频率高，如CT、磁共振等大型设备，医院必须建立严格的固定资产管理制度，确保资产的有效利用与完整保存，防止固定资产流失现象的发生。

（4）实现科室预算管理，降低运行成本。医院可以通过实行科室二级预算管理，来对各科室的成本和费用进行实时监控。通过精细化的预算管理，医院不仅可以提高资金的使用效率，还能增强财务管理的科学性和规范性，进而促进医院的整体运营效率和经济效益的提升。

第三节　医院价格管理

医疗服务价格是指医疗机构在为患者提供医疗技术服务时，按照既定的收费项目和标准向患者收取的费用。其主要涵盖挂号、诊查、检查、治疗、化验、手术、护理、床位费以及诊疗过程中所使用的药品和医用卫生材料等相关费用。

一、组织架构

随着我国医疗卫生体制改革的持续深化，医院对于精细化管理的重视程度日益提升。为适应这一趋势，各医院纷纷建立起符合自身管理特色的物价管理体系，并设立专门的物价管理部门，配备专业的物价管理员，负责医院价格的全面管理和有效监督，以确保医院经济活动的规范化和透明化。

医院的价格管理组织架构可以根据不同的管理需求分为两种模式：一是在财务部设立专职物价管理员，同时在各临床科室设立兼职物价管理员，由两者配合进行价格管理，专职物价管理员还需负责对兼职管理员进行培训指导。二是成立价格管理委员会，由医院主要领导、职能部门负责人和临床科室负责人组成，并在财务部设立委员会办公室和专职物价管理部门及管理员。

二、工作职责

（一）价格管理委员会

医院的价格管理委员会负责统筹和指导全院的价格管理工作。各部门在委员会的领导下，形成分工明确、互联互通和合作支持的工作机制。委员会的主要职责包括：一是严格贯彻执行国家的价格法律法规和政策，确保医院价格管理符合相关规定；二是根据医院实际情况，建立和完善物价管理制度；三是全面指导医院的价格管理工作，并对其实施全过程监督；四是向价格主管部门提供价格执行情况的信息，及时反馈价格管理中的意见和需求。

（二）物价管理办公室

物价管理办公室是医院负责价格管理的专职部门，承担着多项重要职责。首先，对医疗服务项目进行成本调查和价格管理，对各科室物价制度执行情况进行严格监督和考核。其次，及时掌握最新的价格政策信息，定期汇报物价管理情况，并积极协助科室申报新增的医疗服务项目及其收费标准。此外，制定并落实各种医疗服务价格管理工作和检查制度，包括价格管理员岗位责任制度、价格政策法规培训制度、价格执行情况自查自纠制度以及患者咨询和投诉处理制度。

（三）医院专职物价管理

医院专职物价管理员的工作内容主要包括：掌握医疗收费价格改革动态，熟悉医疗收费价格文件；指导并监督科室收费行为，定期组织物价检查，发现问题及时整改；培训和指导临床科室主管医疗收费的专职（或兼职）物价管理；协助临床申报新项目收费价格，按政策调整收费项目价格；负责HIS系统中医疗服务项目收费价格维护和更新；接受患者价格咨询、费用查询，并处理医疗服务价格及收费等相关投诉；负责医院设备、物资采购的日常监审，并参与相关招标比选；组织做好价格公示等。

三、医院价格管理流程与方法

医院价格管理的流程和方法是实施价格管理的具体细则，通过制定和执行各项管理制度、流程及方法，对医院价格进行全面管理。一个完善的价格管理流程和方法能够确保价格管理工作有序进行，使医院的价格管理行为有章可循、有据可依。医院价格管理主要包括医疗服务收费项目的新增与调整管理、收费价格投诉管理、医疗收费价格公示管理流程、内部监督自查工作流程等多方面。

（一）医疗价格的新增与调整流程

首先，应由临床科室进行深入讨论与申报，随后将相关材料递交至医疗行政主管部门进行专业评审。评审通过后，需由运营主管部门负责开展全面调研工作。财务部门则需依据调研结果，进行精准核算与定价。接下来，医院主管成本与定价的院级机构（如医院设立的价格主管委员会）将对定价方案进行审议，并提出申报意见。最终，该方案需提交至政府主管部门进行审批，并等待其批复。

（二）医疗收费价格投诉管理流程

医院应公开价格投诉及咨询电话，以方便患者进行投诉和咨询。当医院投诉主管部门接到病患投诉时，应仔细听取投诉内容，并查询相关政策和资料，及时给予回复。每起投诉都应详细记录，确保每个问题都有回应。之后，将投诉内容和处理结果反馈给相关科室，帮助其改进医疗服务工作。

（三）医疗收费价格公示流程

医院应在门诊、急诊大厅及各治疗检查科室的显著位置设置宣传价目栏和电子显示屏，公示相关收费价格，主动接受社会监督。此外，为了规范收费行为和降低收费差错率，医院应定期对临床科室的收费行为进行检查。具体措施包括科室复核以及月度、季度或半月度的自查。通过这些手段，可以有效减少收费差错，降低病患投诉的发生率，进一步提高医疗服务质量和患者满意度。

第四节　医院结算管理

一、医疗服务结算概述

医疗服务作为医院的核心职能，旨在为广大患者及特定社会群体提供全面、专业的医疗照护。通过门诊、住院等多元化的服务形式，医院为患者带来实实在在的健康利益，并创造出具有实际价值的医疗产出以及非物质形态的服务体验。医疗服务结算作为医院基本的服务管理手段，确保了服务流程的规范与高效，为提升医疗服务质量奠定了坚实基础。

（一）医疗服务结算类型及方式

目前，我国医疗服务结算体系正逐步向多元化方向发展，从以往单一的全额支付结算方式，逐步转变为如今包含全额支付结算、医保联网结算等多种方式并存的格局。这种多元化的结算方式不仅提高了医疗服务结算的效率和便捷性，同时也为患者提供了更加灵活多样的支付选择。

1.全额支付结算方式及特点

全额支付结算方式涵盖纯自费结算以及无法直接通过医院联网实现报销结算的情况。在此过程中，患者需按照既定规定全额缴纳医疗费用，并由医院出具正式的医疗结算票据。目前，全额结算患者的主要支付手段包括现金结算、银行卡划款、支票结算、汇票支付以及使用移动互联支付工具等。由于全额支付结算方式要求患者承担全部医疗费用，药品、治疗及检查等费用均实现即时结算，医院不形成应收账款，从而有效防范呆坏账风险，提升财务管理水平。

2.医保联网结算方式及特点

医保联网结算，是指患者在医院接受门诊、住院等医疗服务时，能直接实现医疗费用的报销结算。在此机制下，患者仅需承担个人的自付部分金额，而医保支付部分则由医疗机构与相应的医保经办机构进行直接结算。

根据参保患者的经办机构所在地进行分类，结算类型具体细化为本地医保结算、异地医保结算以及异地新农合结算。而依据医保支付方式的不同，结算类型又可划分为按服务项目付费结算、按病种定额付费结算、限额付费结算、总额预算控制结算以及按人头付费结算等多种方式。

医保联网结算方式呈现出如下显著特点：①医保联网结算将成为结算方式的主流，引领未来医疗结算的发展潮流，具有重要的战略意义。②随着医保联网结算的广泛应用，医院应收账款比例将实现大幅提升，有助于提升医院的资金流转效率。③医保机构将通过社保基金的拨付机制，加强对医院的监督管理，确保医保资金使用的规范性和有效性。

3.合同记账结算

合同记账，是指与医院签订正式合同的单位，其费用结算遵循先行记账、后行付款的原则。此方式主要涉及外检单位、担保公司等相关机构的费用结算工作。

（二）医疗服务结算流程

1.门诊服务结算流程

（1）门诊收、退费和记账流程。门诊医疗费用结算窗口是患者完成并接受医疗服务的关键交易环节。患者在持有实名制就诊卡并完成就诊流程后，需依据医生开具的医嘱导诊单，前往门诊收费窗口进行费用缴纳，并同步办理发票打印等相关手续。此环节旨在确保医疗服务的规范化和费用结算的准确性，保障患者的合法权益。

（2）门诊账务管理流程。门诊收入是医院整体收入的重要部分，强化账务管理对于防范财务漏洞至关重要。为确保门诊财务活动的合法、有序和规范运行，财务部门需建立完善的业务规则，并编制门诊各类收入汇总表。这样可以确保医院的门诊、急诊收入能够及时、准确、完整地入账，保证账证和账实的相符。

（3）门诊财务库房管理及备用金管理流程。随着医院的发展，管理各类日报表和票据变得愈发重要。这些报表和票据不仅是记录医院经济业务表现的重要工具，也是强化财务内控制度和保障资金安全的关键手段。为此，医院应设立专岗负责处理日报表和票据存根，确保它们被妥善整理、装订和保存，并在适当的时候进行定期销毁，以确保所有财务活动都有据可查。此外，建立完善的备用金管理制度，可以有效规避现金安全问题，从而进一步提升医院财务管理的透明度和可靠性，保障资金的安全运作。

2.住院服务结算流程

（1）自付费用结算患者住院流程。在办理入院手续时，按照预估费用缴纳相应的住院押金。待治疗结束后，患者可在结算窗口进行费用的直接清算。

（2）医保联网结算患者住院流程。患者入院时，需根据预估费用比例预先缴纳住院押金。待患者完成治疗并准备出院结算时，仅需自行承担个人应支付部分费用，其余费用将由医保局与医院直接结算。

（3）其他方式结算患者住院流程。患者入院时，需按照预估费用比例缴纳住院押金（对于经担保公司担保的特定患者群体，则无需支付住院押金）。患者出院办理结算时，仅需支付个人应负担的费用部分，其余费用则由相关报销单位与医院进行结算处理。

二、医疗服务结算智能创新实践

（一）自助机模式

在现代医疗服务的发展中，除了追求精细化管理和精准医疗诊治外，人性化、快捷化、便利化的服务成为重要目标。随着医院信息化和数字化建设的不断推进，通过现代管理手段、互联网技术和自助机结算的结合，对传统业务流程进行了改造，并在医院内部广泛运行。这种改造相较于人工处理，更具快捷和简便的特点。自助服务平台集挂号、缴费、打印、查询等多种功能于一体，实现了就诊流程的"一条龙"优化服务，使患者真正享受到高效便捷的就医体验。

（二）"互联网+"模式

移动互联网的快速发展正推动并改变着各行各业的信息化进程，医院的信息化建设也在逐步朝着互联网化方向发展。近年来，在医疗改革政策的支持下，医院的信息化发展加速，并与互联网深度融合，催生了"互联网+医疗"的新模式。在技术进步和社会需求的双重推动下，多家医院自主研发了各种医疗APP，利用移动通信技术和智能终端系统创新医疗服务。这些APP的应用不仅能为患者提供优质、便捷的医疗服务，还大幅减少了窗口工作人员的负担，提高了整体就医效率和患者满意度。

（三）银医直连模式

银医直连模式将银行系统与医院信息系统对接，有效解决了医院挂号、就诊、缴费取药时间过长的问题，优化了患者的就诊流程，极大地方便了患者，同时也减轻了医院的运营负担，实现了银行、医院和患者的三方共赢。该模式采用银医直联与银行卡支付相结合的方式，实现了医疗信息的全流程交换和资金结算业务，并利用强大的资金归集功能，在母公司和子公司结算账户之间建立起上划下拨的关系。其灵活的接入方式和清算模式，以及全面的流动性风险管理手段，使其能够支持网银互联和新兴电子支付业务处理，满足人民币跨境支付结算需求，实现本外币交易的对等支付。同时，这一模式还具有统一身份验证、跨行账户管理、跨行资金归集、统一财务管理流程等显著特色，大幅提升了医院的结算及退款业务的效率和安全性。

第五节　医院内部控制

一、财务内部控制基础理论

医院财务内部控制的核心在于有效执行医院的经营方针，规范各种经济活动，确保财务信息的真实性和完整性。通过这一系统，医院能够提升财务系统的运行效率，实现资源的最优配置，确保各项管理目标的实现。

（一）财务内部控制的特点

1.目的性

医院内部控制体系中的各项制度、规划、流程与方法，均旨在服务医院财务管理体系，确保其紧密贴合医院实际运行状况，并与医院的组织架构及运营方式相契合，从而有效保障医院经营目标的顺利达成。

2.综合性

医院内部控制体系覆盖所有部门和各类经济活动，与医院的组织结构和运营模式紧密结合，充分反映出医院的管理理念。鉴于内部控制对医院经济活动具有全方位的覆盖性，为确保监督工作的有效实施，医院应从岗位职责的明确、制度要点的把握、业务流程的优化等多个方面入手，强化内部控制的管理力度。要进一步明确各部门的职责划分，促进各部门间的有效协作，从而确保医院经济活动能够高效、有序地推进。

（二）财务内部控制的目标

医院内部控制目标旨在持续规范医疗机构各部门的经济行为，确保资金与财产的使用安全得到切实保障。同时，应全面贯彻执行相关法律法规，有效预防欺诈和舞弊行为的发生。在此基础上，必须坚持严格的监督管控，堵塞可能存在的漏洞，以确保财务信息的真实性和完整性。最终，通过实现上述内部控制目标，医院能够合理保证经济活动的合规性与高效性，进一步提升公共服务的效率与效果。

(三)财务内部控制的要素

构建健全有效的内部控制制度，其设计务必全面细致，应贯穿组织内部各个层级、各个职能部门以及各项业务环节。该制度至少应包括以下五个核心要素，以确保内部控制的严谨性和可操作性。

1.控制环境

控制环境是医院内部控制体系的基础和导向，涉及多个关键方面。首先，医院需要树立诚信和道德价值观，确保工作人员具备专业胜任度。其次，医院应健全部门的组织架构、授权方式和管理模式，并明确各部门人员的责任分工。此外，确立管理哲学和经营风格，以及推进有效的人力资源政策及实务也至关重要。

2.风险评估

风险评估是为了评估在实现内部控制目标过程中可能出现的内部或外部风险，并制定合理的应对策略。通过建立和实施风险评估，可以有效保证医疗机构的经济活动合法合规，增强其防范风险的能力，促进管理工作的精细化、规范化和科学化。风险评估的主要内容包括设置目标、识别风险、分析风险以及制定应对措施。在实施过程中，需结合实际情况，考察如财务状况、经营成果和资金资产等相关因素，及时识别潜在风险并进行合理管控。

3.控制活动

控制活动是医院管理阶层为应对已识别的风险及其结果而采取的一系列措施、方法、政策和程序，目的是确保医院管理方针、控制目标和相关指令能够顺利实现。这些活动的主要内容包括预算控制、职责分工控制、审核批准控制、会计系统控制、内部报告控制和绩效考评控制。

4.信息与沟通

信息与沟通，是指为确保管理层与员工在经营活动中能够适时获取所需信息，实现明确分工与责任履行，管理系统需对内部与外部信息进行及时处理与交流。同时，需构建高效沟通机制，保障各层级、各部门及内外部之间的沟通顺畅、信息畅通，进而精准高效地达成经营目标。

5.监督活动

监督活动是内部控制系统稳健运行的重要保障，对于其高效执行具有不可或缺的护航作用。建立健全监督机制，对内部设计与实施过程实施严格管理，并对内部系统改革、运行及改进活动进行科学合理的评价，有助于推动内部控制系统质量的持续提升，确保医院内控机制能够保持有效且稳定的运行状态。

二、财务内部控制体系的构建

（一）业务层面内部控制

1.预算业务控制

构建以医院领导为核心负责，财务部主导引领，相关部门协同参与，明确分工与协作的预算管理机制，是预算业务控制的核心任务。医院预算编制工作务必紧密结合医院发展规划与年度事业发展计划，严格遵循上级主管部门设定的相关指标和政策导向，严格执行"两上两下"的预算编制时间和程序要求。同时，充分参考上一年度决算数据、成本分析以及物价改革等因素，细致核实医院人力、物力等基础数据，确保预算编制的科学性、合理性和可行性。在此基础上，进行综合平衡与统筹安排，确保医院预算管理的全面性与高效性。

医院的所有收支必须纳入严格的预算管理体系。预算一旦批复，需要立即进行细化和分解，并上报医院审批，之后迅速下达到各预算执行部门。在内部控制环节中,要监督预算的执行情况,落实预算执行责任制,严格控制超预算和无预算的支出。要定期监督和检查预算执行的进度,分析和考核各科室的预算执行情况,并编制预算执行情况报告。这些报告将作为科室考评的重要指标。为了确保预算管理的有效性,需要建立完善的预算考评机制,通过结合实际运营情况和预算执行分析,找出差异并提出改进建议,从而及时调整和优化预算方案。

2.收支业务控制

(1)收入控制。收入控制要求医院将所有收入纳入财务统一核算和归口管理。医疗收入需按照权责发生制进行确认和核算,并严格遵守国家规定的收费标准。建立健全的收入控制体系是关键,包括严格的退费审批流程、收入与票据的审查,以及各项收费与会计收入的核对。

(2)支出控制。支出控制是指医院所有支出必须取得合法凭证,并严格按照审批程序执行,确保符合规定的开支范围和标准。对于重大经济事项,必须经过医院管理层的集体决策,并按规定流程报批。所有纳入预算管理的支出,必须严格控制,不得超预算或计划外列支。为了有效监督和控制医院资金的支出,必须建立责任追究制度,及时报告和处理发现的问题,定期进行效益分析和评估。

3.政府采购业务

医院的政府采购业务必须严格遵循政府采购的相关程序规定,确保财政资金及自有资金的合理使用。财务部门需承担起编制预算、下达预算并督办预算执行的重要职责,同时负责政府采购资金的审核支付工作。

政府采购项目应严格按照市财政局发布的最新政府采购目录标准及限额进行执行,确保应采尽采,不留死角。各医院科室必须严格遵守政府采购的相关规定,不得以任何方式将应履行政府采购程序的项目化整为零,或以其他方式规避政府采购。

为确保政府采购业务的规范性和透明度,医院应设立专项监管机构,对政府采购业务流程及资金使用进行全面控制和监督。预算批复项目及追加项目均须严格履行项目申报手续,确保各项资金使用的合规性和有效性。

此外,采购档案的管理也是政府采购业务中不可或缺的一环。各医院应妥善保管采购档案,确保档案的真实性和完整性,严禁伪造、编造、隐匿或销毁档案,以维护政府采购的严肃性和权威性。

4.资产控制

(1)货币资金控制。医院资金岗位应遵循不相容岗位互相分离的原则,关键岗位定期轮岗,以加强相互制约和监督。所有资金应统一由财务部管理,禁止其他部门或科室私自开立银行账户或隐匿小金库。财务部门必须严格执行库存限额管理,现金超过规定限额必须当日存入银行,不得坐支现金,确保账目日清月结。此外,医院需建立现金抽查制度,不定期对财务库存现金、门诊及住院备用金、银行日记账等进行抽查,并记录抽查情况,及时处理发现的问题。在银行账户管理方面,账户的开立、变更、撤销都必须按规定报批备案,结算金额达到起点以上的必须采用银行转账方式,并定期检查和清理账户,严禁出借银行账户。这些措施确保医院资金管理的安全、规范和高效运行。

(2)专项资金控制。专项资金是指由国家或相关部门下拨,具有特定用途的资金,如专项支出、项目支出等。医院的专项资金支出预算必须严格按照资金的开支范围编制,不得增设其他支出科目。财务部门应对专项资金进行统一管理,按项目单独核算,并制定内部管理办法,健全内部控制制度,以加强对专项资金的监督和管理。专项资金必须专款专用,任何单位和个人不得以任何理由截留、挤占或挪用。严禁使用专项资金支付罚款、捐款、赞助、投资等项目,也不得用于发放在职人员的工资、津贴、补贴、加班费等福利支出。医院财务部门负责按规定编制年度专项资金决算,并定期报送项目主管部门。年度结存的专项资金应结转至下年度继续使用,确保资金使用的连续性和规范性。

(3)固定资产控制。医院购建固定资产应统一纳入预算管理,特别是对于大型专用设备,需进行详细的可行性论证、效益追踪和绩效考评。医院应设立专门机构，监督固定资产购置的预算审批、执行控制，以及大型医用设备的配置是否按照规定报批审核。在取得固定资产时，应及时办理验收入库手续；在出库时，需经归口部门批准并审核。固定资产的出售、转让、维修、捐赠和报废等处理事项，必须按照相关规定逐级审核报批，并建立详细的账目备查簿。每年年底，应由专人负责组织固定资产的清查盘点工作，发现盘盈或盘亏情况时，需履行报批手续，确保账、账实、账卡相符。通过这些措施，医院可以实现固定资产管理的规范化、透明化和高效化。

5.建设项目控制

医院财务部门需设立基建会计，负责参与建设项目的各个环节，包括招投标、概预算编制与审核、价款支付以及竣工决算。财务部应加强与基建部门的沟通，密切跟踪建设进度，严格审核价款，并按照规定支付工程款项。对于上级主管部门下达的投资计划和预算资金，必须实行专项管控和专款专用，严禁非法截留及超批复内容挪用资金。

在建设项目竣工后，应及时完成基建项目资产及档案的移交工作，确保在竣工决算和决算审计后的规定时限内办理完结。对于超期未办结竣工决算但实际已投入使用的项目，医院应将其转为相应资产，并按实际投资的暂估值进行账务处理。这些措施能够确保医院基建项目的财务管理规范有序，资金使用合法合规。

6.合同控制

医院财务部门应设立合同收付款审核岗，负责监督和管控医院合同的经济业务履行情况。财务部门与合同归口管理部门应建立实时沟通协调机制，以确保合同管理、预算管理和收支管理的相互结合和制约。根据合同的实际履行情况，财务部门应办理价款结算和进行账务处理。对于未按合同条款履行的情况，财务部门应在付款前向相关部门负责人报告。所有涉及医院经济活动的合同都应提交财务部门，作为账务处理的依据。同时，财务部门必须加强合同信息的安全保密工作，未经批准不得泄露涉及国家秘密、工作秘密或商业秘密的合同信息。

（二）内部控制监督评价

医院应建立健全内部控制监督评价体系，定期对内部控制体系进行评价，并设置专职岗位负责监督检查财务内部控制制度的执行情况。通过建立内部控制问责机制和责任追究机制，确保岗位分工明确、责任到人，对超越权限或违规操作的行为追究相关人员的责任。

财务内控专职人员应不定期对各收、退费点、会计室等出纳岗位的库存现金进行盘点抽查，并记录抽查结果。同时，定期检查银行存款日记账、银行对账单及银行存款余额调节表的核对情况，并清理未达账项，建立详细的抽查记录。此外，还需定期核查财务各类票据的监管情况，对票据的领用和核销流程进行抽查记录。通过这些措施，确保医院财务管理的透明度和规范性，提高内部控制的有效性。

第六节 医院财产物资管理

医院财产物资管理涉及多个关键环节,包括固定资产的精细管理、低值易耗品的合理使用、药品的严格监管、卫生材料的科学调配以及其他材料的规范存储。为确保医院财产物资管理工作的有效性与规范性,应始终坚持"统一领导、计划供应、定额配备、归口负责"的基本原则。通过强化统一领导,实现资源的集中管理和统一调配;制定科学合理的供应计划,确保物资的及时供应和有效利用;严格执行定额配备制度,优化资源配置,提高使用效益;明确各部门的归口管理职责,形成责任明确、协同高效的管理体系。

一、固定资产管理

(一)固定资产概念及分类

医院固定资产是医院资产体系中的核心要素之一,具体指那些使用期限超过一年,单位价值满足规定标准,同时在日常使用中能够维持其原始物质形态不变的资产。这些资产在保障医院稳定运行、提升医疗服务效能以及推动医院持续健康发展方面发挥着不可或缺的作用。

根据固定资产的属性特点,现将其划分如下几类:①房屋及建筑物类:具体涵盖医院实际控制、占有并投入使用的各类房屋、建筑物以及与之相关的附属设施。②专业设备类:主要指医院为满足医疗服务活动所需而购置的各类医疗器械及专业设备。③一般设备类:涉及医院在日常业务运营中广泛应用的通用性设备。④其他固定资产类:包括前述各类固定资产之外的其他相关资产。

（二）医院固定资产管理要做好的工作

（1）设置专门管理机构，配备相应管理人员，建立健全各项管理制度。

（2）建立健全管理账卡，实行三级账卡制度，即财会部门负责总账；财产管理部门负责明细账；使用部门负责建卡（台账）。

（3）实行责任制管理。医院的贵重仪器、设备要指定专人管理，制订操作规程，建立技术档案和维护、保养、交接以及使用情况报告制度。

（4）财产物资管理部门与财会部门要定期对固定资产进行清查、核实，每年末要进行一次全面清查，做到账实相符、账账相符，并以此作为编制决算的依据。

（5）固定资产的购置和修缮要充分考虑工作需要和财力可能，根据医疗任务、技术条件和配套设施确定。特别是对万元以上大型医疗仪器设备的购置要进行科学论证，防止盲目性。

（6）新建房屋要按照基本建设程序报主管部门审批。新增加的固定资产要及时组织验收入账并及时投入使用。

（7）固定资产的拆迁、调出、报废必须报主管部门审批，单位价值超过20万元的要上报财政部门审批。

（8）对盘盈、盘亏的固定资产，均应查明原因，按规定进行账务处理。

二、库存物资管理

（一）库存物资的概念和分类

库存物资是指医院为开展业务及其他活动而储存的材料、燃料、包装物和低值易耗品等。主要包括药品、卫生材料、其他材料和低值易耗品三类。

药品，作为医院开展医疗业务活动的核心物资，是用于诊断与治疗各类疾病的特殊商品。其不仅是医院提供医疗服务活动的重要物质基础，更是确保医疗质量与效果的关键手段。

卫生材料是指在医院为患者提供医疗服务的过程中，经过单次使用后即转化为费用的医用物资。这些物资包括但不限于医疗用血、用氧、放射材料、化验材料以及各类一次性用品等。

其他材料是指医院为确保正常运营而储备的一系列公共物资，这些物资不包括低值易耗品和医用卫生材料。其种类繁多，包括但不限于布匹、办公用品、劳动保护用品、清洁工具、燃料、维修材料及其他各类必需品等，旨在满足医院日常运作和管理的多元化需求。

低值易耗品是指那些单位价值较低、易于损耗、未达到固定资产标准、可多次使用而不改变其原有物质形态，但易受损毁并需频繁补充与更新的物品。其涵盖范围广泛，包括但不限于医疗用品、办公用品、棉纺织品、文娱体育用品、炊具以及其他各类日常所需用品。

（二）库存物资的管理

1.采购管理

医院应设立专门的采购组织，对于大批物资的采购工作，应由采购小组采取公开招标的方式进行决策，确保采购过程的公正透明。采购小组在决策过程中，可灵活运用询价、政府采购、公开招标等多种方式，以确保采购的物资质量可靠、价格合理。

招标小组应由招标办、财务、审计以及其他相关职能部门共同参与，形成合力，共同推进采购工作的顺利进行。同时，要增加采购透明度，确保采购过程公开、公平、公正，防止腐败现象的发生。

对于特殊物资的采购，如高值耗材等，应由使用科室提出书面申请，并经过相关部门领导的审批通过后，方可进行公开招标采购。通过这种方式，可以确保特殊物资的采购符合医院实际需求，并且能够在保证质量的前提下，实现成本的有效控制。

2.出入库管理

采购的物资要按购进价进行入库管理，要建立健全出入库手续，按计划采购的库存物资，应及时组织有关人员按照入库的规定进行验收。严格按规定的定额或限额领用库存物资，加强对领用库存物资的监督与管理。

3.加强清查盘点工作

查实数量、确定物资的实际库存数量，并与库存物资的账面数量进行仔细核对，确保账实相符，这是医院财务管理中不可或缺的一项基础工作。为了保障物资管理的准确性和规范性，必须建立清查盘点制度，并定期进行清查盘点工作，同时也可根据需要进行不定期的清查盘点。对于盘亏、盘盈的情况，应深入查明原因，并根据不同情况采取相应的处理措施。

三、货币资金

（一）货币资金的概念

货币资金，作为医院在业务活动中流通的货币形态资金，其转化效率高、占用量变化大，并具备一定的投资属性。依据其形态和用途的不同，货币资金可划分为库存现金、银行存款、零余额账户用款额度以及其他货币资金等多个类别。

（二）货币资金管理制度的主要内容

由于货币资金是流动性最强的资产，必须加强货币资金的管理，建立良好的货币资金内部控制，以确保全部应收取的货币资金均能收取，并及时正确地予以记录；保证全部货币资金支出是按照经批准的用途进行的，并及时正确的予以记录；货币资金报告正确，并得以恰当保存。

（1）授权审批控制。为确保货币资金业务管理的规范性和严谨性，需对审批人在该业务中的授权批准范围、权限、程序、责任以及相关控制措施进行明确界定，同时，对经办人办理货币资金业务的职责范围和工作要求也应作出详细规定，以确保业务运作的顺畅与高效。

（2）不相容岗位分离制度。即支付申请、批准支付、收付款、记账、采购、付款、销售、收款、银行印鉴管理以及票据管理等各岗位，必须与出纳岗位实行明确的职责划分，确保货币资金业务的全过程不由单一人员承担，以此强化资金管理的严谨性和安全性。

（3）人员配备和轮岗控制。为强化货币资金的管理与控制，需遴选具备专业素养的财务人员负责货币业务。财务部应依照既定计划，有序实施岗位轮换制度，以确保资金运作的严谨性。此举既有利于增强货币资金的监管力度，又能使财务人员在实践中全面了解并熟悉各项业务流程。

（4）现金管理制度，包括现金的使用、保管与盘点，必须根据《现金管理暂行条例》及相关管理的规定，结合本单位的实际情况，确定本单位现金的开支范围、库存限额，不属于现金开支范围的业务应当通过银行办理转账结算，超过库存限额的现金应及时存入开户银行，不得坐支。建立定额备用金制度和货币资金盘点核查制度，随机抽查银行对账单、银行日记账及银行存款余额调节表，核对是否相符，不定期抽查库存现金、门诊和住院收费备用金，保证货币资金账账、账款相符。

（5）银行存款定期对账，安排出纳和编制收付款凭证以外的财务人员定期核对银行账户，每月至少核对一次，并编制银行余额调节表，保证账面余额与银行对账单余额相符。

（6）印鉴保管和使用，实行印鉴分离，严禁一人保管支付款项所需的全部印鉴。按规定需要有关负责人签字或盖章的业务，必须严格履行签字或盖章手续。

（7）加强与货币资金相关的票据管理，明确各种票据的购买、保管、领用、转让、注销等环节的职责权限和程序，并专设记录，防止空白票据的遗失和被盗用。

（8）文件记录与存档，对货币资金的收支活动形成完整的文件记录，并做好归档和保管工作，包括各种资金收支记录、授权审批文件、现金盘点表、银行对账单、银行存款余额调节表等。

(9)回避制度控制。单位领导的直系亲属不能担任单位会计机构的负责人;会计机构负责人的直系亲属不能担任本单位的出纳工作。

四、无形资产

(一)无形资产的定义

无形资产是指那些虽无实物形态,但能为医院带来特定权益的资产类别。具体而言,无形资产涵盖了专利权、著作权、版权、土地使用权等范畴,同时亦包括非专利技术、商誉等无形资产形式。此外,医院所购置的、不构成相关硬件不可或缺组成部分的应用软件,以及其他各类财产权利,亦属于无形资产的范畴。这些资产在医院的运营与发展中发挥着重要作用,为医院提供了重要的经济价值和竞争优势。

(二)无形资产管理的主要内容

无形资产管理实行"统一领导、归口管理、分级负责、责任到人"的管理体制,通过建立完善无形资产内部控制制度,保证无形资产的安全,提高无形资产的使用效率和效益。

(1)授权批准制度。明确授权批准的方式、权限、程序、责任和相关控制措施。

(2)不相容岗位相互分离。不相容岗位至少包括:预算的编制与审批、预算的审批与执行、取得验收与款项支付、处置的审批与执行、取得与处置业务的执行与会计记录、使用保管与会计处理。

(3)采购与验收控制。针对项目的可行性,应开展全面而深入的研究与分析工作,并据此编制无形资产投资预算,确保预算的合理性与科学性。同时,需遵循既定程序进行审批,以保障决策过程的规范性与透明度。

在外购无形资产方面,应建立健全请购与审批制度,明确界定各部门的职责权限，并制定相应的请购与审批流程。为确保无形资产的安全与有效使用，应建立严格的交付使用验收制度。无形资产交付使用的验收工作应由使用部门及相关部门共同负责，确保资产的完整性与合规性。

对于外购的无形资产，必须取得无形资产所有权的有效证明文件，并认真审查相关合同协议等法律文件，以防范法律风险。对于需要办理产权登记手续的无形资产，应及时前往相关部门办理登记手续，以确保资产的合法性与权益保障。

（4）使用与保全控制。医院应强化无形资产的日常管理流程，明确指定相关部门或专责人员负责无形资产的日常使用与保全管理事宜，确保无形资产的安全性与完整性得到有效保障。同时，应建立科学规范的无形资产分类标准，并据此制定并严格执行无形资产目录制度。在每个会计年度末，无形资产使用部门应会同财务部门对无形资产进行全面检查，对发现的差异进行及时深入的分析与调整，以维护无形资产的准确性与价值。

（5）处置与转移控制。无形资产的报废应由无形资产使用部门负责发起，并经过授权批准，严格按照既定程序进行报废清理工作。对于需要出售或转出的无形资产，相关部门或人员需提出正式的申请，并报请授权批准，随后方可进行出售或转让操作。

第十一章　医院经济分析

第一节　医院经济分析概述

一、医院经济分析的目的

医院经济分析是结合医疗政策形势与医院运营计划，通过深入分析经济核算报表、统计数据及相关资料，对医院一定时期内的经济运行情况和经营活动进行全面调研与分析的重要工作。在此基础上，从经济管理的角度出发，提出针对性的管理建议，旨在促进医院经济管理的科学化、规范化和高效化，为医院的可持续发展提供有力保障。

医院开展经济分析的宗旨在于，通过对医院经济活动进行深入的分析与评价，为政府相关部门及医院管理层提供清晰、系统的财务、会计及医疗服务与资源综合使用信息整合报告。此举旨在全面反映医院的经营管理成效，为提升医院的社会效益、经济效益以及经济管理水平提供有力的决策依据。同时，基于分析结果，提出具有诊断性和针对性的改进建议，助力医院实现更加高效、可持续的发展。

由于医院经济分析更主要的作用是为医院和医疗业务科室提供经济方面的建议，若要发挥经济分析的作用，就要求经济分析与医疗业务密切结合，也要求经济分析人员深入临床一线实地调研，不局限于数据层面分析，而是透过数据看医疗业务活动的实质。因此，医院经济分析实际就是一个以核算数据为核心的"挖掘数据→检查数据→理解数据→预见数据"的过程。

二、医院经济分析的特点

为了适应外部环境和形势的变化，医院必须做到：①在环境变化影响到医院经营之前预期到变化并做出回应，在问题发生之前避免而不是事后进行补救。②持续地改进经营管理方式，而不仅仅是寻求短期的利益。③向外关注患者的要求以及同行医院的威胁。患者的要求是医院的驱动力，同行医院的竞争策略及其提供的服务会影响医院收益。④将医院内部和外部各因素有机结合起来，这样才能彻底而不是暂时性地解决问题。为此，医院必须构建与医院战略紧密契合的战略经济分析体系。这一体系的构建要求医院经济分析从战略层面出发，紧密围绕由本院、患者以及同行医院共同构成的"战略三角"进行深度剖析。既要深入挖掘和提供与患者和同行医院相关的外向型战略信息，也要对本医院内部信息进行全面、深入的战略审视，从而为医院管理者提供全面、准确的信息支持，助其实现高瞻远瞩的战略决策。

医院经济分析工作应以医院长期发展的战略目标为根本出发点，同时紧密结合医院年度经营计划，统筹兼顾医疗活动、人力资源管理、经济运行以及后勤服务等多个方面。既要关注医院当前的经营活动，也要积极展望并分析各种可能的运营前景，如扩大经营范围等，从而实现对医院内部结构和外部环境的综合考量。

战略经济分析作为传统财务分析的一种深化与拓展，并非其取代者或分支领域。此种分析方式超越了单一财务数据与核算数据的局限，立足于医院战略层面，将关注点广泛拓展至影响医院运营的多元因素及外部环境。通过此种方式，医院管理者在进行战略决策时能够获取更为宽广的视野和更为深入的分析内容，进而为医院优化经营、提升竞争力、稳固并拓展长期竞争优势奠定坚实基础。

三、医院经济分析的原则

（一）客观性原则

医院经济分析务必以确凿事实为依据，一切从实际出发，紧密结合医院真实发生的经济业务，依托账表数据深入分析。必须坚决反对主观臆断、结论先行以及数字游戏等不实之风。只有坚持客观性原则，才能确保分析结论真实可靠，为医院管理决策提供坚实支撑。

（二）全面性原则

医院经济分析工作必须树立全局观念，从多角度、多层次出发审视和剖析问题。在此过程中，应坚持一分为二的辩证思维，既要总结成功经验，也要汲取失败教训；既要分析有利因素，也要考虑不利因素；既要考察主观因素，也要关注客观因素；既要关注经济问题，也要研究技术问题；既要审视外部问题，也要剖析内部问题。唯有坚持全面性原则，方能确保财务分析结论不失偏颇，更具科学性和指导意义。

（三）相关性原则

医院经济分析的相关性主要体现在其与多方信息使用者的需求紧密相连，包括监管部门、医院管理层、职能部门科室、院内职工以及社会公众等。通过财务分析，旨在满足这些使用者对财务信息的特定需求，例如监管部门的监管需求、医院管理层的经营决策需求等，以确保财务分析能够准确反映医院的财务状况和经营成果，为各方提供有价值的参考信息。

（四）可比性原则

医院经济分析应当秉持发展的视角与全局的视野，坚决摒弃孤立、静止的片面分析方式。在财务分析过程中，必须全面审视医院的发展历程、当前状况以及未来趋势,将医院自身置于行业大背景下进行深度剖析。通过纵向对比医院自身不同时期的财务数据,以及横向对比同行业其他机构的经营表现,进而清晰展现医院的发展动向、行业定位、核心竞争力与潜在短板。这样的分析方式能够为医院的经营管理提供坚实可靠的数据支撑与决策参考。同时,必须坚持可比性原则,确保财务分析结果的准确性、客观性与有效性,为医院健康、可持续发展提供有力保障。

(五)灵活性原则

在医疗卫生体制改革持续深化以及新旧会计制度交替之际,大型公立医院所处的宏观经济环境和内部管理环境均发生了显著变化,经济活动亦日趋复杂。因此,在进行医院经济分析时,医院必须灵活应对,紧密结合医改的大背景、宏观经济政策制度以及医院内部精细化管理的要求,对医院整体经营情况进行深入剖析,以确保分析的准确性和有效性。

四、医院经济分析的服务对象

医院作为一个独具特色的机构,其管理特性相较于其他组织,尤其是工业组织,存在显著的差异。具体表现在,产出的定义与衡量难度更大;所涉及的工作内容复杂多变;各项工作相互依存,不同专业小组间需保持高度协调;且工作本身具备极高的专业性。这一系列特点决定了医院的运营必须满足多方面的条件,对医院内部管理的要求也应具有综合性。

医院经济分析作为衡量医院经济运行状况的"听诊器",其重要性不言而喻。随着医院管理复杂性的提升,对医院经济分析的要求也相应提高。本节将从医院经济分析当前的服务对象层面出发,逐一进行详尽阐述。

(一)服务于医疗政策制定层面——为监管部门制定政策提供现实依据

该层面主要服务对象是政府主管部门。

报表数据作为至关重要的信息资源,在卫生健康管理部门经济决策与政策制定过程中具有不可替代的作用。各医疗机构编制年报的主要目标之一,即是为上述决策和制定提供翔实、准确的数据支持。

各级医疗机构应深入结合年度卫生财务报表分析成果以及卫生发展状况,对年报数据进行全面、重点突出、针对性强的分析工作。同时,还需紧密结合医院实际运行现状,为医改政策的制定提供建设性意见和建议,从而为监管部门作出科学、合理的决策和政策制定提供坚实依据。

国家有关部门通过财务报表能够全面掌握医院的经济活动及财务收支状况,有效检查医院预算执行情况,并考核医院对财经纪律、法规及制度的遵守情况。此外,还能深入分析不同类型、不同地区、不同规模医院在经营中存在的问题,并以此为依据确定医院发展方向和财政预算收支计划,进而有利于制定更具针对性的政策进行宏观调控。

(二)服务于医院管理决策层——为医院管理层制定医院战略发展目标提供数据参考

该层面主要服务对象是医院管理层。

医院经济分析,作为医院财务管理的关键举措,对于医院实现既定经济目标、推进战略实施具有不可替代的管理作用。通过深入剖析财务报表,医院管理者能够全面把握医院的财务状况和经营绩效,科学分析报表数据,挖掘其中的经济实质,从而为决策制定和战略调整提供有力支撑。

医院通过对比分析不同时期的收入、支出、结余等关键指标,能够清晰识别差距所在;借助因素分析,可精准测定各因素变化对医院经济的影响;经济批量分析则有助于掌握药品、库存物资等资源的利用情况;趋势动态对比能够揭示医院发展的内在规律;针对大型设备投资项目的专题分析,则能有效减少盲目投资带来的风险,增强医院财务风险防控能力。

财务报表分析运用一系列科学的财务分析方法,充分利用医院财务会计资料及相关信息,旨在提升医院管理水平,强化内部经济管理,完善内部控制机制，增强医院在医疗市场中的竞争力和风险抵御能力，进而提升医院的社会效益和经济效益，推动医院走向优质、高效、低耗的可持续发展之路。

（三）服务于医疗业务科室经营层面——促进科室管理科学化、现代化

该层面主要服务对象是医疗业务科室管理者，即科主任和护士长。

科室作为医院医疗服务体系的基本组成单元，承载着医院经营运作的重要职责，其综合效益的提升对于医院整体发展具有举足轻重的地位。经济分析的核心目标之一，在于通过深化科室内部成本核算，强化报表分析，以及各科室间经营状况的比较研究，加大管控力度，进而提升科室运行质量，优化管理水平。

报表分析不仅有助于全面呈现医院的各项财务数据，更能深入挖掘运营管理中潜藏的问题，明确责任部门和科室，为各科室精准定位管理和业务中的薄弱环节提供有力支撑。在此基础上，指导科室加强经济管理，有效防控风险，进一步降低可控成本，推动科室管理向科学化、现代化方向迈进。

此外，医院的整体经营情况与每位员工紧密相连，密不可分。通过深入剖析财务报表，员工能够全面把握医院的经营状况、预算管理、收入管理、支出管理、成本管控、资产管理、对外投资以及货币资金等医院经济运行的核心要素。这不仅有助于员工将医院的整体发展蓝图与自身具体工作紧密结合，更能激发员工的主人翁意识，强化科室员工的成本管理观念，实现节支降耗，降低服务成本的目标。

同时，加强财务报表分析工作，将专业化的财务数据转化为通俗易懂的文字描述，并辅以直观的图表分析，有助于社会公众更加清晰地了解医院经营的现状、面临的挑战与困难以及医院发展的方向。通过社会公众的广泛监督，能够推动医院规范医疗行为、提升服务质量、控制医药费用，进一步改善服务环境，优化就医流程，加强医患沟通，从而促使公立医院回归其公益性的本质属性。

第二节 医院经济分析方法

一、比较分析法

比较分析法,作为经济分析中的核心手段,主要是通过对比医院某项经济指标的变化情况,精确计算出经济指标变动值的大小。此方法不仅在经济分析中应用广泛,更是其他分析方法得以运用的基石。其核心特性在于精准区分所比较指标之间的各类差异,包括但不限于差异额、差异幅度以及差异方向。依据比较对象的不同,比较分析法可细化为两种主要比较方式。

(一)绝对数的比较分析

绝对数的比较,是对某指标的实际数值与预设的标的值进行对比分析的重要环节,通常包含以下几个关键内容。

第一种,通过与既定的计划(或目标、定额)进行对照,全面把握实际完成情况与计划、定额之间的差异和符合度。

第二种,通过与前期数据进行对比分析,深入剖析各项指标的演变趋势和发展动向。

第三种,以历史最佳水平为参照点,客观评估本期工作与历史最佳水平之间的具体差距。

第四种,结合国内同行业先进水平的标准,精准把握本医院在行业中的位置及与先进水平的差距。

第五种,通过与主要竞争对手的比较分析,清晰认识本医院在市场竞争中的优势和不足。

前三种比较分析方法的运用,均是基于医院内部实际情况进行的横向对比;而后两种比较分析方法则依赖于对众多同行医院数据的广泛收集与深入分析，以形成更为全面客观的评估基础。在医院经济分析的实践中，后两种比较分析方法往往发挥着举足轻重的作用，为医院的科学决策和持续改进提供了有力支撑。

（二）百分率的比较分析

绝对数的比较分析反映出增减变化的绝对额，但无法反映增减变化的幅度，这可通过计算百分率来实现。百分率的计算分为完成百分率和增减百分率，其计算公式为：

$$完成百分率 = \frac{指标实际值}{指标标的值} \times 100\%$$

$$增减百分率 = \frac{指标实际值 - 指标标的值}{指标标的值} \times 100\%$$

在运用比较分析法时，应注意指标的可比性。具体表现在：首先，计算口径一致，即相比较的经济指标所包括的内容、范围是一致的；其次，对比期间长度一致，即相比较的经济指标应当是相同时间段、相同时间长度的结果；再次，计算方法一致，即相比较的经济指标的影响因素一致。

【例1】A医院骨科2022年的病床从上半年的40张增加至下半年的80张，2022年上半年与下半年的收支情况对比如下。

表11-1　A医院骨科2022年上半年与下半年的收支情况对比

项目	2022年上半年月均	2022年下半年月均	2022年下半年刀均比2022年上半年月均的变化率（%）
收入（元）	1 000 000	1 800 000	80
成本（元）	950 000	1 710 000	80
结余（元）	50 000	90 000	80
床位（张）	40	80	100
月均每床结余（元）	1 250	1 125	-10

鉴于骨科病床数量的增长和规模的不断拓展,其总体收入与成本的增长趋势显而易见。在运用比较分析法进行效益评估时,必须严格区分由规模扩张所带来的效益增长与因自身运营效率提升而产生的效益增长。通过这样的区分,月均每床结余这一核心指标才能具备实际的可比性,进而使得比较分析法的运用更为精确和有效。

二、比率分析法

(一)概念

比率分析法,是医院信息使用者根据报表数据,结合报表内其他相关信息,对同一报表内或不同报表间的相关项目,以比率形式展现其相互间联系的一种分析技术。此种方法旨在深入剖析医院及医疗业务科室的经济状况和经营成果,为决策提供有力支撑。

(二)分类

运用比率分析法进行指标对比得出的结果表现为相对数,其具体的分析方法如下所述。

1.结构比率分析

结构比率分析,是指通过对比个体指标与总体指标,深入计算个体在总体中所占的份额,以分析项目构成的变动,从而揭示经济活动的核心特点和其潜在的发展趋势。比如,药品收入与总收入的比例,以及人员成本与总成本的比例等,均是结构比率分析所关注的关键指标。

2.相关比率分析

相关比率分析是指不同但又相互联系的指标之间的对比,计算出另一经济含义的指标。分析时应确定不同指标之间客观上存在的相互关系,如通过科室的结余与收入的对比,可计算出结余率;通过成本与收入的对比,可计算出成本率。

运用比率分析法对医院的财务状况和经营成果进行评价,具有显著的有效性。分析者能够借此方法从纷繁复杂的经济信息中抽丝剥茧,聚焦医院与医疗业务科室在经济方面的内在联系与相互影响。此方法在实践中得到了广泛运用,对于提升医院管理水平和优化资源配置具有积极意义。

【例2】A医院胃肠外科2022年2月基本核算数据如下:

表11-2 A医院胃肠外科2022年2月基本核算数据

项目		金额(元)
收入	收入小计	650 000
	药品收入	150 000
	手术麻醉收入	250 000
	医技收入	50 000
	其他收入	200 000
成本	成本小计	490 000
	人员成本	98 000
	药品成本	135 000
	手术麻醉成本	200 000
	医技成本	35 000
	其他成本	22 000
结余		160 000

运用结构比率分析,计算胃肠外科的收入、成本结构如下:

表11-3 A医院胃肠外科2022年2月收入结构分析

项目	金额(元)	收入占比(%)
收入小计	650 000	100
药品收入	150 000	23
手术麻醉收入	250 000	38
医技收入	50 000	8

其他收入	200 000	31

表 11-4　A 医院胃肠外科 2017 年 2 月成本结构分析

项目	金额（元）	成本占比（%）
成本小计	490 000	100
人员成本	98 000	20
药品成本	135 000	28
手术麻醉成本	200 000	41
医技成本	35 000	7
其他成本	22 000	4

运用相关比率分析，计算胃肠外科的成本率、结余率等核算数据如下：

表 11-5　A 医院胃肠外科 2017 年 2 月成本率、结余率等核算数据

项目	金额
收入小计（元）	650 000
成本小计（元）	490 000
结余（元）	160 000
成本率（%）	75
结余率（%）	25
药品收入（元）	150 000
药品成本（元）	135 000
药品成本率（%）	90
手术麻醉收入（元）	250 000
手术麻醉成本（元）	200 000
手术麻醉成本率（%）	80
医技收入（元）	50 000
医技成本（元）	35 000
医技成本率（%）	70

（三）使用比率分析法时需注意的问题

比率分析法的优点是计算简便，计算结果也比较容易判断，而且可以使某些指标在不同规模的企业之间进行比较，甚至也能在一定程度上超越行业间的差别进行比较。但采用这一方法时应该注意以下几点。

（1）对比项目的相关性。计算比率的子项和母项必须具有相关性，把不相关的项目进行对比是没有意义的。在相关比率指标中，只有两个对比指标有内在联系，才能评价有关经济活动之间是否协调均衡，安排是否合理。

（2）对比口径的一致性。计算比率的子项和母项必须在计算时间、范围等方面保持口径一致。

（3）衡量标准的科学性。运用比率分析，需要选用一定的标准与之对比，以便对企业的财务状况作出评价。通常而言，科学合理的对比标准有预定目标、历史标准、行业标准、公认标准等。

三、趋势分析法

（一）概念

趋势分析法是通过比较医院或医疗业务科室连续数期的会计报表，运用动态数值表现各个时期的变化，揭示其发展趋势与规律的分析方法。医疗活动的经济现象是复杂的，受多方面因素变化的影响，如果只从某一时期或某一时点出发很难看清它的发展趋势和规律，因此，必须把连续数期的数据按时期或时点的先后顺序整理为数列，并计算它的发展速度、增长速度、平均发展速度和平均增长速度，用发展的思路来分析问题。

发展速度是全部数列中的比较期与基期水平之比，反映各个比较期的数值占基期的百分比，从而考察总时期内各个时期的变动情况和发展速度。发展速度指标按比较标准时期的不同，分为定基变化率和环比变化率，其计算公式如下：

$$定基变化率 = \frac{指标实际值 - 指标基期值}{指标基期值} \times 100\%$$

$$环比变化率 = \frac{指标本期实际值 - 指标基期值}{指标基期值} \times 100\%$$

【例3】A医院肝胆外科2022年1—12月收入数据及其发展速度如下：

表11-6　A医院肝胆外科2022年1—12月收入数据及其发展速度

时间	金额（元）	与2022年1月比的变化率(%)	环本变化率（%）
2022年1月	150 000		
2022年2月	80 000	-47	-47
2022年3月	150 000	0	88
2022年4月	120 000	-20	-20
2022年5月	135 000	-10	13
2022年6月	142 500	-5	6
2022年7月	157 500	5	11
2022年8月	165 000	10	5
2022年9月	142 500	-5	-14
2022年10月	120 000	-20	-16
2022年11月	142 500	-5	19
2022年12月	150 000	0	5

（二）运用趋势分析法需注意的问题

在运用趋势分析法的过程中，务必注意以下重要事项：

首先，用于对比分析的各个时期指标，在计算口径上必须保持严格一致，以确保分析结果的准确性和可比性。

其次，需要剔除偶发性项目对分析数据的干扰，确保所使用的数据能够真实反映企业正常的经营状况，从而提高分析的可靠性。

最后，应遵循例外原则，对存在显著变动的指标进行深入的重点分析，探究其背后的原因，以便制定针对性的对策，实现趋利避害的目标。

四、因素分析法

（一）概念

因素分析法是依据分析指标与其影响因素的关系，从数量上确定各因素对分析指标影响方向和影响程度的一种方法。采用这一种方法的出发点在于，当有若干因素对分析指标发生影响作用时，假定其他各个因素都无变化，顺序确定每一个因素单独变化所产生的影响。

（二）分类

因素分析法包括连环替代法、差额分析法、指标分解法等。这里以连环替代法为例加以叙述。

连环替代法是将分析指标分解为各个可以计量的因素，并根据各个因素之间的依存关系，依次用各因素的比较值（通常即实际值）替代基准值（通常即标准值或计划值），据以测定各因素对分析指标的影响。

连环替代法的基本特点是：在有两个以上因素存在着相互联系的制约关系时（具体表现为构成经济指标的各因素之间存在相乘或相除的关系），对于一个经济指标发生变化而为了确定各个因素的影响程度的情况，首先要以基期指标为基础，把各个因素的基期数按照一定顺序依次以实际数来代替，每代替一个就得出一个新结果。在按顺序代替第一个因素时，要假定其他因素不变，即保持基期水平。在依次逐个代替其他因素时，以已代替过的因素基数为基础，其余尚未代替的因素仍保持基期水平。

【例4】A医院肝胆外科2021年及2022年收入、收治人次等基本数据如下：

表 11-7　A 医院肝胆外科 2021 年及 2022 年收入、收治人次等数据

项目	2021 年	2022 年
收入（元）	10 000 000	13 200 000
收治人次	1 000	1 200
人均病人费用（元）	10 000	11 000

收治人次、人均病人费用对收入的影响程度如下：

表 11-8　A 医院肝胆外科 2021 年及 2022 年收治人次、人均病人费用对收入的影响程度

项目	2021 年	2022 年	变化值	对收入的影响额（元）	影响占比（%）
收治人次	1 000	1 200	200	2 000 000	62.5
人均病人费用（元）	10 000	11 000	1 000	1 200 000	37.5

（三）使用因素分析法时需注意的问题

因素分析法作为一种有效的分析工具，在财务分析中得以广泛应用。该方法不仅能全面剖析各因素对某一经济指标的综合影响，还能针对特定因素进行单独分析，从而精准把握其影响程度。然而，在运用因素分析法时，需特别关注以下几个关键问题。

1.因素分解的关联性

因素分解的关联性，即明确构成经济指标的各要素，必须基于客观存在的因素关联，确保能够深刻揭示形成该指标差异的内在构成机理。若未能反映这些内在原因，则其存在价值将无从谈起。

2.因素替代的顺序性

在替代因素的过程中，需严格依据各因素间的依存关系，将其系统地排列并依次进行替代，严禁随意改变顺序，以免产生不同的计算结果。一般而言，为确保因素替代程序的准确性，应根据分析对象的特性，深入剖析各因素间的相互依存关系，并确保分析结果有助于明确责任归属。

3.顺序替代的连环性

　　因素分析法在计算每一个因素变动的影响时，均基于前一次的计算结果进行，通过运用连环比较的科学方法，准确判定各因素变动所带来的影响效果。之所以强调计算程序上的连贯性，是为了确保各个因素影响的总和能够精确反映分析指标变动的差异，进而全面而深刻地揭示分析指标变动的根源。

第三节　医院经济分析四要素

医院经济分析旨在通过多维度的观察和多途径的探寻，发现深层次的问题，并保障能够迅速、精准地呈现各类经营信息。在进行医院经济分析时，我们必须着重关注四个核心要素：收入、成本、人员以及工作量。这四个要素共同构成了医院经济运行的基础框架，对于全面把握医院经济状况、优化资源配置、提高管理效率发挥着至关重要的作用。

一、收入：结合收费内容、医疗业务环节分类反映

（一）传统收入分类

收入是指科室在日常医疗业务活动中所产生的经济利益流入，体现了其经济活动的成效。按照《医院会计制度》所规定的医疗收入项目类别，可以细致划分为以下几个方面的内容。

一是门诊收入。具体细分为挂号收入、诊察收入、检查收入、化验收入、治疗收入、手术收入、卫生材料收入、药品收入、药事服务费收入、其他门诊收入等。

二是住院收入。具体细分为床位收入、诊察收入、检查收入、化验收入、治疗收入、手术收入、护理收入、卫生材料收入、药品收入、药事服务费收入、其他住院收入等。

（二）适用于经济分析的收入分类

医院的收入结构主要由各类项目收费构成。患者从进入医院接受初步诊断，到接受治疗并最终康复出院，这一过程中涉及多个医疗环节。每个环节

中，医院依据所提供的具体医疗服务项目，都会产生相应的收入与支出。然而，仅仅按照收费内容进行收入的划分，难以准确反映各医疗环节的实际收入状况，这对于深入分析各医疗环节的经济效益构成了障碍。因此，本书结合医疗业务流程的实际情况，从经济核算与深度分析的角度出发，对收入进行了更为合理与细致的分类反映。

1.临床诊疗类收入

临床诊疗类收入指在病房、门诊为病人直接提供医疗服务实现的收入。根据收入内容不同具体细分为药品收入、卫生材料收入、挂号收入、床位收入、诊察收入、检查收入、手术收入、治疗收入、护理收入、其他收入等。

2.手术麻醉类收入

手术麻醉类收入指在手术室完成的，由临床医生、手术室护士、麻醉科医生协作向病人提供手术治疗、麻醉等医疗服务实现的收入。具体可细分为手术收入、麻醉收入，在此基础上可进一步细分为项目收入、药品收入、材料收入、其他收入等。

3.医技类收入

医技类收入指由住院或门诊科室开单，检查和检验部门独立完成的收入。具体可细分为检查收入、化验收入、治疗收入等，在此基础上可进一步细分为项目收入、药品收入、材料收入、其他收入等。

二、成本：结合成本性质、医疗业务环节特点分类反映

一般而言，病人在进入医院后，会依次经历门诊或住院诊疗、手术麻醉治疗以及医技诊断等多个核心环节。各环节产生的收入与成本经汇总后，便构成了针对病人的总体收入与总体成本。关于成本分类的反映，一方面需借鉴收入划分的方法，依据相应的医疗环节进行细致分类；另一方面，还需结合量本利分析模型，对具有不同属性的支出进行科学划分，以确保成本分类的准确性和合理性。

（一）临床诊疗类成本

临床诊疗类成本，指的是在病房和门诊等医疗服务场所，直接为病患提供医疗过程中所发生的各项成本费用。根据支出的性质和用途，可进一步细化为：变动成本，主要涵盖了药品费、卫生材料费等；固定成本，则包括人员薪酬、设备折旧、维修保养费用、业务运营费用、日常办公费用以及后勤保障支出等各项内容。

（二）手术麻醉类成本

手术麻醉类成本，是指手术室在提供手术治疗、麻醉等医疗服务过程中所发生，并需向相关临床科室分摊的成本费用。根据支出的性质，可进一步细化为：可计费材料成本、公共材料成本、药品费用、人员薪酬、设备折旧费以及各类公共业务开支等。

（三）医技类成本

医技类成本，指的是检查和检验部门在提供独立服务过程中所产生的，并转移至相应临床科室的各项成本费用。根据支出的不同属性，可细化为以下方面：一是变动成本，主要包括药品费用、卫生材料费用等；二是各类固定成本，诸如人员薪酬、设备折旧费、日常业务运营费用等。

（四）管理费用

管理费用，即医院为实现全局性管理，确保其医疗业务得以稳定、有序运行与发展所支出的各项费用。其中，亦涵盖现行体制下医院需自行承担、消化的公共性支出，诸如离退休人员相关费用、公费医疗分摊费用等。管理费用作为医疗机构总体成本的重要组成部分，其成本额度与各个医疗业务部门面向患者提供的服务量并无直接关联，而是更多地受到医院管理导向的影响。因此，管理费用应当独立列示，不宜将其混同于某一医疗环节的成本之中，以免对成本效益分析的精准性造成干扰。

三、人员：结合科室人数、人员构成情况分类反映

通常情况下，医院应合理布局医生、护士、技术骨干、药剂师、后勤保障及行政管理等多类人员，并根据岗位特性构建相应的高、中、基层人才结构。人员核算的初衷，是从经济视角深入剖析人力资源的效能与构成，为医院在人力资源部署与调控上提供决策支撑。基于各科室的业务运营需求，经济分析报表应迅速反馈如下关键人员核算信息，以助力医院实现人力资源管理的优化与提升。

（一）科室实际人数

科室实际人数是指在科室内实际工作的自然人数。

（二）科室折合人数

在医院内，处于轮训阶段的医生往往不能完全独立承担医疗工作，其工作量与普通医生不可比。另外，随着医院发展，在人力资源配置上将逐步优化结构，配置更多的助理类人员，其工作内涵与正式的医护人员也有所区别。为了横向比较科室之间人员的工作效率，需先按工作量的可比性对科室的人员进行分类核算，在此基础上将不同类别的人员按照工作量负荷程度的差异选取一定标准进行折算，以得出科室之间可比的工作人数。

科室折合人数计算的例子如下：A 科室共配置有医生 10 人，护士 15 人，同时新增两名正处于培训阶段的医生及两名助理护士。鉴于培训阶段的医生与助理护士所承担的工作量仅为正式医生与护士的一半，故在核算科室折合人数时，需对培训医生与助理护士的人数进行相应折算。据此，A 科室的折合人数计算公式为：10（正式医生人数）＋15（正式护士人数）＋2×0.5（培训医生折合人数）＋2×0.5（助理护士折合人数），合计 27 人。

（三）人员结构

人员结构是指科室内部的人员构成情况，可从多个角度分类反映：一是技术职称结构，即正高、副高、中级、初级、其他；二是人员岗位结构，即医生、护士、技术人员、其他；三是用工类型结构，即编制内员工、编制外员工。

四、工作量：结合各类科室工作量情况分类反映

工作量是反映科室工作效率的重要内容之一，也是经济分析报表不可或缺的部分。工作量数据应结合医院管理设置、科室医疗业务流程以及经济分析报表的具体应用要求进行分类统计反映。一般来说，各类科室工作量指标包括以下内容。一是住院科室。该科室指标有出院人数、实际占用床日、床位使用率、床位周转次数、平均住院日、手术量。二是门诊科室。该科室指标有门诊接诊人次、出诊工时。三是医技类科室。该科室指标有检查治疗人数、检查治疗项目数、预约等待时间、检查至出报告时间。四是手术室、麻醉科。该科室指标有手术量、麻醉例数、手术时间、麻醉时间。

医院的管理方法各具特点，经济分析报表需结合医院的管理特点反映工作量，门诊管理也存在多种模式，较常见的主要有两种：一是固定医生在某个门诊专科出诊；二是由病区派出医生到门诊出诊，并且医生在多个专科内出诊。对于前者，无论从业务角度还是人员绩效的角度，按门诊专科统计反映工作量即可；但对于后者，业务角度与人员绩效角度反映的工作量则有所区别。从业务角度来看，按门诊专科统计工作量，反映该专科业务下接诊病人的数量、费用等情况；从绩效角度来看，按某行政科室下管辖的所有医生统计在门诊出诊的总工作量，可能涉及多个门诊专科，目的是反映该科室医生在门诊接诊病人数量、费用等情况。因此，经济分析报表应根据使用者的需求分别从业务角度、绩效角度统计反映门诊量。

第十二章 医院审计管理

医院审计管理旨在切实维护医院内部经济秩序的稳健运行,确保各项经济活动的合规性和有效性。为此,医院审计机构严格依照国家的法律法规,对医院的经济活动进行全面审计、客观评价、权威鉴证以及严密监督,以确保医院资金使用的合规性、效益性和安全性,为医院的健康稳定发展提供坚实的保障。

第一节 医院内部审计概述

一、医院内部审计的概念

审计是指由国家授权或依法设立的专职机构及人员,依据国家的财经法规和相关标准,运用科学的审计方法和技术,对被审计单位的财务收支、经济活动及其管理效益进行全面、客观、公正的审查和评价,以确认其是否合规、有效履行经济责任,从而保障国家经济安全和促进经济健康发展的监督活动。

我国的审计组织体系严谨而完备,主要由以下三个层次构成:其一为国家审计机关,涵盖审计署及县级以上地方各级人民政府设立的审计局,作为政府审计工作的中坚力量;其二为部门和单位的内部审计机构,具体包括国务院和县级以上地方各级人民政府各部门设立的内部审计机构,以及大中型企业、事业单位内部的审计机构,负责各自领域内的审计监督工作;其三为经政府相关部门批准并注册的社会审计、会计组织,作为审计体系的有益补充,发挥着不可或缺的作用。

医院审计是单位内部监督的重要组成部分,医院内部审计机构在本单位主要负责人的直接领导下,依法依规独立行使内部审计监督职权,对本单位经济活动进行全面、客观、公正的审计监督,并向本单位报告工作。在业务层面,内部审计机构接受上级审计机构的业务指导和监督,认真办理本单位领导和上级审计机构交办的审计事项,并积极配合国家审计机关对本单位进行审计监督,确保审计工作的顺利开展和有效实施。

二、内部审计的特点

内部审计与外部审计在诸多方面呈现出明显的差异,这些差异主要体现在以下几个方面。

(一)审计对象的单一性和审计目的的内向性

审计对象具有单一性,即仅限于本部门、本单位的经济活动,这有利于内部审计人员深入剖析实际情况,精准把握主要矛盾。医院内部审计机构的核心工作宗旨在于推动医院经营管理的优化及医院基本目标的达成,其服务对象明确指向医院内部,故而呈现出鲜明的内向性特征。

(二)工作的相对独立性

注册会计师审计以其显著的独立性为特点,这是因为作为审计主体的会计师事务所既与被审计单位保持独立,又独立于委托人,从而确保审计结果的客观公正。而医院内部审计机构虽独立于被审计部门,但作为医院内部设立的机构,其运作必然受到医院主要负责人的领导与监督,因此其独立性呈现出明显的相对性特征。

（三）审查范围的广泛性

医院内部审计作为医院经营管理的重要支撑，其审计范围必然涵盖医院内部的财务收支、内部控制以及经营管理活动的各个方面。由于内部审计人员对本单位情况有着深入的了解和熟悉，因此他们能够比外部审计更为精准和细致地执行审计任务。

（四）审计实施的及时性和经常性

医院内部审计旨在强化自我约束，完善内部控制体系，确保财经法纪的严格执行，优化经营管理，进而提升社会效益和经济效益。在审计工作中，管理审计、经营审计以及效益审计等关键环节，均得到了重点关注和深入剖析。此外，内部审计具有及时发现问题并解决问题的优势，使得其比外部审计更有条件开展事前、事中以及事后的全面审计，从而确保医院运营活动的规范性与高效性。

（五）医院内部审计的局限性

要搞好内部审计，审计人员必须掌握执行审计工作所需的各类专业知识以及完成审计任务的技能。目前，医院内部审计人员中非专业出身的比例较高，整体素质普遍偏低，这使得他们难以胜任更为复杂的审计任务，如果处理不当，很容易使审计工作流于形式。因此，在必要时，医院需要寻求外部审计组织的协助，不能草率行事。否则，审计监督的严肃性和有效性将会受到严重影响。

三、医院内部审计的分类

医院内部审计按活动内容不同，可分为四类。

(一)财务审计

财务审计,即对财务报表(诸如资产负债表、现金流量表、损益表及内部专项报告等)实施系统、全面的审查工作,旨在深入揭示医院的财务状况、经营成果以及资金流动状况。同时,财务审计还需重点关注医院的资产状况、成本结构、债权债务关系以及经营效益等核心领域,通过实施专项审计,确保医院各项经济活动的真实、准确与合规。作为医院内部审计不可或缺的一部分,财务审计在提升医院治理水平、促进经济效益增长等方面发挥着举足轻重的作用,为医院的稳健发展提供有力保障。

(二)经济/社会效益审计

经济/社会效益审计是指按照一定标准对医院关键性事务的经济性、效率性以及效果性进行综合评估,从而确定提高经济效益和社会效益的差距与潜力。在当前市场经济竞争日益激烈的背景下,效益审计逐渐受到广泛重视,并成为内部审计工作不可或缺的重要组成部分。

(三)内控系统评价

内控系统评价旨在深入剖析医院内部控制体系的科学性与实用性,全面评价其设计是否符合规范、运用是否高效。

(四)经济责任审计

经济责任审计旨在系统评估医院内部机构及人员在特定时间段内所开展的经济活动,从而客观认定其经济业绩,并明确界定其经济责任。在当前深入推进反腐倡廉工作的大背景下,医院内部审计的此项职能显得尤为重要,正发挥着不可替代的积极作用。

四、医院内部审计的职能

（一）监督评价职能

监督评价作为医院内部审计工作的传统职能，不仅构成了履行其他职能的基石，更是保障医院各项经营管理活动合法、合规、合理、有效的关键环节。在履行监督职能的同时，内部审计应以评价职能为核心内容，通过两者的紧密结合，确保医院目标的顺利实现。在当前形势下，充分发挥内部审计的监督职能，加强源头防腐工作，对于推动医院内部的廉政建设具有举足轻重的意义。

（二）管理控制职能

医院内部审计是医院内部控制机制中不可或缺的一环，其全面性、独立性、客观性以及权威性使得它能够对其他内部控制进行精准的评价和衡量，进而保障内部控制的恰当性和有效性。作为对其他控制机制的再控制手段，医院内部审计的管理功能在众多职能部门中显得尤为卓越和超脱。

（三）服务咨询职能

内部审计工作致力于提升组织价值、优化运营流程。对于医院而言，内部审计通过有效履行监督评价与管理控制职能，旨在协助管理层提升控制效能、完善经营流程并加强风险管理。其根本目标在于识别潜在风险点，发掘增值空间，确保医院在合法合规、高效有序的运作中实现各项既定目标。因此，医院内部审计工作应始终秉持"一审、二帮、三促进"的核心理念，确保审计工作精准到位。在整个审计过程中，应牢固树立为被审计对象服务的意识，将服务思想贯穿于审计工作的始终，为医院的健康发展提供有力支撑和保障。

五、医院内部审计机构的人员

根据原卫生部令第 51 号颁布的《卫生系统内部审计工作规定》以及《综合医院分级管理标准（试行草案）》的相关规定，二、三级医院必须设立与财务机构相匹配的审计机构或配备相应职级的专职审计人员。人员编制需科学配置，且应具备完成审计工作所需的专业知识及技能，确保审计队伍的稳定性和高效性。医院内部审计人员应在本单位主要负责人的直接领导下，依法独立行使职权，其合法权益受国家法律保护，任何单位和个人均不得对其进行任何形式的打击报复。同时，内部审计人员必须坚守原则、实事求是、忠诚履职、公正无私、不越权滥权、不徇私舞弊、严守机密，这是每位内部审计人员必须严格遵守的职业道德和行为规范。

六、医院内部审计机构的任务

根据《综合医院分级管理标准（试行草案）》和《卫生系统内部审计工作规定》，医院内部审计机构的工作和应负的职责，主要有以下内容。

（1）对财务计划或预算的执行情况和决算进行审计监督。

（2）对财务收支及有关的经济活动实行经常性审计监督。

（3）对资金、财产的完整、安全进行监督检查。

（4）对内部控制制度的健全、有效及执行情况，进行监督检查。

（5）对卫生、科研、教育和各类援助等专项经费的管理和使用情况，进行审计监督。

（6）经常检查、评估资金、财产的使用效益，提出改进建议。

（7）经济责任审计。

（8）对建设项目的预（概）算和决算进行审计。

（9）对严重违反财经法纪的行为进行专案审计。

（10）贯彻执行国家审计法规，制定或参与研究本单位有关的规章制度。

（11）办理本单位领导和上级内部审计机构交办的审计事项，配合国家审计机关对本单位进行的审计。

七、医院内部审计机构的职权

根据审计署和国家卫健委有关规定，医院内部审计机构在其职务范围内的权力，主要有以下内容。

（1）要求被审计单位按时报送财务计划、预算、决算、会计报表，检查会计凭证、账簿、报表、决算、资金、财产，查阅有关的文件和资料。

（2）参加有关的会议。

（3）对审计中发现的问题，向有关单位和人员进行调查并索取证明材料。

（4）提出制止、纠正和处理违反财经法纪事项的意见，以及改进管理、提高效益的建议。

（5）对严重违反财经法纪和严重失职造成重大经济损失的人员，向领导提出追究其责任的建议。

（6）对阻挠、拒绝和破坏内部审计工作的，必要时，经领导批准，可采取封存账册和资财等临时措施，并提出追究有关人员责任的建议。

（7）对审计工作中的重大事项，应向上级内部审计机构反映，或向国家审计机关反映。

第二节　医院审计的程序

一、医院内部审计程序

内部审计程序指内部审计工作从开始到结束的整个过程，包括审定审计计划、审查和评价审计资料、报告审计结果、进行后续审计。根据审计署和国家卫健委关于内部审计工作的有关规定，医院内部审计工作的程序为以下内容。

（1）根据上级部署和本单位的具体情况，拟订审计工作计划，报经本单位领导批准后，制定审计方案，进行审计工作。

（2）对审计中发现的问题，可随时向有关单位和人员提出改进意见，审计终了应提出审计报告，在征求被审计单位的意见后，报送本单位领导，重要的应同时报送上级内部审计机构。

（3）对重大审计事项作出的处理决定必须报经本单位领导批准；经批准的处理决定被审计单位必须执行。

（4）被审计单位对处理决定如有异议，可在15天内向本单位负责人或上级内部审计机构提出申诉；单位负责人和上级内部审计机构应在接到申诉30天内作出复审结论和决定。申诉期间原审计处理决定照常执行。

二、一般审计程序

一般审计程序是指审计组织进行审计活动时通常所采用的工作程序。一般可分为四个阶段。

（一）审计准备阶段

审计准备阶段的核心任务主要包括：明确审计项目内容与目标，科学编制审计工作实施方案，系统收集并分析相关资料，深入调研审计对象的具体情况，精心组织审计团队并明确职责分工，以及及时发出审计通知书等。

审计工作计划的核心组成部分涵盖以下方面：明确审计的具体目标，确立审计工作的根本依据，详尽阐述审计的涉及内容，选定适宜的审计方法，科学规划审计工作的各个环节，合理安排审计工作的时间节点，明确审计人员的具体职责分工，并强调其他应引起高度注意的审计相关事宜。

审计工作方案，是指审计项目确立后，审计小组依据审计计划精心设计的实施策略。该方案详尽阐述了审计的主要任务、范围界定、执行方式、时间节点及编制依据等核心内容，以确保审计工作有序、规范、高效推进。

审计通知书，是指审计机关根据审计工作方案向被审计单位发出的书面通知，内容主要包括审计的内容、范围、方式、时间、要求和审计人员名单。

（二）审计实施阶段

审计实施是审计程序中的第二个阶段，即从审计组织到达现场开始审查至审查完毕的工作阶段。实施阶段的基本步骤是：检查—取证—分析—评价。

通常情况下，财务审计工作的核心内容涵盖以下几个关键环节：首先是与被审计单位领导进行会面，清晰阐述审计的核心目的；随后，由被审计单位的负责人及相关职能部门详尽介绍情况，确保审计资料的完整性与准确性；紧接着，编制查账试算表，为后续的审查工作奠定基础；在此基础上，对凭证账簿、报表进行全面审查，同时核查现金、实物，并查阅相关文件、资料，对有关人员进行深入调查；依据审计目标，对各项业务进行逐一审查，并详细记录审计过程；最后，根据审计工作底稿中梳理出的问题，与被审计单位进行深入交流，达成共识，以便形成全面、准确的总结报告。

（三）审计报告阶段

编写审计报告是审计程序中的第三个阶段。审计实施阶段完毕，各项审计目标已经达到，便进入报告阶段。报告阶段的主要工作，是对审计过程中发现的问题、各种证明材料及有关资料进行综合分析，编写审计报告。审计报告草稿完成后应征求被审计单位意见，取得一致意见后编写正式报告，报送委派领导。被审计单位如有不同意见，应在报告中说明。

审计报告的主要内容包括：被审计单位（审计项目），审计范围和内容，审计中发现的问题，评价和结论，处理意见和建议。审计报告必须附有证明材料和有关资料，对问题定性要准确，提出的处理意见要适当。

（四）审计后续阶段

审计机构在出具审计报告和作出决定后，为了考察被审计单位的执行情况和审计效果，应在相隔一段时间后进行后续审计检查。

一般情况下，后续阶段的主要工作包括：检查审计决定的执行情况；考察审计效果；进一步解决存在的问题，落实各项措施；发现和弥补原来审计中的不足和错误；根据新的情况提出新的建议和措施，扩大审计效果。

第三节 医院内部审计的方法

审计方法是指用于收集审计证据、实现审计目的的手段和技巧。根据审查程序的不同,可以分为顺查法和逆查法;而按照审查范围的不同,又可以分为详查法和抽查法。在实际审查过程中,审计人员还可以根据具体情况和需求,灵活运用各种审计技术方法,如复核法、核对法、审阅法、盘点法、调查法以及分析法等,以确保审计工作的准确性和有效性。

一、核对法

核对法,作为一种审计技术,其核心在于对会计记录或资料与其相关联的记录或资料进行复核、查对及验证。通过运用此项技术,内部审计人员能够严谨地核对原始凭证与记账凭证的对应关系,确保记账凭证与各相关账户的准确衔接,并验证各有关账户与会计报表项目的一致性及其正确性。此项技术作为审计工作中的基础环节,对于保障审计工作的准确性和规范性具有重要意义。

二、审阅法

审阅法是指通过对有关会计记录或资料的审阅,对被审计单位账目的真实性、合规性、合理性,以及是否符合一般公认会计准则进行审查的一种审计技术。

会计资料包括会计凭证、会计账簿和会计报表,对它们的审阅应注意如下要点:①会计资料本身外在形式是否符合会计原理的要求和有关制度的规定;②会计资料记录是否符合要求;③会计资料反映的经济活动是否真实、正确、合法和合理；④有关书面资料之间的勾稽关系是否存在、正确。

在进行审计工作时，除了对会计资料进行审阅外，还需对其他相关资料进行仔细审查，以获取更为详尽的信息。如相关法规文件、内部规章制度、计划预算资料、经济合同、协议书、委托书、考勤记录、生产记录、各种消耗定额、出车记录等。

三、盘点法

盘点法作为一种审计技术，主要依据被审计单位的账簿记录，对其财产物资、库存现金、有价证券等进行全面、系统的实物清点或合理估算，旨在确认某一时间点账簿记录的真实性和准确性。在运用盘点法时，我们应着重核查资产账、卡、物是否相符，同时深入剖析物品的所有权、质量状况以及管理现状等关键要素。至于具体的盘点时间、范围及方式等，应根据审计工作的总体部署和被盘点项目的特点进行科学合理的安排，以确保盘点工作的有效性和规范性。

四、函证法

函证法是指通过直接向债权人、债务人或其他有关当事人进行函询，以查明有关账户余额或记录是否真实的一种审计技术。例如，直接向银行询证存款余额，直接向顾客询证应收账款金额等，都是典型的函证方法。

五、追查法

追查法是指根据经济业务关系，从一项会计记录检查到另一项会计记录的审计技术。例如，针对购货业务，可以由应付凭单登记簿追查到支票登记簿，等等。追查法是进行深入审计必不可少的一种审计技术。

六、抽样法

抽样法是指从总体中抽取具有代表性的样本的一种审计技术。在实际运用中，抽样法又可分为统计抽样法和非统计抽样法等。

上述各种具体审计技术并无严格的界限，只是各有侧重而已。例如，在核对原始凭证和记账凭证时，必然要涉及审阅法；在审阅有关账簿记录时，必然要涉及核对法，以查明问题之所在。综合运用各种不同的审计方法，有利于提高审计工作的效率，增强审计证据的证明力。

随着管理审计和经济效益审计的发展，审计分析的内容和方法有了新的变化。分析的内容除了传统的财务审计分析的内容以外，又增加了对计划、方案的可行性分析，计划、方案执行情况的分析，经营成果和经济效益的分析，长期投资及其效益的分析，重大事故、决策失误等经济损失分析，以及生产、经营管理过程中的经济效果、效率的分析等新的内容。

第四节 审计证据和审计工作底稿

一、审计证据

（一）审计证据的概念

审计证据，指的是审计人员在执行审计程序的过程中，为支持其审计意见所收集、整理的一系列客观、可靠的事实和资料。这些证据旨在证明被审计单位的经济活动及其相关经济资料的真实性、合法性和有效性，确保审计工作的准确性和可靠性。

（二）审计证据的作用

首先，审计证据在编制审计报告、形成审计结论以及作出审计决定的过程中，扮演着至关重要的角色，是不可或缺的重要依据。

其次，审计证据对于支持审计意见具有决定性的意义，是审计结论得以成立的基础。

再次，审计证据是用于解除或肯定行为人经济责任和法律责任的核心依据，对于明确责任归属具有关键作用。

最后，审计证据是审计小组负责人用以控制审计工作质量的重要依据，有助于确保审计工作的严谨性和准确性。

（三）审计证据的内容

（1）被审计单位的会计凭证、账簿、报表等资料。

（2）被审计单位的现金、材料、药品、固定资产等实物财产的盘点资料。

（3）各单位邮来的各种对账单据，诸如银行存款对账单、往来款项对账单等。

(4) 对外调查的各种资料和证明材料。

(5) 社会各界人士检举揭发的材料。

(6) 被审计单位登记的各种辅助记录。

(7) 被审计单位领导的有关正式谈话记录。

(8) 被审计单位的有关会议记录。

(9) 内部控制制度的测试记录。

(10) 其他记录和资料。

(四) 审计证据的收集方法

收集审计证据是审计人员的一项重要工作。审计人员在审计工作过程中，必须按照审计程序，采取各种方法收集能证明审计项目的各种证据。

(1) 向被审计单位索取有关资料。

(2) 通过参加实地盘点收取证据。

(3) 通过做好观察、面询、函询等调查工作获取证据。

(4) 抽查会计记录。

(5) 对不能取得原始证据的可采用现代技术将原始证据进行复印、照相、录音、录像，这样能保证原始证据的原貌，使其具有与原始证据相同的作用。

二、审计工作底稿

(一) 审计工作底稿的概念

审计工作底稿可从广义和狭义两个层面进行理解。从广义角度来看，审计工作底稿指的是审计人员在审计过程中所进行的所有记录，这些记录包括但不限于审计计划、审计档案、目录以及索引等详尽内容。而在狭义层面，审计工作底稿特指审计人员在审计实施阶段为编制审计报告所进行的一系列工作记录。这些记录主要包括审计实施阶段审计人员自行编写的各类文件、记录，以及从被审计单位和其他来源获取的各种资料和证据等的详细记载。

（二）审计工作底稿的作用

（1）在审计准备阶段，审计工作底稿可为编制审计计划与审计方案提供重要参考资料。

（2）在审计实施阶段，审计工作底稿可为组织及协调审计工作提供情况。

（3）审计工作底稿是编制审计报告的基础，所以审计报告的结论是以审计工作底稿作为佐证和说明的。

（4）审计结束后，审计工作底稿能够提供永久性的历史记录。

（三）审计工作底稿应具备的条件

（1）内容完整、精练。

（2）每份审计工作底稿必须有事实和审计意见两部分。

（3）力求清晰，易懂。

（4）格式设计必须适用，合理。

第五节　审计报告和审计档案

一、审计报告

（一）审计报告的概念

审计报告是审计人员对被审计单位经济活动，包括财务情况、经济效益和遵守财经法纪情况，进行综合评价，提出意见和建议，作出审查结论的书面文件。审计报告按内容不同分财务收支审计报告、财经法纪审计报告、经济效益审计报告等不同种类，按表达形式不同分审计报告书、审计证明书、审计决定。

（二）审计报告的总体结构

1.标题

标题一般包括被审单位名称、审计内容、审计范围等，如《关于××医院2023年度财务收支的审计报告》。

2.正文

正文报告表述的基本内容。

3.结尾

结尾即落款，包括编写审计报告主体的名称和写作时间或通过时间。如为审计小组编写，还要注明审计小组全体成员的姓名，并由组长签字或盖章。单位撰写的审计报告，此处要加盖公章。

（三）审计报告的基本内容

各类审计报告因应用场景及审查重点的不同，其内容呈现出多样化的特点，具体表现在以下几个方面。

1. 财务收支审计报告

简式报告主要包含审计范围、审计依据、审计程序以及审计结论四项核心内容；而详式报告则通常涵盖审计的总体情况概述、主要问题的揭示与分析、针对性的处理意见、切实可行的改进建议以及审计相关的附件材料等五大部分内容。

2. 财经法纪审计报告

一般包括审计过程、审计事实、审计结论和审计附件四部分内容。

3. 经济效益审计报告

一般包括基本评价、主要经验、存在问题和改进建议四部分内容。

（四）审计报告的编制程序

审计报告的编写过程，一般分以下几个步骤。

1. 整理材料，问题归类

在着手编写审计报告之际，首先需对所掌握的情况、资料进行全面梳理，并对审出的问题进行深入分析与研究。随后，根据问题的具体性质，将其归类为经济、技术、管理及其他等多个方面，以确保报告内容的条理清晰、逻辑严密。

2. 精选材料，确定重点

对整理好的材料和已归类的问题进行去伪存真、去粗取精、由此及彼、由表及里的分析、研究、讨论及筛选，从而确定重点问题和需要纳入报告的资料。

3. 复查数据，拟定提纲

对于已经明确界定的重点问题及相关资料，需进行详尽的复查工作，旨在确保所获取数据的准确性与可靠性，以及所探讨问题的真实性。在此基础上，着手制定审计报告提纲，简明扼要地概述报告的核心要点与框架。

4.选材构思，撰写报告

根据已制定的审计报告提纲，精心筛选相关材料，确保所选内容具有针对性、代表性及说服力，能够充分阐释问题并支撑审计结论。在构思撰写过程中，深入探究如何以清晰、准确、严谨的语言表达审计发现，力求行文流畅、逻辑严密。撰写工作可由个人独立完成，亦可分工协作，但最终需由一人负责统稿，确保报告的整体性和一致性。

5.征求意见，定稿上报

审计报告编制完成后，不宜仓促上报，需先行征求被审计单位的意见。被审计单位可采取口头或书面方式，就审计报告中存在的异议点与审计小组进行深入沟通与讨论。若被审计单位所提意见合理，应当予以充分采纳，并据此对报告进行必要的修订；若被审计单位的意见与审计报告存在分歧，审计人员须经过复议或复审，确认报告内容无误后，可在报告中附注相应说明。在充分吸纳意见并酌情修改后，方可提交审计机构相关领导审阅并最终定稿，之后方可打印并正式报送审计报告。

二、审计档案

（一）审计档案的概念

审计档案是国家审计机关、内部审计机构和社会审计组织在进行审计活动中直接形成的、具有保存价值的、各种形式的历史记录。

（二）审计档案归档

凡记录和反映审计机关在履行审计职能活动中直接形成的文件、电报、信函、凭证、笔录的原件及其复印件，照片、音像磁带，以及与审计事项有关的其他文件材料，均应收集齐全，立卷归档。

（三）审计档案的立卷原则

审计档案立卷工作，实行"谁审计谁立卷，边审计边收集整理，审结卷成"的原则。立卷归档工作应列入项目审计计划，由审计组指定专人负责文件材料的收集、整理和立卷工作，做到边审计、边收集整理、审结卷成。同时，还要认真贯彻审计监督和行政管理两类文件材料分开立卷的原则，一般不得将两类文件材料混合立卷或在审计案卷与文书案卷中重复立卷，以保证审计档案的完整性、系统性和便于利用。

（四）审计档案的立卷组合方法

审计文件材料立卷，采用按职能分类、按项目立卷、按单元排列的方法。

按职能分类进行立卷时，务必准确界定审计监督与行政管理活动所形成的不同文件材料，确保两者界限分明。随后，需依据各自的特点和要求，分别进行立卷处理，以维护档案的条理性和规范性。

按项目立卷，指的是针对需要立卷归档的文件材料，依据审计项目的具体情况及管理的实际需求，运用多样化的立卷方式。具体而言，如针对专案审计，应依据项目为单位进行立卷；对于定期审计，宜按照被审计单位及审计年度进行立卷；针对审计调查，需按照专题内容进行立卷；而在承包经营责任审计中，则应按单位、人名以及审计年度等要素分别进行立卷，以确保归档的规范性与管理的便捷性。

按照单元排列，是指卷内文件的排序应遵循一定的顺序，普遍采用单元排列法进行操作。具体而言，需将待归档的文件材料首先细化为三个单元进行组织。第一单元主要涵盖结论性文件材料，其排列应遵循审计程序并结合重要程度进行有序排列；第二单元则聚焦于证明性材料，需按照所证明的审计报告所列问题的先后顺序进行排列；第三单元则是立项性文件材料，按照文件产生的先后时间顺序进行排列。

第六节　医院内部审计与经济管理

随着医疗环境复杂性的不断提升，医院的运行体制也发生了一定的变化，开始逐步进入自主经营模式。这意味着医院的经济运行状况与医院的发展紧密相关。因此，医院必须加强对经济管理的重视，以确保医院的正常运转和持续发展。而提升经济管理水平的一个重要途径就是通过内部审计来实现。内部审计不仅能够帮助医院发现问题、提出改进建议，还能够为医院管理者进行决策提供重要参考，有效规避经济风险。因此，对内部审计进行深入的分析和研究具有重要的理论指导意义和实践价值。

一、内部审计在医院经济管理中的重要性分析

内部审计在医院经济管理中发挥着关键作用，其核心功能在于对医院财务状况的严密监控。此举有助于提升医院资金的使用效率，推动医院经济管理的精细化和规范化进程。相较于政府审计，内部审计具备诸多独特的优势，这些优势主要体现在以下几个方面。

（一）降低医院的建设成本

鉴于医院运营的特殊性，大规模的基础项目建设时常成为其日常工作的重要组成部分，这些项目往往需要巨额的资金投入，涉及的资金管理内容纷繁复杂，因此医院经济管理面临着巨大的挑战。内部审计的有效应用，可以协助工作人员对项目所需的建设资金进行科学精准的评估，并对项目各个环节的资金使用情况进行全面细致的监管，这既有助于降低医院的建设成本，又能够实现资金的最大化利用，提升医院的经济效益。

（二）为医院经济管理改革奠定基础

医院作为兼具公益性与经济属性的机构，在履行社会责任的同时，也需通过经济活动保障其运营与发展。因此，医院必须紧密关注市场趋势，持续推进经济管理改革。在这一过程中，内部审计的作用至关重要。它能够对医院经济活动进行风险评估，为医院的经济决策提供有力支撑，进而提升医院经济管理改革的实效性，确保医院能够稳健、高效地履行其职责与使命。

（三）避免职务犯罪行为的出现

就目前的情况而言，部分医院依然存在收受回扣、乱开处方等违法违规行为，这些行为不仅严重损害了患者的就医权益，更对医院的声誉形象造成了恶劣影响。作为医院内部监督的重要手段，内部审计在有效管控医院经济活动、预防职务犯罪方面发挥着至关重要的作用。

具体而言，在医院的招标活动中，内部审计可以全面审查招标的各个环节，从而有效遏制串通投标、指定中标等不正当行为的发生，确保招标活动的公平、公正和透明。通过加强内部审计工作，医院可以进一步规范内部管理，提升服务质量，为患者提供更加安全、有效的医疗保障。

（四）提高医院财务管理的水平

在医院的经济管理工作中，内部审计发挥着举足轻重的作用，它能够有效提升医院内部控制的整体效能，进一步促进医院内部财务管理水平的跃升。内部审计通过对医院财务管理状况的实时动态监控，大幅提升了财务信息的真实性和准确性，确保医院的财务预算与实际执行情况保持高度一致。同时，内部审计还能对财务人员的行为进行有效约束，从整体上提升医院财务管理的规范性和有效性，为医院的稳健发展提供坚实保障。

二、医院经济管理中内部审计的不足

在医院经济管理的实际运作中,众多因素均对内部审计工作的顺利开展产生了显著影响,导致内部审计的核心作用未能得到全面而有效的发挥。这些影响因素主要集中体现在以下几个方面。

(一)缺乏完善的内部控制制度

在医院经济管理的实践中,内部控制制度的不足主要体现在以下两个方面:

首先,受限于医疗行业的特性以及医院发展历史的制约,多数公立医院对内部审计的深入理解尚显不足。这一状况导致了我国医院内部审计相关政策法规的缺失,进而使得医院的内控制度多停留于表面形式,缺乏实质性的内容和深度。这种情形无疑增加了医院经济管理中的安全风险,对医院的稳健运营构成了潜在威胁。

其次,医院在组织结构的设置上缺乏科学性,导致许多部门的职能界限模糊,责任分工不明确。这种状况严重影响了医院各部门之间的协同工作效率,使得内部审计工作的推进面临诸多困难。为了提升医院的经济管理水平,必须重视并改进这些内部控制制度的不足之处。

(二)缺乏对内部审计的全面认识

就当前医院的内部审计工作现状分析,多数医院的管理层及员工对内部审计的认识尚显浅显,未能全面领悟其核心价值与重要功能,亦未能精准把握其基础内容。更有一部分医院尚未配备专业的内部审计人员,这在一定程度上影响了内部审计工作的深入开展。即使部分医院已经配置了审计人员,但他们对内部审计的认知仍有待加强。部分审计人员存在片面理解内部审计工作的现象,错误地认为内部审计工作仅限于审查企业的财务收支状况。实际上,内部审计工作远不止于此,它还包括专项审计、物资审计等多个关键领域，这些领域的工作对于提升医院管理效率、防范风险具有重要意义。

因此，医院应加强对内部审计工作的重视，提升管理层及员工对内部审计的认识，配备专业的审计人员，并全面开展内部审计工作，以确保医院内部管理的规范性和有效性。

（三）缺乏高素质的内部审计人才

相较于其他行业，医疗行业具有其固有的特殊性，其中，医院工作人员的专业素养对于医院的发展及社会形象的塑造具有至关重要的影响。鉴于此，众多医院在人力资源管理方面，主要聚焦于医护人员（包括医生、护士等），而对其他行政部门工作人员的关注则相对不足，从而导致了医院在内部审计人才方面的匮乏。

此外，为降低管理成本，医院往往忽视对行政人员的培训投入，这使得内部审计人员难以获得有效的能力提升途径，进而影响了内部审计工作的有效开展。有时，这种情况甚至会导致违法乱纪行为的发生，对医院的经济管理质量造成严重的负面影响。

同时，我们还需注意到，医院内部审计人员在工作方式及手段上相对滞后，缺乏信息化技术的有效应用。这不仅制约了医院内部审计工作的效率提升，也对其工作质量产生了不良影响。

三、医院经济管理中开展内部审计的对策

内部审计的问题，不仅会对医院的经济管理带来严重的负面影响，更会对医院的长期发展和社会声誉造成不可挽回的损失。因此，医院必须高度重视内部审计工作，采取切实有效的措施，充分发挥内部审计在提升医院经济管理水平、保障医院健康发展中的重要作用。

（一）建立内部审计制度

就目前状况而言，众多医院在内部审计实施过程中，常将财务人员兼任审计职责，此举易导致审计岗位形式化，进而使得内部审计工作未能达到预期效果。鉴于此，医院在构建内部审计制度之前，管理人员务必摒弃传统的"重财务、轻审计"的陈旧观念，深刻认识内部审计在医院经济管理中的重要作用，并将其置于核心地位。在制定内部审计制度时，管理人员应科学调整审计组织架构，积极引进具备专业素养的内部审计人才，以切实提升内部审计岗位的实际效能。

（二）加强财务审计

1. 财务收支审计

财务收支审计是对医院所有部门的财务收支进行管控，要求审计人员对医院及各个部门的财务收支状况的真实性及合法性进行监督管理。比如，在进行患者基本信息的修改，审计人员需要对患者的身份以及申请修整内容的审核，在获得主管医生以及医务科的许可之后，才能够进行信息的修改；在进行患者费用支付方式的修整时，收费员需要进行相关资料的收集与整合，并向内审部门提交申请，在申请通过之后才能进行修整。与此同时，在进行清理患者结算账户时，审计人员需要根据财务部门制定的计划书核对患者的欠费状况，对于计划书中规定的款项以及冲销收入状况进行审查。当患者的医药费减免时，医院的审计人员需要明确患者减免的费用，是否经过了医院相关领导的审批，并核查医药费减免的相关单据是否完全上交给财务部门。

2. 专项审计

在医院经济管理中，专项审计主要涉及以下内容：①价格高昂且数量较多的药剂，审计人员需要确保药剂的相关操作满足招标办法；②医院用车的审计，医院可以将行政用车剔除掉，以此实现临床用车的有效管理，避免乱派车或者公车私用现象的出现；③科教经费的审计，审计人员需要实时监督科教经费的使用状况，避免科研经费出现不合理使用的现象；④医院周围店铺租赁管理，审计人员需要定期核查租金的收取状况，实时监督租户的动态，避免转租现象的出现，以此保护医院的固定资产。

3.物资审计

对于医院开展的经济管理工作而言，财产物资的管理是非常重要的内容，审计人员需要提高对物资审计的重视。在进行物资审计时，审计人员需要定期抽查医疗设备的损耗状况、医疗药品的使用状况以及仓库物资库存状况，主要的审计内容如下：物资价格的准确性审查、物资盘盈盘亏的准确性与真实性审计、医疗卫生材料领用相关手续的科学性等。与此同时，医院的审计人员在进行医疗设备及医疗药品等物资使用状况核查时，需要根据医院的科室进行全面核查，主要的核查内容是医院物资使用的经济性以及有效性，确保物资使用状况满足我国国有资产管理的标准要求，加强对医院物资的管理，提高经济管理有效性。

（三）提高审计人员的能力

审计人员是内部审计工作的主体，会对内部审计的效果造成直接的影响，医院需要注重审计人员专业能力的提升。具体而言，医院可以通过培训提高审计人员的业务能力以及综合素养，培训的内容需要涵盖经济管理知识、审计知识、经济风险预测以及经济现象评估等，从整体上提高审计人员的能力，并将审计人员的培训结果与薪酬挂钩，调动审计人员参与培训的积极性，确保内部审计作用的充分发挥。与此同时，医院可以通过良好的福利待遇，吸引更多的专业审计人才，为医院的审计队伍提供新鲜血液，实现医院审计工作的有效开展。另外，医院管理人员需要加强对内部审计人员的管理，避免审计人员监守自盗，出现违法乱纪行为。

（四）加强内部审计的信息化发展

信息技术为各行各业的工作带来了便利，医疗行业也不例外。医院可以在经济管理中的内控体系中引进先进的信息技术，以便为医院的经济管理及审计工作提供便利。比如，医院可以通过应用信息技术构建信息共享平台或局域网，实现医院各个科室部门之间的医疗信息共享，为各科室间的交流和沟通提供高效通道，进而提高信息传递的准确性与实效性。

在内部审计工作中，医院应积极引进先进的审计软件，旨在降低内部审计人员的工作难度，提升数据统计与分析的精确度，从而全面提高内部审计的整体效能。同时，在运用信息技术推进内部审计工作时，工作人员务必高度重视医院资料信息的安全保护工作。既要利用防火墙技术筑牢网络安全防线，又要运用先进的加密技术，对医院信息进行严密加密处理，严防患者及医院相关信息的泄露或篡改风险，确保医院经济管理工作的安全稳定发展。

第十三章　新形势下医疗机构的业财融合

第一节　医疗机构业财融合的意义

一、业财整合概念

业财融合作为一种工作模式，旨在将财务管理与业务服务紧密结合，贯穿于医院各项工作的始终。此种融合方式有助于财务人员更全面地掌握和了解医院经营活动的实际情况，确保财务管理工作与医疗业务更加协调统一，从而优化医疗资源的合理配置。

在国家卫健委颁布的相关政策文件中，明确指出了公立医院应在坚守公益性的基础上，积极应对内部运营中面临的问题，逐步实现向精细化管理的转型。为贯彻落实文件精神，我们应以业财融合为突破口，积极探索和实践这一全新的管理方式，推动医院运营管理的持续优化和提升。

二、医疗机构业财整合的意义

医疗机构实现业财融合，对医院的健康发展具有积极推动作用。业财融合的核心在于将医疗护理技术业务与财务工作紧密结合，深入探究运营管控的关键节点，并精准把握医院管理会计的实际应用场景。这一举措对于提升医院整体运营效率、优化各业务科室管理流程、强化医院财务部门职能等方面具有重大意义。

第一，从单位层面来看，业财融合可以帮助医疗机构建立科学系统的决策支持体系；业财融合可以让处于医疗改革期的医院提高机构的运行效率，实现资源的优化配置；业财融合是医疗机构精益管理的表现形式，是实现医改的战略导向。

第二，从业务科室层面来看，业财融合可以让诊疗业务与财务管理发挥协同作用，如开展临床诊疗业务的同时记录实时的运行数据和指标信息，形成管理会计的数据来源。同时诊疗业务可以借助财务管理工具实现流程优化、效率提高，符合业务科室的发展需要和未来导向。

第三，从财务部门角度来看，在人工智能的冲击下，财务的核算职能逐渐被替代，业财融合是财务人员和财务工作转型的重要途径，也是财务部门实现价值创造的有效手段。总体来说，业财融合是建立现代医院管理制度的必经之路，也是最终达到社会效益最大化目标的有效路径。

第二节　大型公立医院推进业财融合过程中的难题与挑战

一、组织架构的限制

当前，我国医院在组织架构方面仍面临一些挑战，制约了业财融合的深入推进。特别是大型公立医院，其组织结构往往基于科层制衍化而成的产品式矩阵型结构。虽然这种结构在一定程度上确保了高度的专业化、细致的劳动分工，以及较高的标准化和规范化程度，使得决策权相对集中，部门边界清晰，但同时也存在一些不容忽视的问题。

一方面，部门资源配置与组织整体目标之间存在一定的偏差。由于不同职能部门在专业领域和管理范围上存在差异，往往容易从部门自身的利益和职能出发进行资源配置，而非以组织整体目标为导向，这在一定程度上影响了资源配置的合理性和有效性。

另一方面，部门之间缺乏足够的协同性，导致组织效率受到一定程度的影响。由于部门间界限明确，容易形成流程、信息和管理上的孤岛现象，阻碍了部门之间的有效沟通和协作。这不仅影响了组织整体目标的实现，也制约了医院整体运营效率的提升。

因此，我国医院需要进一步优化组织架构，加强部门间的沟通与协作，确保资源配置与组织整体目标相一致，提升整体运营效率和服务水平。

二、组织文化的限制

医疗机构的组织文化在支持组织价值创造目标方面存在不足，同时也在一定程度上阻碍了大型公立医院推动业财融合进程。具体原因如下：

首先，目前多数大型公立医院的管理与发展模式偏向粗放，过于追求规模的扩大，而忽视了质量的提升和精细化的管理。这种模式下，医院往往缺乏对价值创造和业务流程优化的深入思考和投入。

其次，精细化价值管理、信息共享等先进理念在医疗机构中尚未得到广泛认同和有效实施。这导致业务流程不清晰，职责权限不明确，业务成果不透明、不共享，从而影响了医院内部各部门的协同效率和整体绩效。

再次，医疗机构的组织文化在赋权方面存在不足。管理部门在决策过程中往往扮演辅助、协调和参谋的角色，缺乏足够的权力和自主性。这限制了管理部门在推动医院改革和发展中的积极作用。

最后，医疗机构作为高度专业化的组织，拥有众多高级知识分子和多个职能部门。然而，在实际运营中，主要权力往往集中在产品部门——即临床科室。相对于其他职能部门，临床科室主任拥有主导性甚至支配性的权力。这种权力结构在一定程度上削弱了其他职能部门在价值创造和业务流程优化中的作用。

综上所述，医疗机构需要深入反思其组织文化和管理模式，加强精细化价值管理和信息共享理念的推广和实施，优化权力结构，提升管理部门的权力和自主性，以更好地支持组织价值创造和推动业财融合进程。

三、财务人员知识结构和能力的限制

由于财务人员的知识结构和能力存在一定的局限性，这也对大型公立医院实现业财融合的目标和效果产生了不容忽视的影响。

（一）知识结构

从财务人员的专业背景来看，财务人员在医疗领域的知识储备相对不足。这导致财务部门在进行医疗业务相关的调研、访谈、资料整理以及形成分析结论和管理建议时，往往难以获得医疗专家的充分认可。因此，财务部门在尝试深入医疗业务流程时，难以获得临床科室的积极配合与支持，这无疑增

加了业财融合工作的推行难度。

（二）能力层面

从财务人员能力层面分析，具有财务背景的人员拥有严谨细致的性格特征，擅长纵向思维，能够熟练地进行财务数据处理与核算工作。虽然目前医疗机构财务人员均具有财务会计相关专业背景与能力，能够满足医院财务会计核算处理的需求。但是这些财务人员的思维特性也造成了他们习惯独立处理工作，埋头于财务报表和数据，较少关注数据背后的业务实质。因此这也造成了财务人员对医疗业务缺乏了解，与各个临床科室间缺少沟通和协调，至于深入临床科室的现场调研则更是罕见，上述种种均限制了财务人员沟通协调能力和业务管理能力的培养与提升。

第三节　推进公立医院业财融合的路径

一、全员认知的转变和组织文化重塑

实现组织预期目标的关键在于达成组织文化与全员认知的高度一致。业财融合作为一项"一把手"工程，其成功实施离不开院领导层的坚定认同和业务部门的密切配合。为实现业财融合目标，可遵循以下具体步骤推进工作。

第一，从组织文化层次来说，需要从医院层面建立价值创造的组织文化，给业财融合的推进塑造一个良好的内部环境。

第二，从财务部门层次来说，需要转变财务部门的职能定位，将财务部门逐步转向作为决策支持部门而非单纯的核算记账部门，同时提高财务部门对战略决策和业务活动的参与度。

第三，从全员认知及观念层次来说，要实现全院各层级各部门人员认知和观念的转变，需要保持财务部门与领导层、业务层的充分有效沟通，同时也需要财务部门持续不断地向上管理和横向渗透。

二、寻找切实可行的工作切入点

全员认知的转变和组织文化的重塑不是一蹴而就的，业财融合的推行需要顺应形势，寻找切实可行的工作切入点。例如，可以依据国家政策要求或针对医疗机构现存的管理问题进行切入。具体工作切入点示例如下。

一是顺势履行国家政策要求。即借助国家财经政策、医改政策的要求推进，具备天时地利再推广。例如，财政部发文要求事业单位完成内部控制的建立与实施工作，医疗机构财务部门借此契机梳理了医院现有内部控制基础的不足之处和薄弱环节，有针对性地建立健全内部控制体系，涉及医院业务

流程的方方面面，正式推进业财融合。

二是改善医疗机构现存的管理问题。可以从管理薄弱和矛盾特别突出的环节入手，实施推行，并不断深化。例如，针对医疗机构问题较多的资产管理环节，帮助资产主管部门进行数据分析、业务流程梳理等。同时，做好医院经济分析和论证，也是业财融合的切入点之一。

三、搭建业务与财务部门沟通共享信息平台

全面、深入且及时的信息交流沟通是业财融合的核心基石，为实现业财深度融合，公立医院必须构建业务与财务一体化的管理信息系统平台。该平台旨在将医疗业务系统、库房系统、收费系统、后勤管理系统、账务系统以及成本核算系统等各项关键业务系统进行有机整合，确保数据能够实时共享和高效传输。

公立医院通过构建业务和财务信息共享平台，不仅能够减少数据信息的重复录入，显著提升资源利用效率，更能够促进不同部门间的信息互通与协作。为此，公立医院需对业务与财务的规范流程和制度进行系统性重构，以便为财务人员有效监管经济业务活动提供坚实支持。

同时，管理层通过该平台能够实时获取各部门、各项目的数据信息，全面把握医院的运营状况，为科学决策提供有力支撑，有效避免事后控制滞后的现象。目前，国内已有部分医院成功引入HRP系统，该系统深度融合了现代化管理理念和流程，整合了医院现有信息资源，构建了一个统一高效、互联互通、信息共享的系统化医院资源管理平台，为医院的可持续发展注入了强大动力。

四、财务部门和财务人员的角色转型和升级

（一）财务部门的转型升级

在当前人工智能和网络科技迅猛发展的时代背景下，可以清晰地看到会计职业发展正面临着转型的未来。财务会计工作正逐渐变得自动化、智能化，基本的财务记账核算职能最终很有可能被人工智能所替代。正所谓"有为才有位"，作为财务部门，应当具备推动业财融合的主动性和紧迫感。同时，财务部门还应努力成为业务部门的合作伙伴。具体包括两个方面：一是在服务部门的基础上，增加决策支撑部门的角色；二是在原有的核算和监督功能之上，增加事前预测和反馈功能，扮演策略咨询专家的角色。这意味着财务部门需要从价值角度对前端临床业务进行事前预测，计算业务活动的绩效，并将这些关键信息及时反馈给临床医务人员，从而为他们的决策提供有价值的参考。

（二）财务人员的角色转变

为有效推进财务人员角色的转型升级，需采取如下两种核心措施：首先，必须持续提升财务人员的沟通协调能力与战略管理能力，确保其能够更好地适应和应对复杂多变的财务环境；其次，财务人员还需不断加强医疗业务知识的学习，深入掌握临床业务活动的各个环节与流程，以丰富自身的知识结构与能力体系，努力成为兼具良好沟通、多元技能、高效管理、远见卓识及勇于担当的复合型管理人才。

综上所述，医疗机构业财融合的核心目标在于实现医院经济管理层的全面优化与升级。同时，推动业财融合进程亦需医院对现行组织文化进行深刻变革。在业财融合的实现路径上，财务人员需实现从业务素质到综合素养的全面提升，完成从财务会计向管理会计的角色转变。

此外，财务部门还需坚持不懈地推进向上管理与横向沟通，以加强与其

他部门的协作与配合。随着财务部门与业务部门之间有效沟通与融合程度的不断加深，财务部门对医院战略规划和科室管理决策的影响力将逐步增强，业财融合也必将成为推动"健康中国"建设的战略选择。

第十四章　医院经济管理人员职业素养

医院经济管理活动作为管理会计理论与工具在医疗领域的具体实践，正日益彰显出医院经济管理人员在其中的核心地位。鉴于此，经济管理人员必须摒弃陈旧思维，革新工作模式，积极拓展知识边界，优化知识结构，全面提升专业素养和执业能力，以更好地适应当前形势下的发展需求。

在此过程中，经济管理人员应当实现角色转换，即由传统的"报账型"财务会计师逐步转型为"经营管理型"管理会计师。努力成为具备跨学科、多领域知识的复合型人才，为医院的可持续发展提供有力支撑。

医院经济管理人员必须拥有坚实的会计专业知识体系，同时还应广泛涉猎医疗、护理、计算机、物资管理等多元化学科领域。

此外，医院经济管理部门作为综合性的组织架构，需要高效整合各专业领域的智慧与力量，实现优势互补、协同共进。因此，经济管理人员应具备对医院管理理论与实践的深刻洞察力和前瞻力，以推动医院经济管理工作的持续优化和创新发展，为医院的稳健运行和高质量发展提供有力支撑。

第一节　经济管理人员的素质与能力

一、经济管理人员的素质要求

医院经济管理队伍是推进医疗事业改革发展的核心力量，涵盖卫生健康行业内在预算、财务、审计、收费、资产管理、价格管理及政府采购等多个领域从事经济管理工作的专业人员。为深化卫生健康系统经济管理队伍的建设工作，持续提高经济管理效能，更好地服务于健康中国战略的实施，经济管理人员应具备以下重要素质。

（一）良好的会计专业基础和扎实的财务职业技能

良好的会计专业基础和扎实的财务职业技能包含以下几个要点：①深入学习并熟练掌握会计与财务学的核心原理及基本概念；②深刻领会会计工作各项要素的本质属性，包括会计属性、会计职能以及会计对象等核心要素；③全面了解并熟练运用财务制度、会计准则、会计制度、会计规范以及相关法律法规，确保在实务操作中能够严格遵循并准确执行。

（二）广泛而全面的知识结构

作为医院的经济管理工作者，务必精通财务会计专业知识，同时广泛涉猎经济、管理、法律、社会以及医疗等多个领域的知识体系，并使之相互融合、互为补充。只有这样，才能充分履行管理会计的职责，全面深入地参与到医院的各项管理工作中，并对不同层级的经营决策提供科学、合理的指导和支持，从而积极推动医院的健康发展。

（三）优良的会计职业道德和素养

会计职业道德，是指在会计职业活动中应当严格遵循的、深刻体现会计职业特色的、用以调整会计职业关系及其所涉经济关系的职业行为准则与规范。在当前医院精细化管理日益受到重视的背景下，经济管理工作的重要性愈发显著。为此，经济管理人员必须恪守会计职业道德规范，切实做到爱岗敬业、诚实守信、廉洁自律、客观公正、坚守准则、不断提升专业技能、积极参与管理活动，并致力于强化服务水平。

二、经济管理人员的能力要求

（一）沟通协调能力

医院经济管理作为医院财务与业务深度融合的核心环节，与医院各职能部门、业务部门之间保持着紧密的沟通与联系。在这一过程中，经济管理人员需要获取众多部门的支持与合作，这对于其沟通与协调能力提出了较高标准。经济管理能否在医院工作中发挥实质性作用，关键在于经济管理人员能否与医院决策者、管理者保持顺畅的沟通。因此，医院的经济管理人员应当勤于沟通、善于沟通、妥善沟通，确保医院经济管理工作的高效推进。

（二）筹划决断能力

从短期视角分析，医院经济管理工作的优劣直接关系到科室运作的顺畅度、职工工作效率的提升及积极性的激发；而从长远视角审视，医院经济管理工作在医院的战略规划布局、学科建设的深化推进以及业务模式的转型调整、资源结构的优化完善等方面均发挥着至关重要的决策支撑作用。鉴于此，医院经济管理人员在应对突发性、棘手性问题时，需保持沉着冷静、果断决策、灵活应变的能力；同时，更应具备前瞻性思维，跳出单一的财务视角，站在宏观的战略高度，从长远发展的角度出发，深入剖析医院经济运行的内在规律与趋势，为医院的未来发展绘制出清晰、可行的宏伟蓝图。

(三)改革创新能力

在当前医疗行业风云变幻的时代背景下,医院经济管理的有效应对与灵活适应成为一项重要课题。面对医疗改革的汹涌浪潮,医院经济管理人员必须具备鲜明的时代意识,保持敏捷的思维,展现出足够的胆识和魄力,勇于思考、敢于实践、敢于创新。

结合本单位实际情况,经济管理人员应当积极作为,及时提出符合医院发展实际的新方案、新举措,为领导决策提供有力支持,发挥好参谋助手作用。只有这样,才能在激烈的医疗市场竞争中立于不败之地,实现医院的可持续发展。

(四)持续学习能力

在当今互联网和人工智能技术迅猛发展的时代,信息与数据呈现出日益增长的态势,知识更新的速度更是快至以秒计。在这样的背景下,医院经济管理人员亟需具备高效获取有用信息、不断完善自身知识结构和体系,以及准确合理输出有用信息的能力。这就要求经济管理人员必须始终保持学习的热情和动力,不断更新学习方法,积极适应外部环境的变化,以更好地应对日益复杂的经济形势和管理挑战。

第二节　经济管理人员培训

一、经济管理人员培训的意义

虽然中国已经开展了大量的管理培训工作，然而，目前医院经济管理培训在普及率方面仍然呈现出偏低的态势。经过调研发现，医院内仅有四分之一的经济管理人员参与过相关短期在职培训，而超过半数的医院经济管理人员所掌握的管理知识主要依赖于日常工作经验的积累。而选拔经济管理干部并没有管理培训的要求，在走上管理岗位之前也没有对他们进行医院经济管理的系统培训。鉴于此，加强经济医院经济管理培训对中国医院培养现代化、职业化的经济管理人才具有重要意义。

（一）保证医院经济管理水平与我国卫生事业发展、卫生改革的需要相适应

随着卫生改革的持续推进，医院的内外部环境发生了显著变化。医院已从单一的政府拨款模式转变为多元化、多形式的医疗运营方式；从传统的公立或集体所有制形式转变为多种所有制形式并存的新格局；同时，医院也逐渐从忽视经营管理转向注重经济效益的提升。

然而，在这一过程中，医院面临着诸多挑战。宏观政策环境所带来的补偿机制不完善、结构不科学、卫生资源配置不合理、利用效率低下等问题日益凸显；医疗保障制度尚不健全，服务可及性和公平性问题亟待解决。同时，医院内部管理机制活力不足，服务效率有待提高，医院管理者在财务、人力资源、市场开发、质量控制、服务模式等多个方面承担着严峻的责任。

为了应对这些挑战，开展经济管理培训显得尤为重要。通过不断充实

和提升医院管理者在现代经济管理方面的知识和技能，可以确保医院管理水平能够适应不断变化的宏、微观环境，以及卫生改革的需要。这不仅是提升医院整体竞争力的重要途径，也是推动卫生事业持续健康发展的关键举措。

（二）适应医院现代化管理，增强竞争力的需要

医院作为知识密集型组织，在当前新知识经济及市场经济背景下，面临着科技日新月异、信息纷繁复杂、观念思想不断更新、学科领域持续拓展的挑战。与此同时，人本管理理念深入人心，管理方式亦发生深刻变革，由过去被动、强制、刚性的机械式管理逐步转向自觉、能动、柔性的人性化管理。这一转变对医院经济管理人员提出了更高的素质要求。

为适应时代需求，经济管理人员需不断更新观念，拓宽知识面，开阔视野，培养前瞻眼光和创新思维。唯此，方能作出正确决策，有效管理和引导医院保持经济优势，确保医院能够提供一流的服务与优质的绩效。因此，加强经济管理培训对于推动医院现代化管理进程、提升医院核心竞争力具有举足轻重的作用。

（三）提高经济管理人员素质，全面提升其经济管理能力的重要途径

目前，国内众多高校在财务会计专业的教育中，普遍侧重于通用型财务会计人才的培养，这导致大部分财务会计专业的毕业生对医院财务会计和医疗业务流程缺乏深入了解。他们普遍缺乏基础且核心的经济管理学知识，以及医院管理特定领域所需的管理知识和技能。

鉴于此，根据卫生管理干部的岗位培训目标，我们明确要求培训对象应重点学习医疗卫生领域的相关政策和法律法规，同时掌握管理学、经济学、卫生法学等领域的新知识、新方法、新技术。通过培训，他们应能够掌握经济管理的基本知识和技能，并具备适应社会主义市场经济的能力、依法行政管理的能力、调查研究的能力以及学习创新的能力。

此外，管理培训作为持续提升经济管理人员理念、更新知识和提升素质的重要途径，应得到充分的重视和有效的实施。

（四）管理培训是保证医院可持续发展、富有远见和价值的长远投资

管理培训是一项战略性投资，旨在深度开发医院的管理资源，是医院众多投资中极具价值的一环。在国外，培训被视作一项至关重要的投入，而非单纯的成本或费用，其地位足以与企业的核心战略投资相提并论。通过管理培训，旨在激发经济管理人员的责任感、自觉性、积极性与创造性，从而优化医院的运营绩效，提升医院的整体价值及核心竞争力，使医院在激烈的市场竞争中立于不败之地。同时，经济管理培训也能显著提升经济管理人员的个人素质和专业能力，为其个人成长与发展奠定坚实基础。

综上所述，管理培训不仅能为医院带来显著的效益，实现医院整体价值的提升，同时也能为经济管理人员提供宝贵的成长机会，实现医院与经济管理人员的共赢局面。

二、经济管理人员培训的内容

鉴于医院经济管理工作的独特性，经济管理人员要全面、系统地掌握医院财务会计工作和医疗业务流程的相关知识。为此，针对新入职的医院经济管理人员，医院应制定并实施一套全面、周密的轮岗培养规划，以在合理的时间范围内促进其快速适应并胜任各项职责。具体规划内容如下：

（一）收费窗口培训内容

收费窗口工作分为门诊收费处和住院结账处两部分。

1. 门诊收费处

医院收费是对医疗过程中发生的项目进行计价并收取患者费用的财务行为。门诊收费处负责医院门诊病人各项费用的收取工作，面对的病人范围广、数量大，涉及的收费项目繁多，遵循的医保规定复杂。可以说，门诊收费处既是医院经济收入的主要来源，又是医患交流、提供医疗服务的重要窗口，对于保证全院医疗、经济合理、有序、高效运行起着至关重要的作用。在门诊收费处轮岗实习期间，我主要通过学习收费规章制度和操作规程，跟随师傅观察、学习并体验收费工作，以及实地观察病人的就诊过程等方式，深入了解了医院收费流程和病人就诊流程。

2. 住院结账处

住院结账处承担着医院住院病人各项费用的收费工作，其收费金额巨大，且需面对的病人类型多样，同时还要遵循复杂的公费医疗、医保等相关规定。它是医院住院收入的主要来源，也是确保医疗安全和经济安全的关键部门。在住院结账处轮岗实习期间，需要在熟悉结账规章制度的基础上，分别了解押金收取、费用审核、结账办理等三部分的工作流程及相关注意事项。只有这样，才能对住院病人费用的管理以及医院经济收入的整体情况有准确的认识和把握。

（二）收费管理科培训内容

收费管理科肩负贯彻执行国家医疗收费政策的重要职责，对医院收费政策的实施过程进行全方位、多角度的指导、监督、检查和管理。同时，加强对医疗收入的稽核与监督力度，确保收费工作的规范性和合规性。此外，收费管理科还致力于对医疗收费环节内控的执行情况和资金安全状况进行严密监督和检查，以保障医院收费工作的稳健和高效运行。

收费管理科的轮岗培训内容具体见表14–1。

表 14-1 收费管理科轮岗培训内容

序号	培训项目	培训内容	带教岗位
1	了解现行收费标准的基本情况、收费原则,以及医院科室总体情况	(1) 货币资金的管理,如现金、银行存款的收支 (2) 货币资金支付审批,如申请、审批、审核、支付等管理制度收款业务及相关工作 (3) 各类票据的使用和管理 (4) 各类退费制度的审批程序及相关工作	物价管理岗位
2	熟悉医院收费流程及各类费用的生成规则	(1) 财务基础工作:凭证装订、会计档案管理等 (2) 下属法人单位的会计核算:《循证医学》杂志社会计核算及各项税务处理	
3	熟悉收费系统维护及与各相关系统的对应关系,以及对财务、经管核算系统的影响	(1) 熟悉收费相关系统(包括维护系统、急诊、手术、门诊收费、住院结账等)的维护,以及相互之间的对应关系 (2) 熟悉收费系统维护对财务、经管核算系统的影响	
4	熟悉项目成本测算、设备效益分析方法	安排两个实例进行练习,重点了解如何取数及分析方法	
5	收费稽核	(1) 了解稽核岗位职责 (2) 熟悉稽核岗位操作流程,包括稽核收费员日报表、核销票据等 (3) 熟悉挂号收费系统、门诊收入系统、结账组管理系统中关于财务报表数据之间的勾稽关系及来龙去脉 (4) 熟悉业务收入报表的编制方法	稽核岗位

(三)财务科培训内容

财务管理根据国家财经法规,负责全院及医院下属或挂靠法人单位及社团(以下简称"全院")的会计核算、会计报表分析、预算与决算、资金安排、薪资发放、会计档案归档、财务人员继续教育以及财务制度建设等财务管理工作。财务科的轮岗培训内容具体见表14-2。

表14-2 财务科轮岗培训内容

序号	培训项目	培训内容	带教岗位
1	货币资金业务	(1)货币资金的管理,如现金、银行存款的收支 (2)货币资金支付审批,如申请、审批、审核、支付等管理制度,收款业务及相关工作 (3)各类票据的使用和管理 (4)各类退费制度的审批程序及相关工作	出纳岗位 报销岗位
2	财务基础操作及独立法人单位会计核算	(1)财务基础工作:凭证装订、会计档案管理等 (2)下属法人单位的会计核算:《循证医学》杂志社会计核算及各项税务处理	工会会计
3	药品核算、基建核算及合同管理	(1)国家有关药品管理的政策规定 (2)基本的支付流程:请购与审批、付款审核与付款执行等 (3)药品管理相关的内控制度、财务管理细则、核算流程,以及各库房业务流程 (4)参加月末药品盘点的财务监盘工作,了解药品管理中存在的问题以及相关改进的措施 (5)计算并分析各类指标,如药品加成率、药品比例、卫生材料成本率及试剂成本率,控制消耗支出。分析每月药品、卫生材料及试剂采购金额,并观测其变化趋势	药品会计
4	现金凭证编制	(1)复核相关原始凭证,编制现金收、支的会计凭证 (2)复核相关原始凭证,编制银行收、支的会计凭证 (3)理解会计与出纳之间的数据交流	负责编制现金凭证的岗位

序号	培训项目	培训内容	带教岗位
5	试剂、卫生材料核算及票据管理	（1）国家有关卫生材料试剂管理的政策规定 （2）基本的支付流程：请购与审批、付款审核与付款执行等 （3）卫生材料试剂管理相关的内控制度、财务管理细则、核算流程，具体包括：①卫生材料试剂材料管理责任制；②卫生材料试剂材料采购、收发、领退、保管制度；③低值易耗品的领用和保管制度，结合医院具体情况，确定低值易耗品的报销、报废办法；①卫生材料试剂材料的清查盘点制度；⑤深入实际，动态了解卫生材料试剂材料的使用和保管情况，掌握卫生材料试剂材料的收发、结存情况，及时修订定额，使卫生材料试剂材料储备更加合理。 （4）参与各库房的清查盘点工作，并将存货盘点报告表同材料明细账进行对比，以确定材料的盘盈或盘亏，并查明原因，按规定进行账务处理	物资会计
6	物资核算及科研管理	（1）国家有关物资管理的政策规定 （2）基本的支付流程：请购与审批、付款审核与付款执行等 （3）物资管理相关的内控制度、财务管理细则、核算流程，具体包括：①物资材料管理责任制；②物资材料采购、收发、领退、保管制度；③低值易耗品的领用和保管制度，结合医院具体情况，确定低值易耗品的报销、报废办法；④包装物押金的管理办法；⑤物资材料的清查盘点制度；⑥深入实际，动态了解物资材料的使用和保管情况，掌握物资材料的收发、结存情况，及时修订定额，使物资材料储备更加合理 （4）参与各库房的清查盘点工作，并将存货盘点报告表同材料明细账进行对比，以确定材料的盘盈或盘亏，并查明原因，按规定进行账务处理	物资会计

（四）临床科室工作

经济管理工作需与临床科室实现深度融合与高效沟通，故对新进人员，必须安排其在各类临床科室进行短期的见习与轮转。在此过程中，应精心挑选具有代表性的科室，如临床类科室、医技类科室以及手术平台类科室等，以确保新进人员能够全面、深入地了解相关业务，为未来的经济管理工作奠定坚实基础。

对于已经工作一段时间、具有一定财务会计工作经验的财务人员来说，开始从事经济管理工作之前，建议充分突破财会人员的职业局限，将会计学与经济学、管理学、信息技术学等相关学科进行衔接，补充医院相关背景知识，增强综合分析、解决问题的能力，做到理论与实际相结合，具体如下。

一是熟悉医院各项业务流程，深入临床一线了解各项业务的特点，掌握各个治疗项目的卫生材料消耗量、对应的收费项目、收费标准等基本信息。

二是了解医院及各科室收支预算情况，如医院总体收入预算、支出预算、明细收入预算及各项明细支出预算等情况。

三是了解医院的各项重点管理指标，如门诊量增长率、住院周转率、出院人数、病床使用率、平均每住院床日收费水平、平均每门诊人次收费水平、百元固定资产业务收入、人均业务收入、预算执行率、单病种费用情况等指标。

四是了解每年新购设备情况。因设备的新增会为医院带来收入的增加，此时应重点分析设备的利用率及效益情况。

综上所述，经济管理在推动行业实现高质量发展方面扮演着核心驱动力的角色，其地位与作用可谓举足轻重。而建设高素质人才队伍，则是保障经济管理工作能够持续提质增效的关键环节。近年来，伴随着我国经济社会的稳步发展以及行业内外政策要求的日益深化，医疗卫生健康行业已逐渐认识到加强经济运营管理的必要性与紧迫性。为此，我们必须高度重视并积极推进高素质、复合型经济管理人才的培养工作，坚定不移地以习近平新时代中国特色社会主义思想为行动指南，紧密围绕夯实专业基础、服务卫生健康事业高质量发展的总体要求，不断优化完善培训方法，并加强对培训效果的评价与反馈。同时，建立一套既体现卫生健康行业特色、又适应事业改革发展需要的经济管理队伍培训制度，着力培养一支政治立场坚定、专业素养深厚、业务能力突出、结构配置合理的卫生健康经济管理人才队伍，使其成为推动卫生健康经济领域治理体系和治理能力现代化的重要力量，为卫生健康事业的持续健康发展提供坚实的人才保障和智力支持。

参考文献

[1]李善英，孙锐，王志芳.现代财政税收探索[M].北京:中国书籍出版社，2024.

[2]杜玲.财政税收促进公立医院改革浅议[J].合作经济与科技，2024(6):178-179.

[3]刘冰峰，曹恩伟，王立皓主编.经济管理基础[M].武汉：华中科技大学出版社，2024.

[4]栾双妮.当代财政税收研究[M].北京:中国商务出版社，2023.

[5]李宝敏.现代事业单位财政税收与经济管理研究[M].北京:中国商业出版社，2022.

[6]财政税收管理体制存在的问题及对策分析[C].经济管理与技术创新论文集，2022:28-30.

[7]陈昌龙.财政与税收[M].北京:北京交通大学出版社，2019.

[8]王曙光.财政税收理论与政策研究（修订版）[M].北京:经济科学出版社，2019.

[9]徐力新.医院经济管理系统指引与实务指南[M].广州:暨南大学出版社，2019.

[10]庞震苗，王丽芝.医院管理学教与学指南[M].上海：上海科学技术出版社，2017.

[11]张萌.医院管理学案例与实训教程[M].杭州：浙江大学出版社，2017.

[12]少敏.医院经济管理创新策略研究[J].天津经济,2024, (1):67-69.

[13]黄佳锐.现代医院经济管理体系下的成本管理思路[J].大众投资指南,2023,(25):158-160.

[14]杨桂洁.财务管理实务[M].北京：人民邮电出版社，2019.

[15]李为民.现代医院管理：理论、方法与实践[M].北京：人民卫生出版社，2019.

[16]梁苍霞.公立医院内部审计工作现状分析及应对策略[J].经济研究导刊,2022(19):125-127.

[17]武广华，袭燕，郭燕红，周海波，孙兆林，谭学瑞.中国医院院长手册[M].北京：人民卫生出版社，2017.

[18]孙鹏南，李璐.DRG支付改革对医院经济管理的影响与对策[J].中国卫生经济，2022，41（02）：80－82.

[19]秦建华.新医改下医院经济管理面临的问题及对策分析[J].经济技术协作信息,2022,(10):42-44.

[20]罗中华,徐金菊.现代医院管理学[M].北京：中国中医药出版社，2023.